经济管理学术文库·经济类

自然资源资产负债表的编制与应用

Preparation and Application of
Balance Sheet of Natural Resources

赵 栩／著

图书在版编目（CIP）数据

自然资源资产负债表的编制与应用/赵栩著．—北京：经济管理出版社，2017.1
ISBN 978－7－5096－4783－7

Ⅰ.①自… Ⅱ.①赵… Ⅲ.①自然资源—国有资产—资金平衡表—编制—研究—中国 Ⅳ.①F231.1

中国版本图书馆 CIP 数据核字（2016）第 312026 号

组稿编辑：张　艳
责任编辑：任爱清
责任印制：司东翔
责任校对：王淑卿

出版发行：经济管理出版社
（北京市海淀区北蜂窝8号中雅大厦A座11层　100038）

网　　址：www.E-mp.com.cn
电　　话：（010）51915602
印　　刷：玉田县昊达印刷有限公司
经　　销：新华书店
开　　本：720mm×1000mm/16
印　　张：19.25
字　　数：367千字
版　　次：2017年3月第1版　2017年3月第1次印刷
书　　号：ISBN 978－7－5096－4783－7
定　　价：59.00元

·版权所有　翻印必究·

凡购本社图书，如有印装错误，由本社读者服务部负责调换。

联系地址：北京阜外月坛北小街2号
电话：（010）68022974　　邮编：100836

序

赵栩是我的博士研究生，读博期间他参与了我主持的多项研究课题，展示了坚实的理论功底和较强的经济学研究能力。他也发表了多篇有见地的经济学论文，特别是在资源与环境经济学方面进行了深入研究和探索。研究生毕业后，赵栩继续从事经济理论和实践的探索与研究。如果说经济研究是他的科班学业和爱好，不如说更是他工作的需要。作为国家宏观调控部门——国家发展和改革委员会的一名政策研究工作者，赵栩的工作是为政府经济决策提供支撑和依据，不认真钻研、不调查研究、拍脑袋发声肯定是不行的，这也是他如饥似渴学习有关专业知识的动力所在。

探索编制自然资源资产负债表是中共十八届三中全会提出的一项重要工作，中央提出这一设想的目的在于通过将自然资源资产负债表列入干部考核与审计制度，提高地方政府资源环境保护的积极性，推进生态文明建设。十八届三中全会后，内蒙古、湖北、贵州、浙江等地纷纷开展了自然资源资产负债表编制探索。2015年11月，国务院办公厅印发了《编制自然资源资产负债表试点方案》，探索编制自然资源资产负债表工作在全国范围内逐渐推开。但是，由于自然资源资产负债表还是一个新概念，有诸多理论和方法层面的问题需深入探索和研究。从各地实践效果和理论研究成果来看，该项工作进展并不理想，主要困难在于尚没有一套较为可行的自然资源资产负债表编制方法体系。已有的一些成果多数停留于介绍国内外的研究方法、提出概念建议、概述实践进展等层面，真正突破性的成果尚不多见，更没有较为完整连贯地编制出自然资源资产负债表的研究成果。

赵栩博士在其博士学位论文基础上完成的《自然资源资产负债表的编制与应用》一书在这方面进行了富有理论创见和实践应用价值的探索。该书归纳分析了各地的实践经验，对我国自然资源资产负债表编制过程中遇到的一些问题进行了深入研究，构建了自然资源资产负债表的核算方法体系，试编了1985~2012年自然资源资产负债表，分析了影响自然资源资产和负债变动的因素，并提出自然资源资产负债表的应用建议。全书25万多字，逻辑清晰，写作规范，占有文献

自然资源资产负债表的编制与应用

资料充分，方法严谨，分析论证较为严密，结论较有说服力。这本书是一部系统介绍自然资源资产负债表编制理论、翔实阐述自然资源资产负债表编制方法、全面论述自然资源资产负债表成果应用的著作，是赵桴博士学习和科研工作的一项宝贵成果，理论价值和实践指导意义都很突出。

中共十八大将生态文明建设放到与经济、政治、文化、社会同等重要的位置，提出"五位一体"总体布局，生态文明建设在今后国家的大政方针方面地位将更加突出，而编制自然资源资产负债表是建立科学的政绩考核制度、推动经济发展与资源环境保护相统筹、加强生态文明建设、促进经济发展方式转变的一个切实可行的手段和切入点。从这个意义上讲，《自然资源资产负债表编制与应用》的编写和出版恰逢其时。

是为序。

刘戒骄

2016 年 11 月于中国社会科学院工业经济研究所

目 录

第一部分 背景 ... 1
- 一、生态环境问题日益严重 ... 1
  - (一)环境污染、生态退化形势严峻 ... 1
  - (二)人口、工业化与城镇化造成的巨大环境压力 ... 2
  - (三)环境问题已经到了难以为继的地步 ... 2
- 二、可持续发展理念的不断深入 ... 3
  - (一)可持续发展理念的形成和内涵 ... 3
  - (二)国际社会在可持续发展领域取得的积极进展 ... 6
  - (三)可持续发展理念在中国得到积极响应和支持 ... 8
- 三、绿色国民经济核算体系的发展 ... 11
  - (一)国民经济核算体系的演进 ... 11
  - (二)国内绿色国民经济核算体系 ... 15
- 四、现代会计学的不断发展 ... 16

第二部分 相关理论成果 ... 19
- 一、自然资源核算理论 ... 19
- 二、综合环境与经济核算体系(SEEA) ... 23
  - (一)核算范围：有限制的扩展 ... 23
  - (二)SEEA 的结构 ... 25
  - (三)SEEA 的核算总量 ... 25
  - (四)SEEA 的框架体系 ... 27
  - (五)SEEA 的经验与不足 ... 39
- 三、中国绿色国民经济核算研究报告(2004)与中国资源环境经济核算体系 ... 40

（一）数据基础 ··· 41
　　（二）核算方法与内容 ··· 41
　　（三）核算框架 ··· 42
　　（四）实物量核算结果 ··· 47
　　（五）虚拟治理成本核算结果 ································ 49
　　（六）治理成本综合分析 ······································ 50
　　（七）环境退化成本核算结果 ································ 51
　　（八）对我国资源环境经济核算体系的评价 ··············· 56
　　（九）中国绿色GDP核算的技术难点和观念障碍 ········· 56
　　（十）我国在建立绿色GDP中应注意的问题 ·············· 58
　　（十一）我国开展绿色GDP核算应该开展的主要工作 ··· 61
　四、环境会计理论 ··· 62
　五、自然资源的估价方法与理论 ································ 68

第三部分　自然资源资产负债表的理论探索 ················· 70

第四部分　国外的实践经验 ······································ 88
　一、美国的综合环境与经济核算 ································ 88
　二、日本的环境经济核算 ··· 94
　三、加拿大环境经济核算 ··· 96
　四、德国环境经济核算 ··· 99
　五、菲律宾环境经济核算 ·· 102

第五部分　全国各地的进展情况 ································ 106
　一、我国自然资源资产价值核算进展情况 ··················· 106
　二、各地编制自然资源资产负债表的实践情况 ·············· 107
　　（一）内蒙古自治区进展情况 ································ 107
　　（二）贵州省进展情况 ··· 116
　　（三）广东省深圳市进展情况 ································ 121
　　（四）湖北省鄂州市进展情况 ································ 122
　　（五）浙江省湖州市进展情况 ································ 124
　三、实践中存在的问题与困难 ··································· 125
　四、经验启示 ·· 126

第六部分　我国自然资源的存量情况与计价方法 …………… 127

　一、四类主要自然资源的存量情况 ………………………………… 127
　　　（一）水资源概况 ………………………………………………… 127
　　　（二）土地资源概况 ……………………………………………… 129
　　　（三）森林资源 …………………………………………………… 132
　　　（四）矿产资源 …………………………………………………… 134
　二、自然资源的计价方法简介 ……………………………………… 138
　　　（一）不可再生资源的计量模型 ………………………………… 139
　　　（二）可再生资源的计价模式 …………………………………… 140
　　　（三）生态环境资产的计量 ……………………………………… 141

第七部分　国家自然资源资产负债表的试编探索 ……………… 144

　一、自然资源资产、负债与所有者权益确认方法 ………………… 144
　　　（一）自然资源资产 ……………………………………………… 144
　　　（二）自然资源负债 ……………………………………………… 147
　　　（三）编制原则 …………………………………………………… 148
　　　（四）数据来源与核算对象 ……………………………………… 148
　二、自然资源资产、负债的核算方法 ……………………………… 151
　　　（一）矿产资源资产核算方法 …………………………………… 151
　　　（二）土地资源资产核算方法 …………………………………… 152
　　　（三）水资源资产核算方法 ……………………………………… 153
　　　（四）林业资源资产核算方法 …………………………………… 153
　三、自然资源耗减负债核算方法 …………………………………… 154
　四、自然资源污染负债核算方法 …………………………………… 155
　五、自然资源资产负债表的编制结果 ……………………………… 158
　　　（一）1985~2012年全国自然资源资产负债表编制结果 ……… 158
　　　（二）指标分析与讨论 …………………………………………… 172
　　　（三）回归结果分析 ……………………………………………… 176
　　　（四）主要结论 …………………………………………………… 186
　六、做好全国自然资源资产负债表编制工作的对策建议 ………… 188
　　　（一）加强编制工作的组织领导 ………………………………… 188
　　　（二）加强对试编工作的管理与控制 …………………………… 188
　　　（三）加快环境会计学科建设 …………………………………… 189

（四）提升自然资源统计与信息披露水平……………………………189
　　（五）各有关部门要紧密配合、相互支持……………………………190
　　（六）坚持统一规范与特色鲜明相结合………………………………191
　　（七）建立自然资源资产绩效考核体系………………………………191
　　（八）建立健全领导干部生态环境损害责任追究制度………………192
　　（九）进一步完善自然资源生态补偿和修复制度……………………193

第八部分　地区自然资源资产负债表研究——以内蒙古为例………194
　一、地方编制自然资源资产负债表的重要意义…………………………194
　二、内蒙古自然资源情况概述……………………………………………196
　　（一）矿产资源简介……………………………………………………196
　　（二）森林资源简介……………………………………………………199
　　（三）草原资源简介……………………………………………………200
　　（四）土地资源简介……………………………………………………203
　　（五）水资源简介………………………………………………………206
　三、内蒙古自然资源资产负债表的编制结果……………………………207
　　（一）草原资源资产的价值……………………………………………207
　　（二）内蒙古自然资源资产负债表的编制结果………………………213
　四、做好地方自然资源资产负债表编制工作的几点建议………………216

第九部分　自然资源资产负债表的应用领域…………………………217
　一、应用之一——将自然资源资产负债表纳入离任审计制度…………217
　　（一）自然资源审计的现状……………………………………………218
　　（二）将自然资源资产负债表纳入审计的意义、目标和原则………218
　　（三）自然资源资产离任审计的责任对象……………………………220
　　（四）自然资源资产离任审计的内容…………………………………221
　　（五）将自然资源资产负债表纳入离任审计的制度条件……………223
　　（六）将自然资源资产负债表纳入审计中存在的主要问题…………225
　　（七）将自然资源资产负债表纳入审计工作的意见建议……………227
　二、应用之二——建立生态环境绩效评价考核与问责机制……………229
　　（一）我国现有的生态环境绩效评价考核实践进展…………………230
　　（二）将自然资源资产负债表纳入领导干部绩效考核与问责
　　　　　面临的主要挑战…………………………………………………232
　　（三）将自然资源资产负债表纳入领导干部绩效评价考核与问责

机制的主要措施……………………………………………………… 233
　三、应有之三——将自然资源资产负债表引入生态补偿制度………… 236
　　（一）我国生态补偿实践所面临的问题…………………………… 236
　　（二）将自然资源资产负债表纳入生态补偿面临的主要问题…… 238
　　（三）将自然资源资产负债表纳入生态补偿机制的对策与措施… 239
　四、应用之四——引入环境影响评价制度……………………………… 242
　　（一）我国环境影响评价的现状…………………………………… 242
　　（二）中国环境影响评价管理中存在的问题……………………… 242
　　（三）将自然资源资产负债表纳入环境影响评价的意义………… 244
　　（四）将自然资源资产负债表纳入环境影响评价的基本原则…… 245
　　（五）将自然资源资产负债表纳入环境影响评价工作的展望…… 245

附录 ………………………………………………………………………… 247
　附录1 ……………………………………………………………………… 247
　附录2 ……………………………………………………………………… 251
　附录3 ……………………………………………………………………… 263
　附录4 ……………………………………………………………………… 279

参考文献 …………………………………………………………………… 283

第一部分 背景

一、生态环境问题日益严重

(一) 环境污染、生态退化形势严峻

改革开放30多年来,我国国民经济迈上大台阶,综合国力国际影响力实现了巨大提升。我国经济总量占世界的份额已从1978年的1.8%提高到2015年的15.5%,1979~2015年,我国GDP年均增速超过9%,不仅明显高于改革开放前年均6.1%的速度,也大大高于同期世界经济平均3%的速度,与日本经济起飞阶段GDP年均增长9.2%和韩国经济起飞阶段年均8.5%不相上下。30多年来,我国GDP居世界的位次由第10位上升到第2位,超过日本、德国等老牌发达国家,我国与世界主要发达国家的差距在缩小。

但是,由于长期以来经济增长过度依赖能源资源消耗,造成能耗物耗高,污染排放强度大。目前,对我国影响最大、最紧迫的资源环境问题包括:资源过度开采与消耗、水资源短缺、土地荒漠化、酸雨问题、大气污染、海洋污染、生物多样性减少、森林与草原破坏以及生产生活垃圾排放。

我国万元GDP能耗水平超过发达国家3~11倍,单位GDP排放的二氧化硫和氮氧化物是发达国家的8~9倍,资源和环境的承载力已近极限;重要河流与湖泊遭受不同程度的污染,水污染事故时有发生,流经城市的河段90%左右受到污染,特别是淮河、海河水域的污染尤为严重,水环境质量日益恶化;全国水资源开发利用程度约为20%,但北方多数流域已超过50%,大大高于国际上公认的40%的警戒线;地下水污染、超量开采、水位下降导致的地面沉降问题日益严重,形成了大同规模的地下水位降落漏斗;近海水质恶化给海洋渔业带来毁

灭性影响；空气污染形势严峻，京津冀、长三角、珠三角每年有超过100天出现严重雾霾；雾霾引发"酸雨、光化学烟雾现象"，导致"慢性病加剧，死亡率提高"，局中科院院士、前卫生部部长陈竺等发表的报告称，估计中国每年因室外空气污染而早死的人数约35万～50万人；城市垃圾和固体废弃物排放量加剧，产生的垃圾每年接近10亿吨，处置率为54.2%，无害处理率更低；生态破坏问题严重，有将近400万平方公里的国土面临水土流失、土地沙化以及天然草场退化现象，森林生态功能严重退化。

（二）人口、工业化与城镇化造成的巨大环境压力

时任国务院总理的温家宝曾经对中国的资源环境问题有一段形象的描述：我国人口13亿，再小的问题，只要乘以13亿，那就成为很大很大的问题；不管多么可观的资源储量，如果除以13亿，那就变成非常低的水平。新中国成立至今，中国人口增加了近10亿人，平均每6.5年增加1亿人。预计2020年中国人口将突破14亿，如果按照现有的生产方式，中国现有的资源储量远远不能满足养活这么多人口的需要。

除了人口数量的增加，人口结构的变化也是影响资源环境的重要因素，特别是工业人口占比和城镇人口占比的提高。与农业相比，工业特别是重工业对环境的影响更大。我国用几十年的时间走完了发达国家几百年的工业化历程，快速工业化依赖大量消耗能源资源支撑，使中国的工业化面临严重的环境瓶颈制约。过去十年，我国进入以重化工业为代表的工业化快速推进的阶段，在经济快速腾飞的同时资源环境问题日益凸显。以水污染为例，我国每年约有1/3的废水未经处理就排入水域。在工业化梯次推进过程中，广大中西部地区不加甄别地引入污染项目，导致污染范围进一步扩大，区域性污染正在演化为全国性污染。

我国城市人口人均消耗资源量远远大于农村人口，城镇化的快速推进使得不可持续的消费方式迅速蔓延。在全国污染严重的城镇排名中，我国城市占有相当大的比例。以土地资源为例，城镇化的快速推进，带来大量耕地被占用，目前我国城市人均综合占地110～130平方米，与人均耕地资源是我国几十倍的国家处于同一水平。人均消费水平的上升和人口过快膨胀，形成对资源消耗和环境排放水平的倍增效应，给资源环境造成更大压力。预计2030年，城镇化率将达到70%，届时将有超过10亿人口居住在城镇，如果不改变现有消费方式的话，给资源环境带来的压力是显而易见的。

（三）环境问题已经到了难以为继的地步

在单纯追求以经济增长为核心的发展观驱使下，资源环境已受到极大破坏，

甚至到达难以为继的地步。水资源方面，预计到 2030 年，人均水资源使用量将比 2005 年增加 25%，水资源的人均占有量将低于 1700 立方米/人的国际公认警戒线。若不采取措施，任由这一趋势发展下去，未来 20 年我国水资源安全保障将处于非常危险的境地。

大气资源方面，近年来，我国中东部大气复合污染态势呈愈演愈烈之势，突出表现在京津冀、长三角和珠三角等区域雾霾频发。严重雾霾天气会导致交通受阻、企业停工、机场关闭，长时间暴露在雾霾天气下，对人体健康可能会产生严重影响。2014 年，全国机动车排放的污染物大约相当于 800 艘大型航母的排污量[①]。据估计，如果按照现有雾霾发生的频率持续下去的话，北京、上海、广州、西安四地 2015 年将会有 8500 人死于与 PM2.5 有关的疾病，直接经济损失达 68 亿元。

生物资源方面，我国是一个物种高度丰富的国家，但由于人口过快膨胀，以及对资源的持续不合理开发，物种栖息环境受到严重破坏，一些物种数量锐减甚至灭绝。目前，濒危和生存受威胁的高等植物 4000～5000 种，占植物种类的 10%～15%，濒危或生存受威胁的脊椎动物 430 多种，占脊椎动物总数的 6.8% 以上。已经灭绝或濒临灭绝的动植物中，很多是中国特有物种，比如华南虎、崖柏等。

世界银行估计得出，由环境污染和生态破坏给我国社会带来的损失，相当于我国 GDP 的 3.5%～8%，每年自然灾害带来的直接经济损失占 GDP 的比重约 4%～6%，若将难以准确估算的生态环境损失和资源破坏包括在内，造成的直接经济损失将达到 GDP 总量的 10% 以上。

习近平总书记指出："我们既要绿水青山，也要金山银山。宁要绿水青山，不要金山银山，而且绿水青山就是金山银山。"日益严峻的环境污染、频发的雾霾与沙尘暴、多发的自然灾害、森林消失、生态破坏、高发的环境疾病、拥堵肮脏的人居环境，使人们越来越清醒地认识到，如果不对自己的行为加以控制，将会面临灾难性后果。

二、可持续发展理念的不断深入

（一）可持续发展理念的形成和内涵

可持续发展理念是人类在长期的实践中以沉痛的代价换来的。18 世纪工业

---

① http://wenku.baidu.com/link?url=UMtAeh0TdG6cHqL-XtTM_ti0eYtCRO-shMfY4tbq4irTT9t74XPld7Bqvjo972VX6Rq015AACDMgDBD_ByymZu2Bg1WEdjWtoWs7Mju_WyK.

革命以来，在社会经济以空前速度和规模发展的同时，人类疯狂地掠夺自然资源，毫无顾忌地向地球倾倒废弃物，不仅造成资源的过度消耗，还严重污染了环境，破坏了生态系统的平衡。20世纪中叶，工业污染在欧美和日本引发了一系列公害事件，唤起了人们对环境问题的觉醒，成千上万的群众通过游行、抗议等各种方式要求政府采取有力措施治理环境污染。人们从治理污染的过程中逐步认识到，环境污染逐渐演变成重大的社会问题，对人类未来的生存和发展构成了威胁，必须对自身的经济发展行为加强管理，才能有效保护环境。

1962年，美国海洋生物学家R.卡尔逊在出版的著作《寂静的春天》中向人类发出警告：要正视由于生产活动导致的严重后果，该书在几年内被译成几十种文字，畅销全球。1972年，罗马俱乐部（该俱乐部以研究人类当前和将来的处境问题为宗旨）成员梅多斯撰写的报告《增长的极限》指出，如果目前人口和资本的快速增长模式继续下去，世界就面临着一场"灾难性的崩溃"。创办了世界观察研究所的美国农业科学家布朗，在1981年出版了《建设一个可持续发展的社会》一书，提出以控制人口增长、保护资源基础和开发再生能源来实现可持续发展。这些著作的陆续问世，在国际上产生了广泛的影响，促使人类更加深入地开展对环境与发展问题的研究与探索。面对国际社会的强烈呼声，联合国积极行动起来。

1972年联合国召开的斯德哥尔摩人类环境会议，是国际社会就环境问题召开的第一次世界性会议，是世界环境保护史上第一个路标，对推动世界各国保护和改善人类环境发挥了重要作用。这次会议的主要成果集中在两个文件上：《只有一个地球》和《人类环境宣言》。《只有一个地球》是第一份关于环境问题的完整报告，报告将环境污染与人口、资源、发展不平衡、城市化等问题联系起来进行研究和探讨，力求找出协调环境与发展的道路。《人类环境宣言》是第一个保护环境的全球性宣言，提出了保护和改善环境的基本准则，指出"为了这一代和将来的世世代代，保护和改善人类环境已经成为人类一个紧迫的目标，这个目标将同争取和平、全世界的经济与社会发展这两个既定的基本目标共同和协调地实现"。

1980年美国学者莱斯特·布朗在《建设一个可持续发展的社会》中首次系统论述了经济发展中诸如资源耗竭、土壤退化、环境污染等一系列资源环境问题，第一次明确地提出了可持续发展概念。

1987年，受联合国委托，以挪威首相布伦特兰夫人为首的世界环境与发展委员会提交了一份著名的报告《我们共同的未来》。报告指出，一方面人类经济迅速增长，另一方面自然界遭到严重破坏，而经济增长的很大一部分是从自然界中吸取原料的，需要找到一条新的发展道路，一条直到遥远的未来都能支持人类进步的道路——这就是可持续发展的道路。报告将可持续发展定义为"满足当前需要而又不削弱子孙后代满足其需要之能力的发展"。这一定义随后被广泛接受并引用。由于在众多不同定义中，有的包含了限制第三世界经济发展的内容，发展中国家和发达国家经过一系列对话和辩论，终于在1989年5月联合国环境规划署第15届理事会上通过了《关于可持续发展的声明》，达成了一个国际社会协商一致的可持续发展概念。"可持续的发展，系指满足当前需要而又不削弱子孙后代满足其需要之能力的发展，而且绝不包含侵犯国家主权的含义。联合国环境规划署理事会认为，要达到可持续的发展，涉及国内合作和跨越国界的合作。可持续发展意味着走向国家和国际的公平，包括按照发展中国家的国家发展计划的轻重缓急及发展目的，向发展中国家提供援助。此外，可持续发展意味着要有一种支援性的国际经济环境，从而导致各国特别是发展中国家的持续经济增长与发展，这对于环境的良好管理也是具有重要性的。可持续发展还意味着维护、合理使用并且提高自然资源基础，这种基础支撑着生态抗压力及经济的增长。再者，可持续的发展还意味着在发展计划和政策中纳入对环境的关注与考虑，而不代表在援助或发展资助方面的一种新形式的附加条件。"

1992年6月在巴西里约热内卢召开的联合国环境与发展大会，对全球可持续发展具有里程碑意义，会议通过了以可持续发展为核心的《里约环境与发展宣言》、《21世纪议程》、《关于森林问题的原则声明》等文件，开放签署了《联合国气候变化框架公约》、《生物多样性公约》。这次会议标志着可持续发展走出了理论探索阶段，开始付诸为全球行动。《里约环境与发展宣言》和《21世纪议程》明确了在处理全球环境问题方面发达国家和发展中国家"共同但有区别的责任"，以及发达国家向发展中国家提供资金和进行技术转让的承诺，倡议世界各国根据本国的情况，制定各自的可持续发展战略、计划和对策。

2008年10月，联合国环境规划署发起"绿色经济倡议"，强调经济"绿色化"是增长的动力，呼吁各国大力发展绿色经济，实现经济发展模式转型，以应对可持续发展的各种挑战。在全球金融危机的背景下，联合国发起这一倡议主要是为了使全球领导者以及经济、环境等相关部门的政策制定者意识到，环境投资对经济增长、增加就业和减少贫困的贡献，通过增加绿色投资，创造新的绿色工作机会，从而带动世界经济复苏。绿色经济和绿色新政的倡议得到国际社会积极响应，成为当前环境与发展领域的新趋势和新潮流。

绿色经济倡议与可持续发展理念是一脉相承的。目前联合国成员对绿色经济的定义还没有达成一致，但国际社会普遍认同，绿色经济强调经济发展和环境保护的协调统一，是实现可持续发展的重要手段，是对可持续发展战略三大支柱中的两个支柱——经济和环境的有效整合。联合国环境规划署《绿色经济报告》

中对绿色经济的定义为,"促成提高人类福祉和社会公平,同时显著降低环境风险和生态稀缺的经济。"发展绿色经济不仅要对传统产业实施"绿色化"改造,降低资源消耗和污染排放,还要以可再生能源、环保产业等为切入点培育新兴产业,大力提倡绿色消费,引导公众自觉选择节约资源、环境友好、低碳排放的消费模式。

(二) 国际社会在可持续发展领域取得的积极进展

在促进人类共同发展和环保合作等诸多领域,联合国发挥了不可替代的重要作用。可持续发展成为联合国许多会议的重要议题,继1972年斯德哥尔摩人类环境会议和1992年里约环发大会后,2002年8月26日至9月4日,联合国在南非约翰内斯堡召开了可持续发展世界首脑会议,全面审查和评价《21世纪议程》执行情况,通过了《可持续发展世界首脑会议执行计划》和《约翰内斯堡可持续发展承诺》两个重要文件,为可持续发展的国际努力与合作进一步明确了方向。作为联合国人类环境会议的重要成果,联合国环境规划署于1973年1月正式成立,联合国经济与社会理事会在1993年专门设立了可持续发展委员会,定期审议《21世纪议程》的执行情况。这些机构的陆续建立,有力推动了可持续发展的全球行动与合作。从自身发展需要和全球共同利益出发,可持续发展也得到越来越多国家政府的支持和响应,成为大多数国家制定政策中一个主要考虑因素,目前已有100多个国家制定了可持续发展战略。发达国家的可持续发展战略侧重于环境保护和生态效率。2008年国际金融危机爆发后,美、欧、日等发达国家纷纷出台经济刺激计划,力图通过科技、产业创新,推动向绿色经济转型。2009年1月,美国总统奥巴马宣布了美国能源与环境计划,将在今后10年对新能源领域投资1500亿美元,创造500万个新的工作岗位。2010年3月,欧盟委员会发布《欧洲2020》战略,把智能增长、可持续增长和包容性增长作为今后10年优先促进的领域。

发展中国家的可持续发展战略更侧重于发展经济和消除贫困。在向绿色经济转型的全球浪潮中,发展中国家也纷纷提出有关倡议和政策措施。印度尼西亚的2005~2025年国家长期发展规划提出"绿色印尼,永续印尼"的目标。肯尼亚发起许多倡议加强对生态系统恢复与清洁能源开发的投资,如通过了可再生能源税收返还办法,旨在促进风能、生物质能、小水电、地热、沼气和太阳能利用。印度最近对国内生产和进口的煤征收每吨1美元的二氧化碳排放税,由此产生的税收投入清洁能源基金,该基金主要投资于清洁能源技术企业和有关研究工作。

在联合国等国际机构以及各国政府的共同努力下,全球在可持续发展领域取得许多令人鼓舞的进展,主要体现在:

(1) 全球在经济、社会、环境的多项指标上取得重大进步

1992~2012年，世界国内生产总值增长了80%或年均增长3.2%，同期人均GDP增长了40%，特别是一些发展中国家经济实现了强劲的增长，人均GDP大幅增加。经济增长使发展中地区每天生活费不足1.25美元的贫困人口数量从1990年的18亿减少到2012年的14亿，贫困率相应从1990年的46%下降到2012年的17%左右，联合国千年首脑会议提出的到2015年使极端贫困人口比例比1990年减半的目标基本实现。在2000~2010年，全球森林面积的净变化已从1990~2000年每年净减少830万公顷降至每年净减少约520万公顷。在过去半个世纪，指定为保护区的全球生态系统的范围已大大增加，2010年，超过15万个保护区覆盖了12.7%的世界陆地面积和7.2%的沿海水域（延伸出12海里）[①]。

(2) 各种形式的国际和区域环发合作深入发展

通过在联合国等不同场合的讨论和磋商，各国对可持续发展的共识逐步深入，相关的国际条约和机制陆续产生。迄今为止，有关环境的多边协定已达500多个，成为规范各领域活动的依据和平台。签署多边环境协议的国家数量稳步增长，到2013年，14个主要多边环境协议签署国的累计数量在20年间增长了330%。《蒙特利尔破坏臭氧层物质管制议定书》（以下简称《蒙特利尔书》）于1987年签署并多次修正，严格规定了管制的范围和期限，执行情况良好。通过各国的努力与合作，93%的臭氧消耗物质在1992~2009年被淘汰。目前，臭氧层空洞已经停止扩张。联合国前秘书长科菲·安南称赞"《蒙特利尔书》可能是最成功的国际公约"。

(3) 可再生能源等绿色、低碳产业获得空前发展

可再生能源是指自然界中可以不断利用、循环再生的一次能源，例如太阳能、风能、水能、生物质能、海洋能、潮汐能、地热能等，推广使用可再生能源可在不损害全球经济的前提下大幅减少温室气体排放。由于技术成本的不断降低并受益于许多国家政府的积极推动，可再生能源产业迎来了跨越式发展的机遇。2010年，可再生能源对全球能源供给的贡献约占16%，全球可再生能源的投资总额达到2110亿美元，比2004年增长了5倍多。2009年太阳能、风能、生物燃料等可再生能源供给，分别达到1992年的300倍、60倍和35倍。

(4) 一些促进可持续发展的新机制蓬勃发展

为促进减排目标的实现，《联合国气候变化框架公约的京都议定书》（以下简称《京都议定书》）把市场机制作为解决温室气体减排问题的新路径。二氧化碳等温室气体排放权被赋予价格，成为可以交换的商品，碳市场由此启动并获得

---

① 联合国《千年发展目标报告2013年》，http://www.un.org/chinese。

爆炸式增长，大量公司活跃其中。全球碳交易总额从2005年《京都议定书》正式生效后增长了12倍，2008～2013年增长势头有所放缓，年交易额大约维持在1400亿美元。生态补偿机制、栖息地额度交易以及自然保护区储备银行成为新的市场机制框架，以减少生物多样性损失。目前，全球至少有45个生态补偿项目和1100个补偿银行。

（5）环境保护已成为企业的社会责任和增强竞争力的需要

企业作为生产的主体，对自然资源的利用方式以及生产中的环境实践，决定了生产活动对资源环境的影响。环境标志制度通过对公众消费的影响，促使生产经营者在自愿基础上生产销售被认定为有益环境的产品，最终实现环保的目的。最早的环境标志制度是1977年由当时的联邦德国政府制定的蓝色天使标志计划，此后有越来越多的国家开始实行环境标志制度，目前已达到30多个国家，成为推动企业履行环保责任的有效方式之一。国际标准化组织ISO14000环境标准认证数在1999～2012年增长了18倍，显示有更多的企业采取了环保的管理体系。

（6）可持续发展理念更加深入人心，非政府组织和普通民众参与可持续发展的程度和作用加强

民间环保组织过去局限在发达国家，目前已遍布全球并空前活跃，在促进从社区到全球范围的环保行动方面发挥着越来越重要的作用。这些组织大都有自己的刊物或宣传手段，并通过电视、广播、杂志等公共传媒宣传自己的环保理念，普及和提高公众的环保意识，依靠大众向政府和国际组织施压，参与立法，甚至对国际谈判的走向产生一定影响。美国自20世纪60年代中期以来，环保非政府组织的运动促成了上百部法律的通过。联合国气候变化哥本哈根会议上，政府谈判代表不过1万多人，而非政府组织代表却达2万之众。

（三）可持续发展理念在中国得到积极响应和支持

中国政府高度重视可持续发展，注重从战略决策上贯彻可持续发展的要求。李鹏总理率我国政府代表团出席第二次世界人类环境会议，代表中国政府做出履行《21世纪议程》的郑重承诺。会后，我国出台了促进环境与发展的"十大对策"，并成立专门领导小组，组织国务院各部门、机构和社会团体编写《中国21世纪议程》。1994年中国政府发布了《中国21世纪议程——中国21世纪人口、环境与发展白皮书》，系统地论述了中国经济、社会与环境的相互关系，构筑了一个综合性的、长期的、渐进的可持续发展战略的框架。从"九五"（1996～2000年）计划开始，通过国家发展计划实施可持续发展战略。1997年、2002年、2012年，三次发布《中华人民共和国可持续发展国家报告》。中共十六大明确提出"到2020年可持续发展能力不断增强，生态环境得到改善，资源利用效

率显著提高,促进人与自然的和谐,推动整个社会走上生产发展、生活富裕、生态良好的文明发展道路"。2007年6月,发布了《中国应对气候变化国家方案》,这是中国第一部应对气候变化的政策性文件,也是发展中国家在该领域的第一部国家方案。2005年,中共十六届五中全会,提出建设"资源节约型、环境友好型社会"。2006年,中共十六届六中全会,提出"促进人与自然相和谐"的思想作为和谐社会建设的重要内容。2007年,中共十七大将"生态良好"与经济发展相并列,提出要走文明发展道路,建设资源节约型、环境友好型社会,并提出经济社会发展的目标是实现速度和结构质量效益的统一、经济发展与人口资源环境相协调,使人民在良好的生态环境中生产生活,实现经济社会永续发展。2010年9月,中国发布实施《中国生物多样性保护战略与行动计划》(2010~2030年),该计划提出了中国未来20年生物多样性保护总体目标、战略任务和优先行动。2011年11月,中国政府发布了《中国应对气候变化的政策与行动》白皮书,全面阐述了中国应对气候变化的立场、原则、政策、措施。十八大报告进一步将生态文明建设放到与经济、政治、文化、社会建设同等重要的地位,"五位一体"建设中国特色社会主义。可持续发展的理念逐渐成为我们党治国理政的一条重要的指导方针,也逐渐成为政府工作的一个重要原则。2013年11月,中共十八届三中全会提出"探索编制自然资源资产负债表,对领导干部实行自然资源资产离任审计"。2015年5月,中共中央、国务院印发《关于加快推进生态文明建设的意见》,同年9月中共中央、国务院印发了《生态文明体制改革总体方案》,对生态文明建设进行了顶层设计,进一步提出探索"在市县层面开展自然资源资产负债表编制试点,核算主要自然资源实物量账户并公布核算结果"。2015年11月,国务院办公厅印发《编制自然资源资产负债表试点方案》,编制自然资源资产负债表试点工作正式启动。

中国积极推动可持续发展相关的立法和机构建设。中国的全国人大常委会已制定了30部环境与资源保护领域的法律,如《可再生能源法》、《循环经济促进法》等,成为中国实现可持续发展的重要法律保障。1992年8月,成立了中国21世纪议程领导小组及其办公室,负责制定并组织实施《中国21世纪议程》,2000年更名为全国推进可持续发展战略领导小组,在《中国21世纪议程》基础上,组织编制了《中国可持续发展行动纲要》。2007年,中国成立了国家应对气候变化及节能减排工作领导小组,国务院总理任组长,相关20个部门的部长为成员。2012年2月,成立国家可再生能源中心,研究制定国家可再生能源发展战略、规划和政策,组织实施国家示范项目,引领中国可再生能源发展方向。

近年来,中国采取了多种政策措施促进各领域的可持续发展。通过加快产业结构调整步伐,大力关闭高耗能、高排放的落后生产能力,努力从源头上减少能耗；积极发展循环经济和节能环保产业；加大重点水域污染防治力度，加快污水处理厂建设步伐；实施天然林保护、退耕还林、退牧还草等重点生态工程；加强大气污染治理，对火电厂进行大规模脱硫改造。推进科技进步与创新，节约资源和保护环境，节能减排和发展绿色经济取得积极成效。

中国还是国际可持续发展进程重要的参与者和践行者。作为《联合国气候变化框架公约》及其《京都议定书》的缔约方，中国一向致力于推动公约和议定书的实施，认真履行相关义务。从自身发展和全球共同利益出发，中国在2009年哥本哈根气候变化会议上提出了比发达国家更高的减排承诺，即"到2020年，单位国内生产总值二氧化碳排放比2005年降低40%~50%"。这一目标是根据中国国情采取的自主行动，无论国际谈判局势如何，中国都将坚定不移地为实现甚至超过这个目标而努力。2015年12月在联合国气候变化巴黎大会上，习近平总书记代表中国郑重承诺"中国单位国内生产总值温室气体排放到2030年在2005年的基础上减少60%~65%，二氧化碳排放2030年左右达到峰值并争取尽早达峰；非化石能源占一次能源消费比重达到20%左右"。

通过不懈努力，中国在可持续发展领域取得了举世瞩目的成绩，发展前景更为广阔。突出表现在：第一，"节能减排"扎实推进。从"十一五"（2006~2010年）开始，中国确定了降低能耗强度和减少主要污染物排放的约束性指标，采取法律、行政、经济、技术等一揽子综合措施予以落实，2010年单位国内生产总值能耗比2005年累计下降19.1%，相当于少排放二氧化碳14.6亿吨以上，2015年单位国内生产总值能耗比2010年累计又下降18.2%，超过"十二五"规划目标2个百分点。"十五"和"十一五"期间，能源相关碳排放年均增加4.3亿吨二氧化碳，而在"十二五"期间，年均增加2.8亿吨。今后一段时期，在努力保持经济平稳较快发展、人民生活持续改善的同时，中国将继续以节能减排为重点，进一步增强可持续发展能力。国家"十三五"规划提出到2020年，单位国内生产总值二氧化碳排放比2015年降低18%，单位国内生产总值能源消耗比2010年降低15%，非化石能源占一次能源消费比重达到15%。

第二，可再生能源产业崛起并引起广泛关注。近年来，风电、太阳能、地热、生物质能等新型可再生能源在中国的发展势头迅猛。"十二五"期间，中国风电的装机容量从2010年的3107万千瓦增长到10000万千瓦以上，光伏发电装机规模由2010年的60万千瓦增加到3500万千瓦，风电装机规模稳居世界第一，光伏发电装机规模跃居世界第一。2009年以来中国吸引的可再生能源融资新投资连续位居世界第一。中国不仅成为全球绿色技术和产业的重要市场，还是绿色技术的供应者，成为全球最大的光伏电池生产国和欧洲市场的主要供应方。

改革开放以来，经济的快速发展，政府有能力投入更多的资金用于生态保护与环境修复。2013年,我国环境污染治理方面的投资达到9500多亿元,是2000年的9倍,占GDP的比重也从2000年的1.13%提高到1.67%[①]。一系列新型科技,特别是现代生物化学技术、材料工程和技术、新能源技术等研发、引进、应用与推广为环保事业的发展提供了科技支撑。经济的发展和科技水平的提高为推行可持续发展理念,构建生态文明打下了坚实的物质基础。

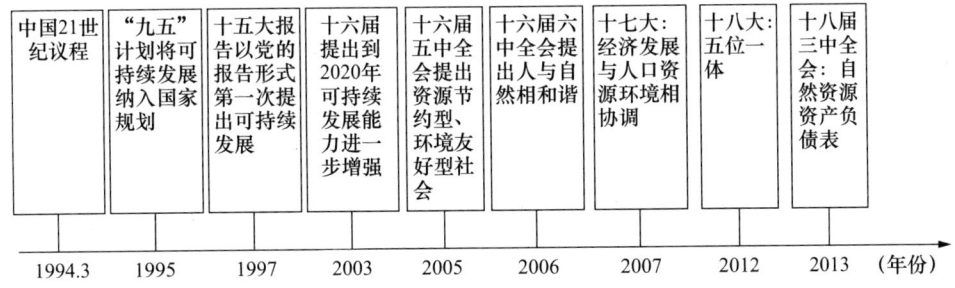

图1-1 中国可持续发展理念的发展历程脉络

总之,如图1-1所示,自然资源资产负债表的提出根本上是可持续发展理念不断深入的结果。从片面追求经济发展速度,到将保护环境列入日程,从可持续发展理念的提出及引入,到将生态文明作为"五位一体"协调发展的一个重要组成部分,背后是人们的环保意识在逐渐觉醒,政府对环保工作的重视程度不断提高。

三、绿色国民经济核算体系的发展

(一) 国民经济核算体系的演进

随着可持续发展理念的不断深入,生态文明建设地位日益凸显,改革现行国民经济核算体系的呼声日益高涨,绿色国民经济核算体系应运而生。绿色国民经济核算体系对传统的国民经济核算体系加以修正和完善,在核算经济成果的基础上,考虑了环境代价,开辟了环境污染核算的新纪元。绿色经济核算体系的不断演进和发展为自然资源资产负债表提供了理论起点和方法论基础。

传统的国民经济核算体系主要通过一系列指标对社会再生产的循环过程进行

---

① 数据来源于《中国环境统计年鉴》。

量化地描述与分析。20世纪40年代，西蒙·库兹涅茨发明了国民生产总值，进而衍生出国内生产总值（GDP）的概念，并逐渐被联合国采用，成为全世界衡量经济发展成果的重要指标。根据联合国1993年公布的国民经济报表，国民经济账户体系（System of National Accounts，SNA）主要包括五部分：一是国民收入账户，包括生产、消费、积累、国外四个基本账户，通过这些账户可以对经济总量及组成结构进行汇总核算。二是投入产出表，用来详细分析国民经济各部门之间所需商品和劳务数量的报表，用于计算投入产出部门之间的产品交换量与净流量，统计各部门产品的流入量与流出量，以及各部门间生产、分配和使用的关系。三是资金流量表，用来分析各部门之间资金和财务关系，可以从资金流向方面反映出各部门收入与分配是否处于平衡状态，分析投资有无足够的资金保证和货币供应量对国民经济影响等。四是国民资产负债表，反映一个国家一定时点上的财富总额和生产能力。这是整个国民经济核算体系中唯一的静态报表，有利于测算和研究国民经济动态账户所体现的流量。五是国际收支平衡表，用来核算国内和国外贸易经济的动态平衡关系，作为政府制定贸易关税政策、确定汇率水平、决定对外投资与贷款、计算汇率对国内经济和通货膨胀的影响程度以及一国的外交政策等提供依据。国际收支平衡表账户应用复式记账法，只列报国际贸易和收支业务，包含商品和劳务的进出口。

现行的SNA体系的理论基础是现代宏观经济学。现代宏观经济学由凯恩斯创立，经过萨缪尔森的发展，成为经济学占主流地位的一门学科。不同于微观经济学将企业作为研究对象，宏观经济学将整个国家或地区作为研究对象，核算国民总财富。在宏观经济学的引导下，现代统计学迅速发展，SNA体系由此诞生，对推动工业化和经济快速发展起到了极大的推动作用。但是，随着时间的演变，这一核算体系的弊端日渐暴露：

一是没有将自然资源纳入核算体系，无从反映自然资源对经济发展的巨大贡献，也难以体现实现单位经济发展需要付出的生态环境代价。传统经济理论认为只有劳动参与的物品才能具有价值，自然资源被认为是"取之不尽，用之不竭"的"自由取用商品"或"免费商品"，没有价格，其价值难以在国民经济核算体系中体现。事实上，自然资源具有巨大的经济价值和生态价值。森林除了能带来木材和发展有关产业以外，更重要的功能在于可以涵养水土、释放氧气、调节气候、保持水土、美化环境，为野生动物提供了良好的栖息环境。这些巨大的生态价值可以带来很大经济效益，不能忽略。

二是没有考虑到生态破坏和环境污染可以带来直接或间接的经济损失。人类不合理地开发利用自然资源资源必然会对自然环境带来负面影响，特别是随着科技的进步，人类活动范围的扩大，不适当的人类活动对自然资源的损害和环境破坏也越大。人类对生态环境的破坏最终都会反作用于人类自身,对人类的生产生活造成影响。在传统的国民经济核算体系中,由于生态环境的破坏带来的人类损失往往被忽略不计。

三是GDP本身就是一种对经济发展成果的有偏估计。众所周知,生态环境治理只是将环境修复到污染前的水平,与破坏前相比,生态环境并没有改善,社会福利水平并不比污染以前更高,反而增加了治理成本支出。但现行的SNA核算体系将环境治理支出列为一种经济的增加值,形成环境污染导致经济增长的谬论,实际上这样的GDP增长是一种伪增长。SNA体系核算出的GDP是一个包括很多扭曲和伪增长的测算结果。

四是误导了地方政府的行为模式。长期以来,我国评估地方政府执政成绩,主要是GDP增速、投资规模和财政税收等偏重反映经济数量和速度的指标。特别是GDP增速成为官员考核的核心指标。在这一指挥棒的引导下,地方官员热衷于搞"短平快"的政绩工程,难把心思放在环保这样的投入大、见效慢的事业上,有的甚至宁愿牺牲环境来换取一时的经济增长速度。

应该看到,经济产出的过程,同时也是自然资源消耗的过程,生产、生活必然会给周围的环境造成影响,因此现行SNA体系侧重于衡量经济增长而忽视其成本代价,必然是不全面的也是不客观的。GDP仅仅是反映经济增长方面的片面性,在衡量经济增长的质量方面有着严重缺陷,没有将人类经济活动的外部性纳入核算范畴,实际上高估了人类经济活动成果。据有关资料显示,印度尼西亚在20世纪80年代经济起飞时GDP增长率达到7%以上,但扣除石油消耗、木材减少、水土流失后实际增长率大约只有4%。日本20世纪70年代经济增速高达8.5%,但扣除污染后的增长率只有5.8%左右。根据环境保护部环境规划院2013年公布的《2009年中国环境经济核算报告》显示,2009年我国8.7%的经济增长率扣除环境污染代价后,实际增速只有4.9%左右。

从20世纪50年代开始,国外很多学者开始尝试将环境要素纳入国民经济核算体系,进而提出绿色GDP的概念。绿色GDP将环境成本(包括环境污染、生态退化等)从GDP中扣除,得出更为真实客观的GDP。绿色GDP占GDP的比重越高,表明经济增长的效益和质量越好,反之负面效益越高。

即:绿色GDP = GDP − 自然资源损耗的价值 − 环境污染所造成的损失价值

后来,学者们进一步提出绿色GDP不但应扣除自然资源损耗的价值与环境退化价值,还应扣除环境污染预防支出、恢复支出,以及相关费用。

即:绿色GDP = GDP − 自然资源耗减价值 − 环境污染所造成的损失价值 − (预防支出 + 恢复支出 + 调整费用)

但到目前为止,全世界尚无一套公认的绿色GDP核算模式,也没有一个国家以政府名义发布绿色 GDP 报告。借鉴绿色 GDP 理念,世界银行于 1997 年出版的《扩展衡量国家财富的手段——环境可持续发展指标》中,提出了"真实储蓄"的理念和衡量指标(本质上也是绿色 GDP)。真实储蓄指包含了一个国家或地区在扣除自然资源耗减和环境污染损耗后的真实储蓄,可以作为衡量真实经济发展状况和潜力的指标。

其技术的基本思路是:总储蓄 = GDP - 总消费,净储蓄 = 总储蓄 - 产品资本折旧,净储蓄扣除自然资源损耗和环境污染损失的价值得到真实储蓄。

表 1-1 真实储蓄的计算流程

项目	计算公式
GDP	(1)
总消费	(2)
货物及服务出口	(3)
国内总投资	(4) = (1) - (2) - (3)
经常性教育投资	(5)
广义国内总投资	(7)
总储蓄	(8) = (6) - (7)
固定资产投资	(9)
净储蓄	(10) = (8) - (9)
自然资源损耗	(11)
真实储蓄 I	(12) = (10) - (11)
CO_2 域外影响	(13)
污染损失	(14)
真实储蓄 II	(15) = (12) - (13) - (14)
真实储蓄率(CSR)	(16) = (15) / (1)

随着国际上"国民经济核算应当考虑资源环境因素"日益成为共识,在 20 世纪 80 年代 SNA 修订工作开展的时候,经过相关国际专家的探索和研究,提出了国民经济核算附属账户——综合环境和经济核算,这一设想在联合国 1992 年世界环境与发展大会和 1990 年 SNA 修订稿中得以实现,联合国以《21 世纪议程》文件形式向各国推荐环境与经济综合核算——SAN 附属账户体系(以下简称 SEEA)(国际上一般也通称为卫星账户体系)。目前,它已作为联合国 1994 年《国民经济核算手册》(综合环境和经济核算)正式文本出版。资源环境核算附属账户将 SNA 中关于自然资源的使用,环境费用核算的范围、内容予以拓宽(不再仅限于经济资产的界限之内),把资源环境综合核算的有关概念、定义、分类和表式同 SNA 常规的经济账户联系起来,扩大了国民经济核算体系的分析

功能。这一附属账户设置的优点是，既可以将核心账户中没有反映的资源环境内容在附属账户中给予充分反映，又可以使 SNA 核心账户的结构保持相对稳定，有利于历史对比，也有利于各国实践 SNA 的持续性。

1993 年联合国统计署（UNSD）在修订出版的国民经济核算体系（联合国 1993 SNA）中，设立了一个与之相一致的系统——核算环境资源存量和资本流量的综合环境与经济核算系统（System of integrated Environment and Economics Accounting，SEEA）。SEEA 是国民经济核算体系（SNA）的附属体系，但它扩大了 SNA 的核算内容与范围。SEEA 的形成有助于促进国民经济核算体系与资源及环境信息直接联系的概念变化，体现了环境因素与 SNA 各个账户之间的复杂关系，如实物账户和价值型账户之间的联系、环境成本的转移及国民经济核算体系中产品更新换代的范围等。

自联合国 1993 年首次公布 SEEA 核算手册（以下称 SEEA 1993）后，引起社会各界巨大的反响，许多国家以它为指南编制本国的绿色国民经济核算体系，也有一些学者提出批评与改进的建议，因此，联合国统计局于 1997 年委托 1993 年成立的伦敦小组（London Group）负责发展与完善 SEEA。经过几年的不懈努力，伦敦小组于 2003 年完成修正版 SEEA，并且获得联合国、欧盟、国际货币基金组织、世界银行和经济合作与发展组织五大国际组织接受，正式出版成为国民经济核算手册，称为 SEEA 2003。

SEEA 2003 具有四方面特色：①环境账户并不直接纳入 SNA 体系，而是以其功能将环境货物和服务分类，并以卫星账户形式表现。②将环保活动与一般的经济活动区分开来，不能以价值评估的环境资源以清单方式开列，同时辅以实物数量估算，这些项目包括不可再生的自然资源，如石油和土地等。③采用维护成本法（Maintenance Cost Method）计算环境质量的损害。以增加值法估计自然资源耗减。④SEEA 体系的初步目标并非在于改变现行的 SNA 核心结构，而是在建立自然资源与环境指标的统计资料库，并利用统计资料库了解 GDP 与资源、环境可持续性之间的关系，将自然资源耗减与环境质量退化从国内生产净值（Net Domestic Product，NDP）中扣除，估计出新的修正指标———经环境调整的国内生产净值（Environmentally adjusted Domestic Product，EDP）。

（二）国内绿色国民经济核算体系

改革开放以前，我国的国民经济核算制度基本上仿照苏联模式，采用物质产品平衡表体系（System of Material Product Balances，MPS）。改革开放以后，中国的国民经济核算体系日益同国际接轨。1984 年，国家统计局会同其他相关部门共同研究制定了《中国国民经济核算体系（试行方案）》，该方案是市场经济国

自然资源资产负债表的编制与应用

家所采用的SNA体系与计划经济国家沿用的MPS体系相融合的产物。1985年，我国开始测算国内生产总值。1992年，我国正式放弃原来计划经济体系下实行的MPS，全面采用市场经济国家所通用的SNA。1993年联合国颁布了新的国民账户核算体系，从2002年开始中国一直采用的是以联合国SNA 1993年版为蓝本的《中国国民经济核算体系（2002）》。

从20世纪80年代中国环境科学研究院组织实施"全国环境污染损失和生态破坏损失评估"研究开始，我国便开始探索绿色国民经济核算研究，经过近30年的探索与实践，目前绿色国民经济核算体系构建工作已经初步具备了一定基础。1990年国家环保总局正式推出"中国典型生态区生态破坏经济损失及其计算方法"，成为我国生态环境核算领域的一项重大理论突破。随着世界银行"真实储蓄率"概念的引进，我国开展了自己的真实储蓄率核算。1998年，国家环保总局与世界银行合作计算了中国的真实储蓄率，并在山东烟台市和福建三明市进行了试点。2002年，国家统计局在制定《中国国民经济核算体系（2002）》中设置了附属账户——自然资源实物量核算表，探索性地编制了2002年全国土地、森林、矿产、水资源实物量表。并与挪威统计局合作编制了1987年、1995年和1997年三年的中华人民共和国能源生产与使用账户，测度了全国二氧化碳、二氧化硫、甲烷、氮氧化物、颗粒物等八种主要大气污染物的排放量。2003年，国家环保总局与国家信息中心联合开展了中长期环境经济模拟系统及环境经济投入产出核算表研究，2004年又联合开展了《绿色国民经济核算体系框架研究》。同年，国家环保总局与国家统计局联合正式启动了"绿色GDP核算中纳入环境污染损失"的研究工作。国家统计局与国家林业局、北京林业大学、中国林科院合作，也开展了"中国森林资源核算及纳入绿色GDP核算体系"研究。与此同时，国内一些省市也在积极开展相关研究探索，如山西省社科院研究得出山西省绿色GDP占GDP总量的比重为66.6%。但总的来看，绿色国民经济核算体系目前尚处于起步于探索阶段。需要指出的是，自然资源资产负债表也是绿色国民经济核算体系理论的延伸，以绿色国民经济核算体系为理论基石。从一定意义上讲，自然资源资产负债表就是绿色国民经济核算体系的一部分。编制自然资源资产负债表世界上并无先例，对我国来说也是"摸着石头过河"，是一项长期的系统性工程。

四、现代会计学的不断发展

著名会计史学家迈克尔·查特菲尔德（Chatfield Michael）曾经说过："会计

的主要功能是反映,也就是说,会计主要是根据企业和商业的需要而发展变化的,与经济发展水平密切相关。"会计必将随着经济环境的发展变化而变化。20世纪六七十年代,西方国家在经济快速发展的过程中生态破坏与环境问题日益严重,并渐渐引起了人们的关注,部分会计学者开始以环境保护与会计处理技术相结合的方式,逐渐提出了"环境会计"这一概念。

所谓环境会计,又称绿色会计,指为了实现可持续发展目标,综合运用会计基本理论与方法,采用多种计量方法,对企业和其他组织的经济活动对环境产生的影响及结果,进行连续、系统地分类与序时核算分析,为会计信息使用者进行决策参考,提供数量化和其他形式的信息的一种管理信息系统。它以环境损耗如何补偿为中心开展核算,通过会计特有的方法,对企业或其他组织给社会资源环境造成的效益及损失进行计量、报告和调控,促进企业将环境因素纳入决策范畴,减少企业生产经营带来的生态环境代价,改善社会资源配置,提高社会总体福利水平[①]。20世纪80年代以后,一些英美会计学者进一步提出了生态会计的理念。从20世纪90年代开始,西方很多会计学者开始进行环境会计理论的系统研究,相关理论框架逐步完善。为了满足信息使用者的需要,西方一些会计职业组织、会计准则制定机构也开始采取相应行动来协调与环境会计核算和信息披露有关的问题。不过总的来看,虽然国际环境会计研究取得了重大成果,但在信息披露、格式等方面仍有很多争议,至今尚未建立起一套公认的环境会计理论体系。

随着我国政府和企业面临越来越严峻的环保挑战,企业的环境成本与费用与日俱增,企业产品的定价已不能不考虑环境的影响,企业投资和政府决策环境因素的权重越来越重。社会各界越来越清醒地认识到,会计学在环保方面不能再无所作为,企业发展和政府问政不能只问速度不看质量、只问成绩不看代价、只问眼前不看长远。以2001年11月召开的中国会计学会环境会计专业委员会的成立和在南京召开的首届中国环境会计研讨会为标志,环境会计在中国正式被纳入专业研究领域。此后,越来越多的会计理论与实务工作者开始在这一新兴领域探索。2008年2月中国会计学会第二届环境专业委员会成立,进一步将可持续发展理论作为环境会计和环境审计理论研究思想和理论依据,明确提出了环境会计学术研究方向和今后的任务,初步建立了中国环境会计研究机制和环境会计专业委员会学术网站,为环境会计理论和实务深入研究奠定了基础。

自然资源资产负债表本质上就是将企业管理中的会计学理论应用到政府管理方面,通过核算资源环境的资产存量与负债消耗量,合理评估政府在资源环境管

---

① 袁广达. 环境会计与管理路径研究[M]. 北京:经济科学出版社,2010.

理绩效,引导和约束官员行为,以推动资源的合理利用与生态环境的保护。因此,自然资源资产负债表是建基于环境会计理论基础上的一种衍生与应用。

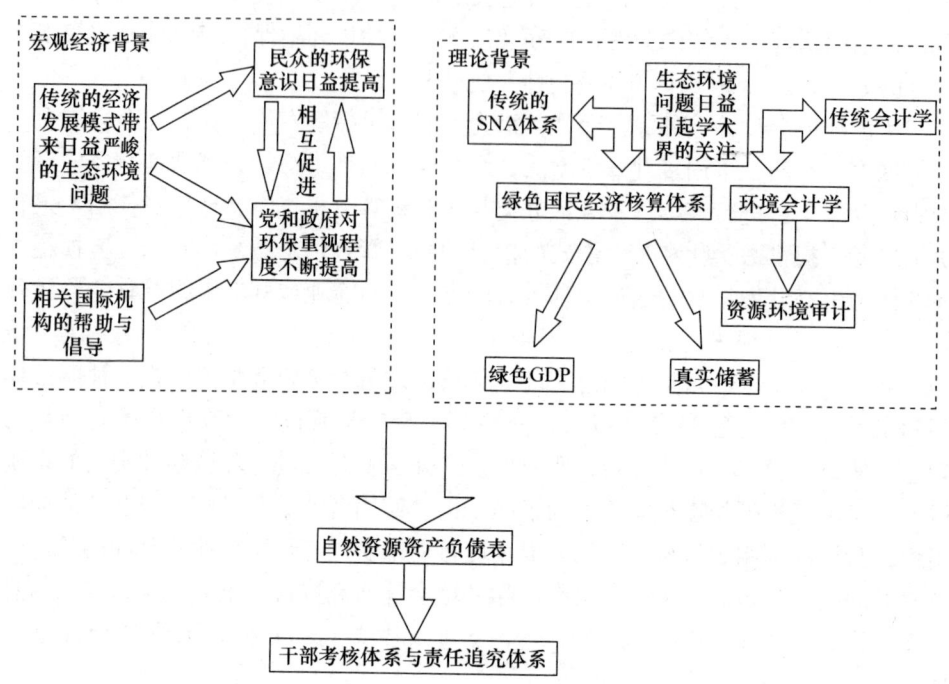

图1-2 自然资源资产负债表提出的背景

第二部分　相关理论成果

一、自然资源核算理论

"探索编制自然资源资产负债表，对领导干部实行自然资源资产离任审计。建立生态环境损害责任终身追究制"是十八届三中全会做出的重大决定，也是国家健全自然资源资产管理制度的重要内容。自然资源资产负债表的编制缘起于自然资源核算与环境会计等理论，核算自然资源价值，用价值化的方法评估人类行为对生态环境的影响，并反映在资产负债表中已经成为国内外学术界关注的一个重要领域。因为，对自然资源的核算必然涉及自然资源的计价问题，但是对自然资源能否进行价值衡量理论界一直存有争议。

古典劳动价值论认为劳动是产生价值的唯一源泉，只有经过劳动加工的物品才有价值。自然资源作为一种自然的存在，没有经过劳动参与，因此，古典劳动价值论不承认自然资源具有价值。近代效用价值论认为商品的价值不是由劳动所决定，而是由效用所决定。后来的边际效用把物品的价值归结为效用和稀缺性，认为效用是价值的源泉，物品只要有效用就会有价值，但不是一切有效用的物品都有价值，价值只有在效用处在某种限制之下才能出现，这种限制就是产品的稀缺性。效用价值论看似没有否认自然资源具有价值，但却将价值与使用价值相混同了起来。虽然自然资源具有效用，也确实是稀缺性资源，但是效用价值论却将自然资源看作取之不尽的自由取用物品，其价值得不到承认与补偿。

随着实践的发展，越来越多的学者对传统劳动价值论和效用价值论不承认自然资源的价值提出质疑与批评，不少价值论研究人员主张应拓展价值思考的范围，发展效用价值论和劳动价值论，倡导重新认识人与自然的关系，承认资源环境的价值。随着资源环境价值理论研究的推进，除了研究自然资源本身是否具有价值以外，学者们还逐渐开始探索自然资源的计价方法，提出了一些独具匠心的资源环境价值计算方法。

如何将科学衡量自然资源的价值与贡献纳入国民经济核算体系，有关国际组织、各国政府、研究机构和专家学者们进行着不懈的探索。1946年，著名经济学家希克斯第一次提出绿色GDP思想。1971年，美国麻省理工学院设计提出"生态需求指标"（ERI）用于衡量和测算经济发展水平对资源环境造成的负面影响。1972年，日本政府主张将环境污染列入经济核算之中，从GDP中扣除治理污染所需费用等于净国民福利，如果治理费用超出一定限度，净国民福利为负，否则为正。1975年，美国学者托宾和诺德豪斯提出净经济福利指标，净经济福利等于GDP与城市中污染破坏等行为所产生的社会成本的差值。1989年，卢配托等提出国内生产指标，并选择印度尼西亚为研究对象，测算出1971～1989年印度尼西亚（平均GDP增长率为7.1%）扣除环境污染成本后实际增长率只有4.8%。1990年，世界银行经济学家戴利和科布提出可持续经济福利指标。1990年，菲律宾政府联合美国国际发展署推出了《菲律宾环境与自然资源核算计划》，该计划建立在SNA体系之上，将与环境有关的账户通过卫星账户的形式体现。1992年联合国环境与发展大会通过的《21世纪议程》中提到"建立综合环境与经济核算制度"。具体内容为"将环境和社会指标纳入会计核算体系，进一步扩大和完善现行国民经济核算制度。"1993年，荷兰统计局设计完成了《包括环境账户的国民经济核算矩阵核算体系》，该核算体系主要由国民经济核算账户、环境主题账户和环境物质账户三大部分组成。1995年，世界银行首次公布采用"扩展的财富"概念作为核算经济社会发展的新指标。"扩展的财富"主要包括"生产资本"、"人力资本"、"社会资本"和"自然资本"四个组成要素。1996年，加拿大生态经济学家瓦克纳格尔Rees（1992）和Wackemagel等（1996、1997）等提出了著名的"生态足迹"理念。"生态足迹"指的是要维持一个人、地区、国家的生存所需要的或者指能够容纳人类所排放的废物的，具有生物生产力的地域面积。例如，在世界人口为60亿时，人均生态足迹2.3公顷，地球承载能力为1.8公顷。

进入21世纪，关于绿色国民经济核算体系的研究成果更是层出不穷。如哈维克在论文《国民经济核算与资本》研究如何将环境资本纳入国民经济核算体系中，该文从宏观经济角度系统介绍了核算环境资本的方法，提出了许多自然资源计价模型。马肯亚等在《欧洲绿色国民经济核算——四国案例研究》系统介绍了荷兰、德国、意大利、英国四个国家的典型案例，主要包括企业财务资本账户与国民经济账户的衔接方式，如何将环境福利列入国民经济核算，自然资源的核算方法等。但该论文主要限于讨论个别几种自然资源和污染排放量的核算与分析，采用的计价方法过于复杂，不具有普遍性，并且没有讨论绿色国民经济核算的分析应用问题。西蒙等撰写的《绿色国民经济核算方法》一书提出了不少绿色国民经济核算的方法模型，但是该书尚未构建出系统的国民经济账户体系。巴特尔·幕兹在《环境核算的理论与实践》一文中介绍了世界各国在自然资源核算方面的主要成果，并进行了总结归纳，为绿色国民经济核算体系建立提供了很好的经验借鉴。2008年，欧洲联盟统计局发布的"欧洲环境经济信息收集方法体系"（European System for the Collection of Economic Information on the Environment）即SERIEE体系，是一项较为完整的绿色国民经济核算计划。SERIEE主要包含产业、住户和政府在环保方面的实际支出。SERIEE报告中提供环境支出信息，作为卫星体系的一个模块，反映环境政策的成本，扩展了SNA，为联合国推出SEEA体系提供了参考与借鉴。

在以往研究成果的基础上，联合国于1993年着手研究在不改变SNA的基础上，考虑环境因素，对以SNA为核心的账户体系进行修改和完善，正式推出《综合环境与经济核算体系（核心框架）》（System of Environmental – Economic Accounting：Central Framework，SEEA）。该体系对综合环境与经济核算体系进行了全面阐述，详尽阐述了将资源耗减、生态破坏和环境退化等问题纳入国民经济核算体系的概念、分类、方法和基本准则，形成了综合环境经济核算体系的基本框架；其宗旨是将环境变化纳入国民财富、国内生产总值、国内净产出和资本积累等宏观经济指标核算中，为社会、经济和环境相关决策提出依据，用于衡量可持续发展，形成实施可持续发展战略的信息支持手段。SEEA体系核算包括两个层次：实物量和价值量两种核算方式。实物量核算就是在目前国民经济核算框架基础上，建立不同层次的实物量账户，用实物单位描述与衡量经济活动对应的各类污染物的产生量、减少量、剩余量等。价值量核算是在实物量核算基础上，估算各种生态破坏、资源开采、环境污染造成的环境退化价值或生态破坏价值。在价值量核算中，包括对现存经济核算中有关环境的货币流量予以核算，如无人治理成本（或环境保护成本）的核算。SEEA体系的核算对象主要包括环境污染核算、自然资源核算、经资源环境核算调整的GDP核算、绿色GDP核算等。环境污染核算包括环境污染核算和生态破坏核算，具体包括水及水污染物、大气污染物、固体废弃物污染的实物量和价值量核算。自然资源核算主要包括水资源、森林资源、矿产资源、湿地、耕地等资源的实物量与价值量核算。经资源环境核算调整的GDP核算（即绿色GDP核算）主要是把经济、生产、生活过程中产生的资源耗减、环境污染和生态破坏成本从GDP中扣除，从而得出一组以"经资源环境核算调整出的国内产出"（Environmentally adjusted Domestic Product，EDP）。

20世纪80年代末中国开始使用国民账户体系（System of National Accounts，

SNA）衡量宏观经济发展水平。在 SNA 指导下，企业及政府或多或少地存在过度追求经济发展和 GDP 总量，忽视经济活动引起的自然资源损耗和环境退化等问题。SNA 由于只描述经济发展未核算自然资源损耗及环境退化而一直备受争议。为此，社会与学术界为改进或提出可替代的指标或方案做出了不懈努力。

20 世纪 80 年代初，中国环境科学院开始试水研究我国的环境污染和生态破坏所带来的经济损失。1988 年，在美国福特基金会的资助下，由国务院发展研究中心与美国世界资源研究所合作，系统研究了自然资源核算及纳入国民经济核算体系的理论与方法。1990 年，由中国环保部牵头完成了对典型生态区生态破坏经济损失的核算。同年，过孝民和张慧琴主持了我国《"六五"期间环境污染核算》课题，并首创了"过—张"模型，在国际学术界产生了较大影响，"过—张"模型在计量方法、数据处理、核算方法、结果分析方面都有开创性的学术价值和应用价值。1992 年，曲格平评估了大气污染损失占 GDP 的比重，计算结果显示 1991 年我国环境污染损失占 GNP 的比重为 6.68%。1994 年，李金昌在曲格平的研究成果基础上全面核算了我国的生态环境损失成本，计算结果显示，1993 年我国生态成本占 GDP 的比重达到 20%。金鉴明和汪俊三采用直接市场法、替代市场法、边际成本法和影子价格法等方法再次核算了 1985 年山西、山东、甘肃的生态环境损失，其中山西省生态破坏占当年 GNP 的比重为 19.37%，山东为 18.14%，宁夏为 19.87%。分项污染计量方面，比较有代表性的成果主要有徐寿波、夏光等学者。1996 年，徐寿波计算了 1985 年我国大气污染的损失，并与当年经济发展水平进行对比，结果显示大气污染损失占 GDP 的 1.2%，预计 2000 年该数值将达到 1.2%。1998 年，夏光用市场价值法和机会成本法等方法对水污染和大气污染进行损失估算，得出 1995 年全国污染和大气污染损失占当年 GDP 的 2.04%。1999 年，国家环保总局与世界银行合作，核算了山东烟台和福建三明的"真实储蓄率"，得出的结论是我国"真实储蓄率"在全球处于较低水平，与我国经济发展速度很不相称。1996~2000 年，北京大学依据可持续发展理念，借鉴"投入产出表"原理，系统核算了"绿色国民经济核算体系"，并且对 1995 年我国"真实储蓄率"、绿色 GDP 指标进行测算。该研究对我国绿色国民经济核算体系的模式、理论与方法进行了很多有益探索，取得了重大突破。2004 年，世界银行、国家信息中心、国家环保总局、中科院和环境规划设计院等多家单位联合开展《中国绿色国民经济核算体系框架研究》，先后在甘肃、四川、宁夏、山东、福建等地区进行试点，根据试点经验，2006 年 1 月正式公布《中国绿色国民经济核算研究报告（2004）》（后面将会对《中国绿色国民经济核算研究报告（2004）》的内容进行详细介绍）。

二、综合环境与经济核算体系（SEEA）

关于综合环境与经济核算（SEEA），有两个基本要点：第一，要以国民经济核算（SNA）为基础，而不是彻底否定后者另起炉灶；第二，要把资源环境因素包括在其中，作为实质性内容予以核算。这就决定了 SEEA 对 SNA 既有继承又有改造，是对国民经济核算体系的扬弃。

（一）核算范围：有限制的扩展

国民经济核算的范围包括两个层面：一是国民经济的组成范围；二是核算包括的内容范围。环境经济核算要将资源环境因素包括于其中，就会涉及这两方面的范围扩展。

从组成范围上看，SNA 认为国民经济由一国经济领土上的常住单位所组成。在组成范围层面上，SEEA 继承了 SNA 的定义。尽管针对一些全球性资源环境问题，有必要构建全球范围的资源环境核算，但从管理角度看可能会因为主体缺失而难以由某国政府部门实施，因此不会成为 SEEA 的主流。

从核算内容上看，SNA 包括流量核算和存量核算两个主要部分，前者的核算对象是所拥有的资产，后者的核算对象是当期发生的经济活动。适应市场化经济结构的基本特征，所有纳入 SNA 核算范围的资产都称为经济资产，所有经济活动都被称之为交易。此外，SNA 还考虑了一些本身不属于经济活动但其发生会对经济产生影响的现象，其中包括与资源环境有关的活动以及与灾害有关的活动，一般称其为其他活动。

联系资源环境要素来看，第一，大部分自然资源环境要素无法作为经济资产纳入经济存量核算，因为它们常常不符合经济资产定义的两个要点，要么其所有权不确定，无法归结到特定的机构单位；即使可以根据国家所有性质笼统地归属到政府部门，但却无法给所有者带来直接经济收益，因为这些资源环境并没有进入市场经济体系。第二，大部分与资源环境有关的活动和现象无法作为经济交易进入经济流量核算的范围，即使是被国民经济核算所关注的部分，一般也不属于市场交易，而是作为非市场活动存在，难以通过市场获得一个确定的价值。比如，资源要素自然生长不属于经济生产活动，废弃物的排放也是经济活动之外的事情，一些环境保护活动常常以非营利方式运作，无法像市场性活动一样量化其产出。因此，SEEA 所面临的创新，首要表现在要扩展 SNA 的核算范围，使其能够最大限度地把资源环境因素包括在内，关注其存量，关注与其有关的活动。

但是，SEEA不能无保留地将所有资源环境要素纳入核算范围，在目前核算开发阶段，能够做到的还只是有限的扩展。

先看经济资产核算范围的扩展。现有经济资产中已经包括一些资源环境要素，其中一部分属于生产资产，主要是人工参与下的动植物养殖栽培，一般称为培育资产，另一部分属于非生产资产，主要是符合经济资产定义的各种矿产资源、土地资源、水资源、天然动植物资源等。

SEEA要扩展经济资产范围，就是要定义一个环境资产（或自然资产）概念，一方面要将上述生产资产中的培育资产、非生产资产中的资源环境资产包括在内，另一方面还要将资产范围扩展到原来没有包括在经济资产中的那些资源环境资产。被扩展的部分就是那些所有权不明确、无法为所有者带来直接经济收益的资源环境要素。

自然资产或环境资产能够在多大范围内予以明确定义，要取决于以下两个因素：第一，经济体系对资源环境有用性的认知程度；第二，资源环境的可量化程度。如果某种资源环境要素短缺到一定程度，开始界定产权，创建有关市场，那么就可能成为非生产资产而纳入经济核算范围。如果尚没有形成明显的市场，也应该是对经济体系具有明显支持、其短缺对经济体系构成明显制约的资源环境要素才有必要纳入SEEA，这样的扩展才更加具有建设性。从目前各国核算实践看，这一点非常明显。

再看经济活动核算范围的扩展。资源环境与货物服务生产的直接联系，主要体现在进入经济体系的资源、自经济体系排放出来的废弃物这两类物质流上，它们之中，一个是构成了货物服务生产的基础，另一个是伴随货物服务生产的"副产品"。但是，SNA并没有对这两类物质流加以核算，尤其是没有与货物服务的形成和使用联系在一起进行核算，仿佛货物服务的生产无须以资源作基础，不是物质形式的转换，经济生产只提供了有用的货物服务，没有提供不仅无用而且有害的废弃物。SEEA的任务就是要纠正SNA的错误处理方法，将资源环境因素纳入国民经济核算，这就是所谓经济活动核算范围的扩展。

但是，这样的扩展仍然是有限的。第一，不能像SNA的货物服务流量核算那样对资源流和废弃物流进行全面的核算。SEEA要从经济体系出发，关注资源环境对经济体系的支持和制约，以经济活动为中心核算与其有关的物质流。这样，整个物质循环只有半个圈能够进入SEEA的视野——进入经济体系的资源流、经济体系中的货物服务转换流、排出经济体系的废弃物流并不包括在自然体系中发生的资源再生、废弃物转换等流量。第二，不能把进入经济体系的所有资源和排放的所有废弃物都无一例外地纳入SEEA进行核算。实践中常常是就对本国经济体系具有显著性意义并具有一定数据基础的资源流和废弃物流进行核算,SEEA 对 SNA 的扩展也主要限于此。

(二) SEEA 的结构

SEEA 主要从五个方面拓展了 SNA 的概念和系统基础(如图 2-1 所示)。第一部分是 SEEA 体系的基础,阐述经过调整的 SNA 的资产供求账户,用来反映与环境相关的具体经济活动总量,以及其他与环境互不影响的活动总量。第二部分主要阐述那些虽然列入传统核算但表示不明确的流量和存量,以及从需求与供给表到第一部分的非经济资产核算。其中的特别账户还对防止环境退化的环境保护活动的价值进行了核算。第三部分主要包括原材料、能源平衡的阐述以及自然资源核算。第四部分为各类自然资产估价及其应用,例如:非经济资产的货币价值估算;环境为人类提供服务价值的评估;为了环境保护所支付的维护价值评估。第五部分拓展了 SNA 的产出概念,把家庭生产及其对人类福利和环境的影响都包括在社会生产的范畴内。

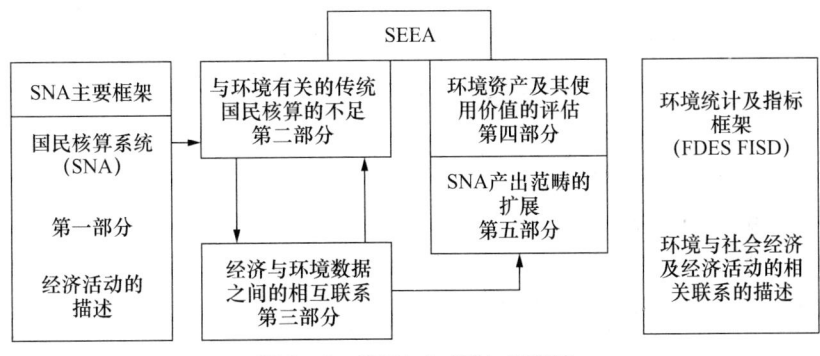

图 2-1 SEEA 与 SNA 的联系

图 2-2 描述了环境统计、自然资源、综合自然资源与价值核算之间的关系。其中,环境统计提供了自然资源核算所需要的最基本的数据;而自然资源核算又构成了货币核算中对自然资源价值评估的基础。

(三) SEEA 的核算总量

SEEA 扩展了 SNA 核算的自然资产范围以及评估自然资产价值及其变化,可以根据以下公式计算最终结果。

(1) 供求平衡公式

$O + M = IC + C + CF + X$

式中,O 表示产出的商品和服务的提供;M 表示进口;IC 表示中间消耗;C 表示最终消耗;CF 表示资本形成;X 表示出口。

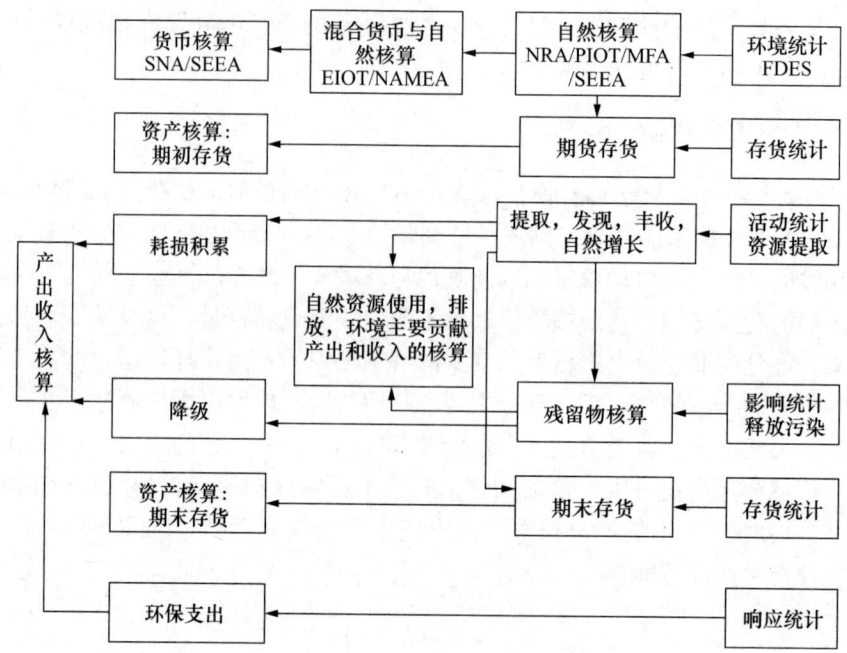

图 2-2 统计与环境核算之间的联系

(2) 第 I 部门的增加值

$EVA_i = O_i - IC_i - CC_i - EC_i = NVA_i - EC_i$

式中，EVA_i 表示第 I 部门的增加值；CC_i 表示资本消耗；IC_i 表示环境损耗和降级的支出；NVA_i 表示净增加值；EC_i 表示环境保护成本。

(3) 国内生产总值

$EDP = \sum EVA_i - ECh = NDP - EC = C + CF - CC + X - M$

式中，EDP 表示调整后的净国内生产总值；EVA_i 表示调整后的第 i 部门增加值；ECh 表示家庭生活的环境保护成本。调整后的自然资源损耗和环境退化的价值如表 2-1 所示。

表 2-1 环境调整后的核算指标

		期初储备	经济资产	环境资产	
			+		
	国民产出（工业）	最终消耗（家庭、政府）	资本形成	资本积累	其他

续表

		期初储备	经济资产	环境资产	
产品供给	产出（O_i）				进口（M）
产品需求	中间消耗（IC_i）	最终消耗（C）	总资本形成（CF）		出口（X）
规定资本使用	固定资本消耗（CC_i）		资本消耗（CC）		
增值/NDP	$NVA_i = O_i - IC_i - CC_i$; $NDP = \sum NVA_i$				
自然资产需求（损耗和降级）	工业环境消耗（EC_i）	家庭环境花费（ECh）	自然资本消耗（EC）		
调整后经济指标	$EVA_i = NVA_i - EC_i$ $EDP = \sum EVA_i - ECh$		ECF =（CF - CC）- EC		
			+		
			再评估后的其他量变		
			=		
		期末储备	经济资产	环境资产	

（四）SEEA 的框架体系

实际上图 2-3 是对图 2-2 和表 2-1 的简化，是对 SEEA 的简化表述，它由 10 张核算表组成，同时遵循实物核算和价值核算的原则，列示了不同核算表的地位和内容。

1. 供给与使用账户

供给与使用账户合并了生产性与非生产性资产，它扩展了 SNA 中传统账户及核算的界限，体现了自然资产的内部变化，又反映了 SNA 核算的三重特点，即：

（1）供给与使用

产出 + 进口 = 中间消耗 + 出口 + 最终消耗 + 总资本形成

（2）增加值

净增加值 = 产出 - 中间消耗 - 固定资产消费

（3）仅将经济作为一个整体的国民生产

国民生产总值（GDP）= 总增加值 = 最终消费 + 总资本形成 +（出口 - 进口）

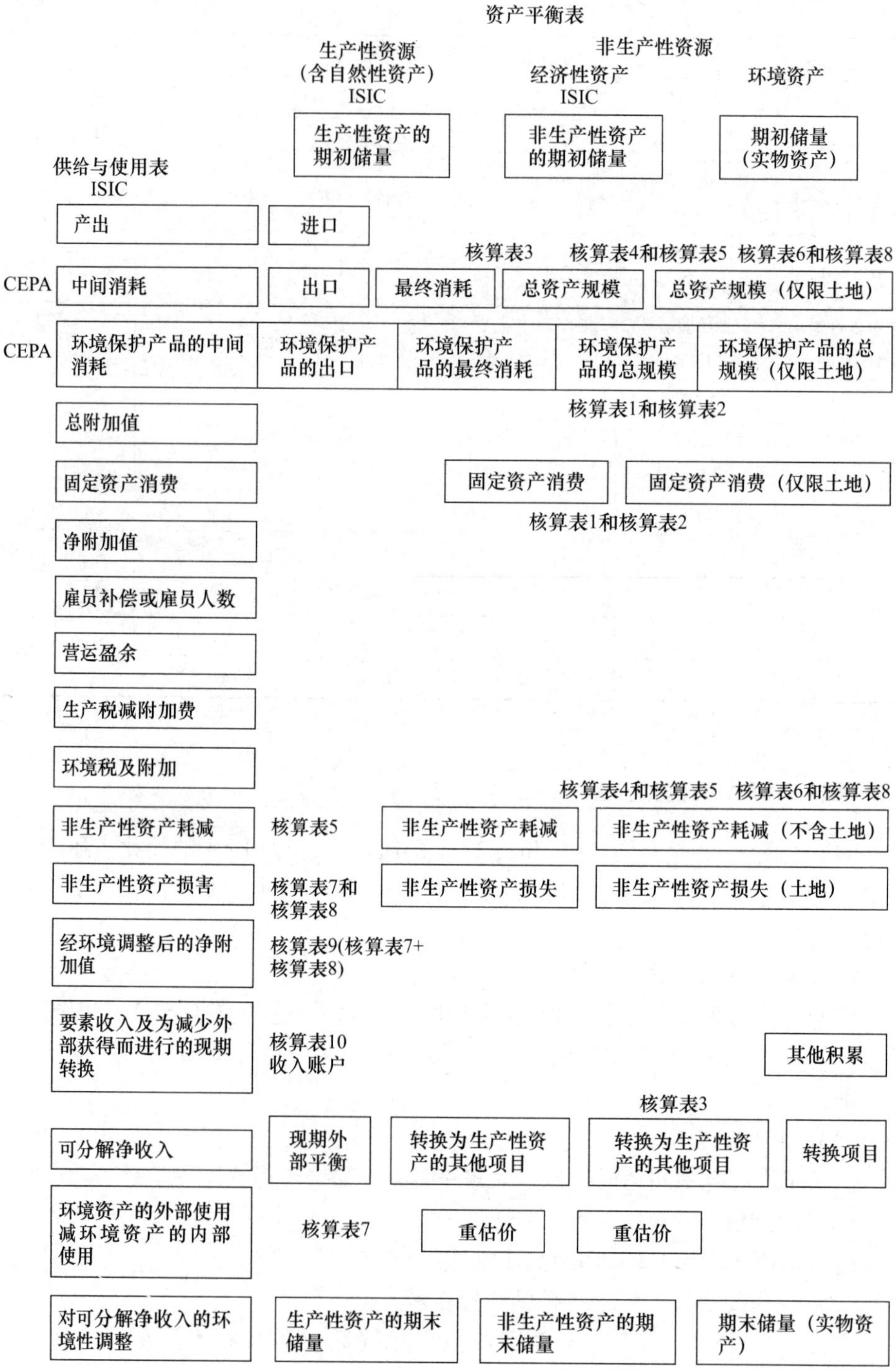

图 2-3 环境与经济核算一体化的整体框架

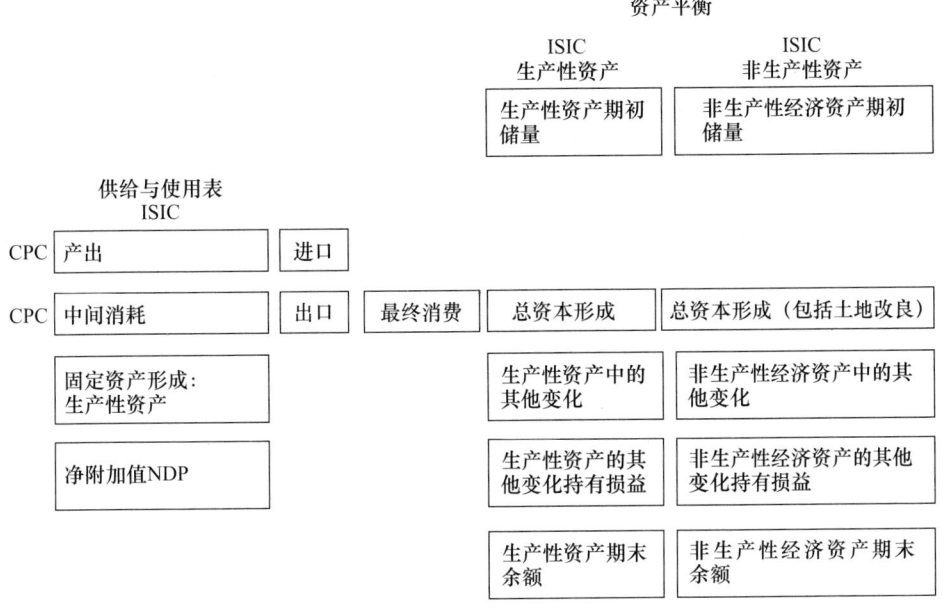

图 2-4 核算表1：《SNA1993》供给、使用与资产账户

核算表1合并资产账户的特点是能够用核算期中资产的流动来解释资产账户期初期末余额的变化。生产性与非生产性资产的平衡关系如下：

期末余额＝期初余额＋总资本形成－固定资产消费＋资产项目中的其他变动＋持有利得或损失

从分类的角度看，为了便于环境核算，联合国1990年颁布了《国际经济活动标准分类（ISIC）》，提供基础的与环境核算相关的产业分类，即那些与环境污染和环境保护极为相关的产业和其他经济领域（居民和政府）。1998年又颁布了《核心产品分类第10版》。核算表1的供给（产出和进口）和使用（中间和最终消耗、资本形成和出口）都根据上述分类进行计算。

2. 环保支出核算

环保支出（EP）包括各个产业、政府、各种组织和个人等为了避免环境恶化以及在恶化发生后为了减轻危害而产生的各种费用。EP费用虽然包括在了SNA中，但没有独立地出现在传统的生产和最终使用账户中。在图2-3和核算表2（见图2-5）中，EP费用并没有从传统核算指标中被剔除，而是被包括在产出、中间消耗、固定资产、资本形成等各项核算中。

核算表2中"行"所表示的环保支出费用是按部门和种类排列的，"列"所表示的环保支出产出及价值是按行业排列的。核算表2包括了EP设备、消费账户和资本形成。按照 SNA 的核算原则：内部的、辅助的 EP 活动要与外部 EP 活动区分开来。其中，外部 EP 活动指的是建设中的初级和次级生产活动，即用于其他建设的 EP 货物（包括产品与服务）储备。辅助活动是生产初级或次级工业产品生产活动中供自己使用的产品和服务，包括清洁和保护环境所使用的工具等。

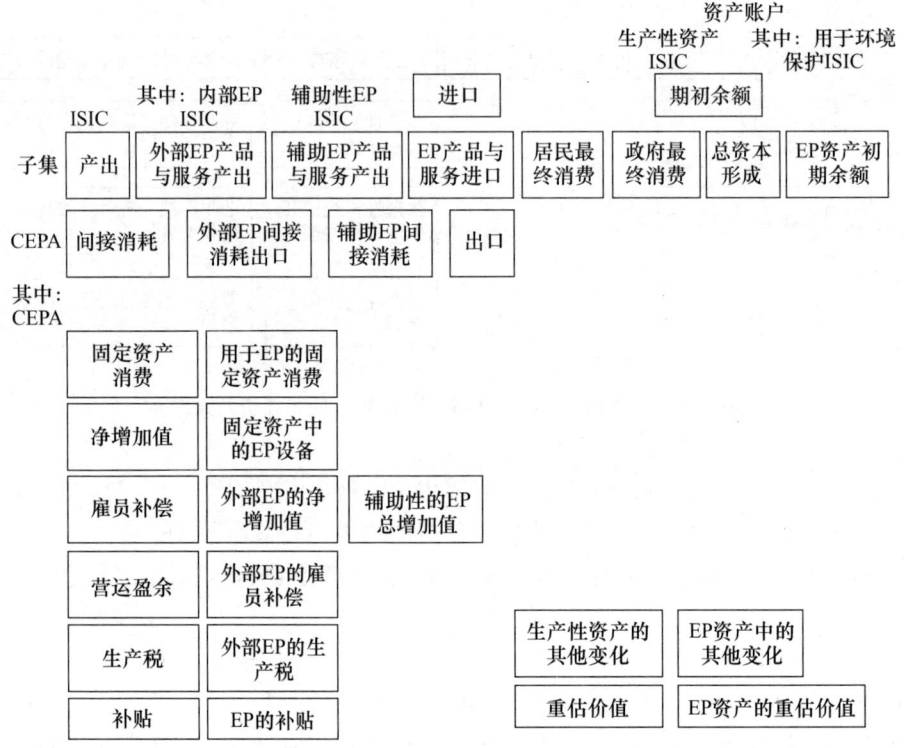

图 2-5　核算表 2：环境保护（生产）支出

可是，一些环保产品却难以被作为产出，因为它们在环保或其他应用领域中的用途尚不清楚。例如，过滤器除了作为环保器具外还可用于传统生产过程。因此，实际上研究的焦点已从行业与政府转到了生产与居民中 EP 服务的产出与转移。

为了更完整地估计 EP 服务的生产，居民、生产和政府部门中自产自用的内部服务也需要被计量。它们的价值应当包括提供内部 EP 的全部成本，即包括所购买的 EP 产品和劳动力、资本的价值。

对环境保护活动的分类（CEPA）（联合国，欧洲经济理事会，1994）是认定 EP 产出和消的基础。CEPA 只包括那些与生产单位、政府和居民所引起的环境恶化直接相关的活动和相应成本，而不包括受环境影响的活动与成本，例如为健康和旅游附加的成本，这些成本通常是由污染制造者以外的其他人承担的。这些费用有时被作为前面所提到过的广义概念下的防护性支出的组成部分。

核算表 2 是对于一些所选中行业 EP 支出的简化，其中省略了资产账户。只对制造、建筑和卫生行业单独考虑。表中将 EP 物品和服务的总供给作为产出和进口，并且等于行业使用总额（间接消费总额），其他国家使用额（总出口），最终消费（总额）和资本形成（总额）。

空气、水资源保护等其他行业导致了大量的 EP 现期消费。为此，也要求对其他行业进行更深入的分析。环境税主要包括对放射物征费和对自然性资产如水、矿物燃料的过度使用征费。环境补贴包括关税削减、直接支付、行业要求或进口、环境保护设备等项目。

为了获得 EP 产品与服务的数据，必须进行一项由行业、居民和政府执行的关于环境保护的专项调查。也可以通过对政府预算、行业与居民环境支出的特征、试验性调查、工业产品统计和投入产出表的研究来取得估计数据。

核算表 2 还包括了关于林产品、渔业和矿业等自然性资产的消费数据。虽然这些数据与 EP 无关，但是，从理论上讲它们已经被传统账户核算在内。

3. 价值形态的生产性资产账户

《SEEA2003》的非金融资产（CNFA）分类中，将资产分为生产性资产与非生产性经济资产，其中，生产性资产是指那些通过生产活动形成的产品，如果园、树木、家禽和水产养殖的鱼类等期初期末的资本价值形成，所以又被称作培养性资产，由于这部分资产是生产的成果，因而在供给、使用与资产账户中被称为产出。

《SEEA2003》对生产性资产采用了《SNA1993》的定义，即重复或连续使用超过一年，且存量中单一用途的产品都应统计为资本形成。

核算表 3（见表 2-2）生产性资产账户是关于生产性资产存量价值的核算，目的在于完整地评价国民财富的水平、分配和变动。

根据核算表 3 显示：生产性资产的总资本形成等于总获取价值减去对所有成熟和非成熟动物、树木等的出售，包括固定资产如果园、树木、家禽和水产养殖中鱼类的生长所发生的费用。核算表 3 中仅给出了培育性资产中占总资本形成量的农业的总固定资本形成，没有关于林业的固定资本形成，因为树木长成木材的这个过程往往被认为是存货的变动，而不是固定资本的形成。

非生产性经济资产则是指那些不是由人类的生产活动形成的结果，而是大自然中天然存在的，又能为人类的经济活动产生价值的"自然资源"的价值存量。

在 SEEA 中，"自然资源"等同于 SNA 中的"非生产性经济资产"。它们在 SNA 中被定义为 CNFA 的第二类资产，即非生产性资产，它们的所有权实行强制分配，其产品价格大多由市场决定。非生产性经济资产与环境类资产的区别并不完全依据任何稀缺原则，因此，它所具备的特性同样适用于环境资产。

表2-2 核算表3：货币性资产账户：生产性账户（包括自然资产）

	ISIC
	生产性自然资产
期初余额	家畜、渔业、家禽、果园、种植物、木材和其他动植物的价值存量
总资本形成	
总固定资本形成	家畜、种植物、果园、渔业等价值增减去损耗 家畜、种植物、果园、渔业等未形成的价值
存量价值变化和价值的增值减去损耗	①唯一用途的植物、家畜或鱼类，尚未收割或宰杀的庄稼、家畜和鱼类价值 ②在生产中重复或循环利用的树木和家畜，在建资产的价值（未成年的树木或家畜）
固定资产消费	固定资产的贬值（政策磨损与损毁）
其他存量变动 其他生产性资产的经济表现 灾害损失 其他	自然灾害、政治事件导致的价值的正负变化，或资产使用的变化
重置价值	持有收益或损失
期末存量	家畜、渔业、家禽、果园、种植物、木材和其他植物的存量价值

《SEEA2003》把非生产性经济资产的耗减与退化作为生产成本来核算，但在《SNA1993》中，却把它归为其他存量变动，只在资产账户中核算，对非生产性资产的经济性、退化、增值和其他特性分别进行了定义。《SEEA2003》中环境成本核算对《SNA1993》的生产与收入指标进行了调整。把各部门经过环境调整的增加值和各部门的净资本形成分别相加即为经过环境调整的净国内生产总值（EDP）和净资本形成（ECF）。

4. 非生产性经济资产（自然资源）实物账户

核算表4（见表2-3）是自然资源的期初期末存量及在核算期内的流量变化的实物量。其中，存量是指期初期末可开发的有经济价值的自然资源数量；核算期内流量的变化源于对资源的开发和使用，例如矿物提炼、森林砍伐、渔业捕捞、水资源分离等。对可再生资源，经济使用是一个笼统的概念，它既包括自然资源的可持续使用,即通过自然性再生或重置来实现;又包括"耗减",即以自然资源超出长期可持续水平而过度耗用。

表 2-3 核算表4:实物性资产账户:非生产性经济资产

	不可再生资源		可再生资源		
	土地/土壤（平方米）	地下资产（公吨）	林木（经济用途）（立方米,公吨）	渔业资源（立方米,公吨）	水资源（立方米）
期初储量	建筑物下的土地面积、种植物下的土地面积、可恢复的土地面积	已证实储量	已存在木材储量	生物量	储量
经济性使用（可持续使用,耗减）		矿物提取物（以矿石或加工过的形式计量）	木材（吨）森林减少（木材损失）	总捕捞量	水中提取物
其他积累	土地使用的变化 从环境用地转为经济用地的土地,土地开垦（资产增值）	发现物 由于技术或相关价格变动而引起的储量重新估价值	自然生长 自然死亡 从环境向经济用途转化	自然生长 自然死亡	从环境向经济用途转化 恢复
其他储量变化	土地用途的变化和由于自然、整治及其他非经济因素引起的土地面积变化,经济用地向环境用地转化	自然灾害或其他非经济因素引起的储量减少	自然灾害或其他非经济因素（火灾、水灾、地震）引起的储量减少,从经济向环境用途转化的森林	自然灾害或其他非经济因素引起的储量减少	自然灾害（火灾、旱灾等）导致的变动
期末储量	建筑物下的土地面积、种植物下的土地面积、可恢复的土地面积	已证实储量	已存在木材储量	生物量	储量
备忘项目:质量变化	土壤恶化（立方米或公吨）或营养流失（公吨）土地/土壤污染包括盐碱化和其他土壤质量变化		病虫害、酸雨等对森林质量的影响	酸雨及其他环境因素对水生动物的质量影响	水质量变化（指数（值））

自然资源质量的变化会影响其生产能力和经济价值。质量变化虽然是构成环境成本的重要因素，但却难以在实物资产账户中予以表现。所以，仅把它们作为备忘项目记录在核算表的期末存量栏内。土壤污染按每公吨土壤流失或受害面积来计算，以反映农业或其他用地的质量变化。由于土壤污染会对土地生产力产生重要影响，因此其数量被作为对资本的经济使用而进行的详细核算。

在《SEEA2003》中，自然资源的其他积累和其他存量变化是指在生产与收入账户以外的资产变动。所以，它们不影响增加值和收入（作为成本），但对自然资源数量有重要影响。其他积累与其他存量变化的区别在于：前者反映的是经济决策或利益引起的变化，后者是非经济性因素，如政治、自然事件、灾害等导致的结果。

5. 自然资源的价值账户

自然资源账户是 SEEA 的第一个以市场价格为基础的货币账户，与 SNA 账户最接近。它记录了那些已反映在 SNA 资产账户中自然资产的价值变化。如上所述，自然资源的耗减与退化已从 SNA 中的作为环境成本的其他存量变化进入到 SEEA 中的生产账户中。

在核算表4中用自然资源的市场价格或估计价格对实物储量和储量变化进行调整。根据核算表5（见表2-4）可以看到不同种类的自然资源有相同的列标题，但行标题却不相同。就像在货币性资产账户中（核算表3），引入了资本形成和重估价项目。应当注意非生产性资产的资本形成只能来自于已在 SNA 中做了核算的土地改良，对其他非生产性环境资产，新资本的生产难以定义，而资本形成记为 n.a（不可行）。对自然资产的取得或处置，只列出了土地和土壤资产，尽管其他资产也可能发生类似交易，但可能性很小，即使发生了其影响也微不足道。资产与资产变动的分类与核算表4一样是相互参照的。

资源"耗减"与环境"退化"是以核算表4中的"经济性使用"和备忘项目"质量变化"为基础，但却归属于货币性账户的成本概念中对可持续性标准的范畴。这些标准可当作对 SNA 生产与收入账户中采用的可持续性标准的扩展。这样，不是所有的通过资源提取和废物或污染处理而对自然资源的直接使用都可以作为成本计入生产账户，只有那些不能再生或完全吸收的部分才能这样处理。如核算表4所示，从衡量自然资源开采的可持续性角度来说，需要复杂的模型，尤其是对渔业。因酸雨或其他污染造成的环境恶化会导致经济资产的生产力降低，而这种损失的计量较为困难，核算表5只从核算表4的质量变化栏中抽取了土壤侵蚀这一项。核算表5对其他资产耗减都记为（n.a），即意味着虽然理论上可行，但实践中对环境恶化导致的资产价值变化的估计却非常困难。

表2-4 核算表5：货币性资产账户：非生产性经济资产

	土地（土壤）	地下资产	林业（经济用途）	渔业资源	水资源
期初储量	参见核算表4	参见核算表4	参见核算表4	参见核算表4	所选水域的使用价值
固定资本形成	土地上的支出改良，包括：林业用地清理、旱地灌溉、洪水或腐蚀的防护	n.a[a]	n.a[a]	n.a[a]	n.a[a]
耗减	资本消费：土地改良价值的减少	提取的价值	非持续性砍伐	非持续性捕捞	非持续性提取
恶化	污染和腐蚀造成的市价变化	n.a[b]	n.a[b]	n.a[b]	n.a[b]
其他积累	土地获得减去失去 其他：参见核算表4	参见核算表4	参见核算表4	参见核算表4	参见核算表4
其他储量	参见核算表4	参见核算表4	参见核算表4	参见核算表4	参见核算表4
重估价	持有利得或损失	持有利得或损失	持有利得或损失	持有利得或损失	持有利得或损失
期末储量	参见核算表4	参见核算表4	参见核算表4	参见核算表4	所选水域的使用价值

注：[a] 表示不可行的，[b] 表示实际中难以估计的。

有形的非生产性资产的储量价格可以市场化，例如土地，可以用市场交易的统计调查中得到的市场价格对其估计。但是不可再生资源，如野生动植物却是没有市场价格的，因为它们很少作为整体进行买卖。实践中已经有若干种对稀缺性不可再生资源的存量及其变动进行定价的方法。

非生产性资产是指那些既没有赋予所有权也没有直接使用经济效益的资产。由于很多自然资源同时具有经济功能以及非经济性特征或环境性功能，对它们的分类与经济性资产极为相似。因此，非财政性资产（CNFA）的分类没有区分经济性和环境性资产，但将空气作为了非经济性资产。

实物账户中提供的核算期初、期末自然资源存量，应按现行市场价格计算，但是如果缺少相关资料的话，可用该资源的资产净现值或预期提取价值，抑或用核算期该资源的使用量与净现价的乘积替代。在这些假设成立的条件下，可采用净现价方法近似计算净现值。在缺乏市场交易和市场价格时,这种折扣的价格优先于可选择的投资。对开发造成的资产变动、其他累积和其他储量变化,相对于净价格,建议采用使用者成本。在核算期中两种方法都可看作是对计量资产净现值变化的基本原则的简化。

除了对净回报(以允许的使用者成本计价)使用折扣因子外,适合于两类不同可持续性标准的两种方法:为获得资产的非持续性使用的货币性耗减,采用净现价计算;而为投资而保留特定数量的净回报的收入维持项则采用使用者成本计算。净现价和使用者成本为耗减的估计和收入维持成本的估计提供了上下限。使用者成本的定义可以证明这一点,它指的是净租金/回报与使用者为获得稳定的投资收益而付出的花费之差。

6. 实物性环境资产账户

环境资源包括大气、水、土地和那些不会被经济性使用的野生动植物群。对自然系统进行分类是一项困难的任务,通常在环境系统或生态统计中出现。而且,在资产账户中对各种生物的特殊变动进行确认和计量也几乎不可能。所以,核算表6(见表2-5)是作为实物统计与指标的联结纽带,从环境统计和可行的环境核算框架中取得对环境与经济交互作用的更详尽分析。这种分析侧重于环境资产及其实物存量变化。因此,核算表6没有区分属于非同类资产的变动,只是记录了实物性存量变化。这些变化同其他资产一样,包括从环境账户中转移的部分。

表2-5 核算表6:实物性资产账户:非人造的生产性环境资产

	土地和其他生态系统(森林、水等)(平方公里)	稀有和濒临灭绝的动植物群(个数)	空气
期初储量	未包括在经济资产账户中的土地面积(核算表4)	总量	n.a[a]
储量变化	分类的变化(环境与经济用途间的转换和生态系统间的转换) 由于自然、政治或其他非经济原因导致的面积变动	物种的地位变化(经济与环境间的转化) 自然灾害导致的数量变化提到的物种数	n.a[a]
期末储量	未包括在经济资产账户中的土地面积	总量	n.a[a]
质量变化[b]	土壤侵蚀(公吨) 土壤污染(灌入量或周围浓度) 病虫害或酸化对林业的影响 颗粒物(面积或量的变化) 水质变化(指数)	受到疾病影响的物种数(个数变化)	空气质量变化(指数)

注:[a] 表示不可行的,[b] 表示实际中难以估计的。

7. 外溢账户

经济领域由于污染引起环境质量下降的损失,有关污染引起环境质量下降和损失的数据,包括废物的排放,取自于核算表7(见表2-6)中的污染项目,不属于广为接受的国际性分类。最为重要的污染物和废物的分类需要分别确定,因为不同污染物和废物的影响成本差异相当大。污染领域包括政府、工业、居民以及社会的其他部分,后者反映的是跨界污染如通过空气和水进行传播,或在土地上传播(合法或非法流向国外)。

表2-6 核算表7:经济领域的环境污染损失(实物量) 单位:千公吨

	制造业、水电气业、政府、居民	其他国家	
		来自	流向
空气			
SO_2			
NO_x			
TSPM			
CO_2			
水			
BOD			
土地(土壤)			
废物(污染物)			

关于污染的数据通常由监管机构编制,它们对环境中介如空气、水、土地(土壤)中污染物的周围浓度进行计量,以作为估计环境质量变化的基础。但是,为了将环境成本分配于相应的造成这些成本的部门,外溢效果的数据更应该收集。由于难以对周围浓度追根溯源(无论时间和空间),通常在无法对外溢效果直接计量时采用外溢系数。这些系数可以来自调查、工程研究、其他具有相似经济结构的国家或有关某种代表性行业的国际数据。当然所提及的这些需要按照一国生产和消费模式的特殊经济和技术特点来选择。

与可再生资源一样,再生能力也许会增加资源的使用时间,按照可持续使用的观点,只有那些不能安全地被环境链吸收的外溢才应当被记录和计价。一国政府制定的标准或国际公约可作为可持续性外溢的标准。外溢效果(通常以投入或产出系数估计)如果在核算期内被企业、政府或其他机构有所减轻的话,就不应再被估价为维持成本。

8. 外溢的维持成本

核算表8(见表2-7)核算了核算表7中的净污染(超过吸收或减轻的部

分），但不包括跨界性污染的环境成本，原因是跨境污染的估价过于复杂，而无法实现。因此，核算表8不包括跨越国境和人类公共资源如大气（二氧化碳）、海洋中的环境污染损失价值的核算。废物和外溢会影响土壤的质量而导致其价值变化。《SNA1993》中将这种质量变化记为资产账户的其他储量变化。与耗减和经济损失的处理相反，导致耗减的因素被直接分配给了相应的耗减行为，但是要将土壤质量变化作为来自资产账户的成本向生产性账户中的具体部门进行分配有一定的困难。实践中，土地质量的变化很少计入资产性账户，而维持成本将直接分配给相关经济活动。

表2-7 核算表8：经济领域的环境维持成本

	A 每千公吨的成本				B 总成本			
	制造业	水电气业	政府	居民	制造业	水电气业	政府	居民
空气 SO_2 NO_x TSPM								
水 BOD								
土地								
废物								
总计								

所谓环境的维持成本，是指以最有效的活动采用缓解现有污染的可行技术，维持环境对废物（污染物）的吸收能力所花费的最小成本。实践中，现行的生产和消费过程最可行的技术有时也只能在一定程度上减轻核算期内的部分污染。由于高昂的成本，剩余的污染只能由社会承受。通常假定这部分剩余污染能够被环境安全吸收，或者处于规定的标准内。因此，上述环境的维持成本只是在符合某种规定的标准下，为减缓环境污染或维持环境对废物（污染物）的吸收能力所花费的成本，而不是全部成本。

维持成本应用于流量，表示根据环境条例要求为保护环境质量而投入的成本。这些成本是为保护自然资产日益减少的环境功能所必需的。

9. 合计与制表

对实物性账户的合计仅限于某些被选中的资源和环境。在环境主题下对资产进行合计需要一个价格标准如市价或维持成本。实物性存量或存量变动中货币价值的应用，使计算环境性调整如自然资本（财富）、环境调整后的增加值（EVA）及国内生产总值（EDP）成为可能。

（五）SEEA 的经验与不足

1. SNA 核算与经过环境调整核算指标的对比

第一，NDP 与 EDP 环境税扣减补贴、环保产品的间接消费（使用）、对自然资源的使用这些都作为 NDP 和 EDP 的组成要素。EP 支出，依据其所影响的中介（土地、空气和水）位于表 2-8 的中间。各行业对自然资源使用的成本作为对林业、矿藏、生物量的耗减和对土地（土壤）、空气及水的恶化的计量。

表 2-8 核算表 9：SNA 和 SEEA 的比较

		农业	林业	渔业	采掘业	制造业
		（货币单位）				
NDP^a						
$EDPI^b$ ($EVAI^c$)						
$EDPII^d$ ($EVAII^e$)						
(NDP − EDPII)/NDP						
(NDP − EDPI)/NDP						
C^f/NDP						
C/EDPII						
NCF^g/NDP						
ECF^h/NDP						
NDP/CAP^i						
EDPI/CAPI^j						
CAP/CAPI						
$ICEP^k$/GDP^l						
$GCFEP^m$/GDP						

注：^{a} 国内生产净值；^{b} 以市价计算的经环境调整后的国内生产净值；^{c} 以市价计算的经环境调整后的净增加值；^{d} 以维持成本计算的经环境调整后的国内产品净值；^{e} 以维持成本计算的经环境调整后的净增加值；^{f} 最终消费；^{g} 净资本形成；^{h} 参考值；^{i}（欧共体）共同农业政策；^{j} 生产技术；^{k} 联众共赢；^{l} 国内生产总值；^{m} 资本形成总额。

第二，居民与政府的最终消费。包括两个要素，环保产品的最终消费和以生产废物及向空气、土地和水资源排放的方式对自然资源的最终使用。将这些数据与各行业的资源耗减和环境退化价值汇总，就得到了核算表 9 的总数。

第三，净资本形成（积累）。经环境调整后的资本形成，从占 SNA 核算的 NDP 中的份额转化为占 EDP 的份额。只有 EP 设备中的固定资本形成才作为其组成部分。无论传统核算还是经环境调整，都只提供了资本形成的总额，因为 EP 中固定性资本消费的数据我们无法取得。

第四，出口与进口。在传统账户中对自然资源的进口与出口可分别确定。进口代表了其他国家的耗减。核算表 9 中把各种资源的进口作为其耗减进行分配。这样做的目的是确定经济发展对其他国家自然资源的依赖程度。同理，出口象征着为满足他国需要而过度使用的自然资源。

第五，对核算表中所列的数据可进行不同期限的更有意义的分析。对短期和中期分析来说，对源于生产和消费方式的转变、环境成本估计和实际成本内部化的结构变化进行研究是很有用的。总体来说，EDP 的时间序列或经环境调整后的资本累计能够显示经济增长的持续性或非持续性。

2. SEEA 核算的不足

SEEA 在很大程度上改善了 SNA 体系，但是它仍然存在不足：

第一，SEEA 对资源、环境的耗减和降级采用固定资产折旧的方法来处理。把资源和环境看作固定资产。我们应该看到，这两者有很多不同，如自然资产多为社会公有，固定资产有具体产权。资源开发商的利润有相当一部分来自于把资源的实物形式转化为价值形式，这中间不产生增加值，不应该计算在 GDP 中。

第二，SEEA 采取把各部门环保实际支出外部化处理的原则，以便明确环保投入情况，但忽略了对这部分支出的双重影响。先通过资源、环境拉动经济，使 GDP 上升，再投入人力、物力治理污染，也被计入 GDP，这种不能增加社会实际福利水平的支出导致 GDP 的不真实增长。

第三，在 SEEA 中，对环境污染损失的处理采用自然折旧的方法，只在国内生产净值核算中考虑了资源环境的耗减和降级，在 GDP 核算时较 SNA 体系没有改变。

三、中国绿色国民经济核算研究报告（2004）与中国资源环境经济核算体系

改革开放以来，我国经济的飞速发展取得了有目共睹的成绩。但是伴随 GDP 快速增长的是资源的大量消耗和环境的快速恶化。中国政府已经意识到要把可持续的科学发展观贯彻到国家的经济发展战略和实际管理之中。因此，中国迫切需

要进行绿色 GDP 核算，为真正实现可持续发展奠定数据基础。

2004 年 3 月，国家环境保护总局和国家统计局联合启动了《中国绿色国民经济核算（简称绿色 GDP 核算）研究》项目，并于 2005 年开展了全国 10 个省市的绿色国民经济核算和污染损失评估调查试点工作。两个部门成立了工作领导小组和项目顾问组，由国家环保总局环境规划院和中国人民大学等单位的专家组成了项目技术组，负责建立核算框架体系、提出核算技术指南、开展经环境污染调整的 GDP 核算，并指导地方开展试点调查和核算工作。经过近两年的艰辛努力，项目技术组完成了《中国绿色国民经济核算体系框架》、《中国环境经济核算技术指南》、《中国绿色国民经济核算软件系统》、《中国绿色国民经济核算研究报告》等成果，建立了环境经济核算的技术方法体系，并应用于全国与地方试点核算，并最终提交了《中国绿色国民经济核算研究报告（2004）》（以下简称《报告》），标志中国绿色 GDP 核算体系框架初步建立。《报告》就 2004 年全国各地区和各产业部门的水污染、大气污染和固体废物污染的实物量进行了核算，同时采用治理成本法和污染损失法的价值量核算方法，核算了虚拟治理成本和环境退化成本，并得出了经环境污染调整的 GDP 核算结果。

（一）数据基础

资源环境经济综合核算的数据基础是国民经济核算和资源环境统计。我国的国民经济核算分为两个层面：国家的国民经济核算体系和各省级行政区的地区国民经济核算体系。我国地域辽阔，各地的经济发展水平和自然禀赋、环境条件各不相同，面对这样的情况，进行区域经济核算很有必要。经过 20 世纪 80 年代以来的不断研究和实践，我国国家层面和省级层面的国民经济核算体系都已经发展得比较全面，为进一步进行资源环境经济核算奠定了良好基础。

进行绿色 GDP 核算就要具备一定的资源和环境统计基础。我国一直比较重视土地、水、森林、鱼类等自然资源的统计，具备基本的资源统计基础；同时，环境污染及其保护活动的监测和统计制度也在不断完善。因此，我国具有资源环境统计的基础条件。

（二）核算方法与内容

2004 年的绿色国民经济核算内容由三部分组成：①环境实物量核算，运用实物单位建立不同层次的实物量账户，描述与经济活动对应的各类污染物的产生量、去除量（处理量）、排放量等，具体分为水污染、大气污染和固体废物实物量核算。②环境价值量核算。在实物量核算的基础上，运用两种方法估算各种污染排放造成的环境退化价值。③经环境污染调整的 GDP 核算。

环境实物量核算是以环境统计为基础,综合核算全口径的主要污染物产生量、削减量和排放量。核算数据较目前的统计数据更加全面,能更全面地反映主要环境污染物的排放情况。

采用治理成本法核算虚拟治理成本。虚拟治理成本是指目前排放到环境中的污染物按照现行的治理技术和水平全部治理所需要的支出。治理成本法核算虚拟治理成本的思路是:假设所有污染物都得到治理,则当年的环境退化不会发生,从数值上看,虚拟治理成本是环境退化价值的一种下限核算。

采用污染损失法核算环境退化成本。环境退化成本是指环境污染所带来的各种损害,如对农产品产量、人体健康、生态服务功能等的损害。这些损害需采用一定的定价技术进行污染经济损失评估。与治理成本法相比,基于环境损害的估价方法(污染损失法)更具合理性,更能体现污染造成的环境退化成本。

绿色国民经济核算(简称绿色 GDP 核算)是一项涵盖了资源核算和环境核算的系统工程,目前提出的"中国绿色国民经济核算研究报告 2004"并不是完整意义上的绿色 GDP 核算,仅仅涉及了其中环境核算的部分内容,没有包含资源核算,即使是环境核算也是不完全的,主要表现在:①环境保护投入产出核算、生态破坏损失的实物量核算和价值量核算没有纳入。②环境污染损失的核算范围很广,由于缺乏相应的剂量反应关系研究和数据的支持,还有多项污染损失没有核算在内,包括:水污染引起的传染和消化道疾病的患病人数及其门诊和住院医疗、误工损失;水污染造成的新建替代水源成本;室内空气污染造成的损失;臭氧对人体健康的影响损失;大气污染造成的林业损失;大气污染造成的清洁和劳务费用增加;噪声、辐射和光热污染等造成的经济损失;地下水污染损失;土壤污染损失等。

核算未包含香港、澳门和台湾地区。东部地区包括北京市、天津市、河北省、辽宁省、上海市、江苏省、浙江省、福建省、山东省、广东省、海南省;中部地区包括山西省、吉林省、黑龙江省、安徽省、江西省、河南省、湖北省和湖南省;西部地区包括内蒙古自治区、广西壮族自治区、重庆市、四川省、贵州省、云南省、西藏自治区、陕西省、甘肃省、青海省、宁夏回族自治区和新疆维吾尔自治区。

(三)核算框架

1. 资源消耗—经济产品—废弃物排放混合核算表

所谓经济活动是消耗资源同时向环境排放废弃物的活动过程,是一个从环境到经济再回到环境的循环过程。资源消耗—经济产品—废弃物排放混合核算表以国民经济核算的投入产出表为基础,提供经济活动引起的资源消耗、废弃物排放的数据信息。

资源消耗—经济产品—废弃物排放混合核算表是在经济投入产出表中加入资源消耗和废弃物排放。表中纵列表示各种经济活动，分类保持与经济核算分类一致；横行中把中间投入与各种资源消耗、废弃物排放类别并列显示，因为对经济活动的投入也包括资源和环境为人类经济活动提供的物质及服务。资源消耗—经济产品—废弃物排放混合核算表能够直观地体现资源的使用状况和废弃物的排放来源。

表2-9 资源消耗—经济产品—废弃物排放混合核算表

	产业部门				最终消费	资本形成	净出口	使用总计
	I 1	I 2	I 3	I 产业总计	C	CF	X	
I 1 农业、渔业和矿业								
I 2 制造业、电力和建筑业								
I 3 服务业								
I 产业总计								
增加值								
投入总计								
自然资源消耗								
矿产资源								
森林资源								
水资源								
……								
污染排放								
废气								
废水								
固碳废弃物								

资源消耗—经济产品—废弃物排放混合核算表是一个实物、货币混合表，其中资源、废弃物核算采用实物单位，其余为货币单位，因此，该混合表无法计算列项合计。但是由于不涉及估价问题，能够提供详细的数据信息，因此具有重要的应用价值。

2. 资源管理和环境保护活动流量核算表

资源管理和环境保护活动核算就是从现行国民经济核算体系中把和资源管理、环境保护活动相关的流量分离出进行单独核算。实行资源管理和环境保护活动核算，可以掌握保护资源和环境的支出，即当期经济活动的资源、环境成本；还可以描述出资源管理和环境保护支出承担者之间的经济利益关系。下面以环境保护活动流量核算为例提出核算表。

表2-10是环境保护投入产出表,可以核算出为了环境保护而实际投入的支出。表中横行列出环保产品和其使用去向;纵列表示环保产业的生产投入。

表2-10 环境保护活动投入产出表　　　　　　货币单位

	国内产业	最终消费	资本形成	净出口	产品使用总计
产品使用					
环保服务					
环保关联产品					
清洁产品					
其他产品					
固定资本消耗					
净增加值					
产业总产出					

表2-11是环保支出的核算表,在表2-10基础上对围绕环境保护活动所发生的转移支付进行核算,得到环保最终负担支出的核算结果。表中竖向列出环保生产者、其他生产者、住户、政府和国外,以记录各自为环境保护而承担的支出;横行标题体现各支出项目,其中,表中上半部分来自环保投入产出表上半部分,是关于环保产品使用的支出,下半部分则是有关环境及其保护的转移支出,体现为环保而筹集资金的支出,二者合计起来,就是各部门为环境保护所最终承担的支出。

表2-11 环保支出核算表　　　　　　货币单位

	专门生产者	其他生产者	住户	政府	国外	总计
基于环保产使用的支出						
环保服务						
环保关联产品						
清洁产品						
为环保的资本形成支出						
有关环境及其保护的转移收支						
经常转移						
资本转移						
环保支出总计						
其中:有国外支付						
国民环保支出						

3. 自然资产核算表

自然资产存量核算是对自然资产在特定时间点上的所有量的核算，如一个核算期间有期初和期末两个时间点；同时，对核算期内引起自然资产存量变化的因素分类核算，在核实期内形成动态平衡关系：期初存量 + 当期变化 = 期末存量。在引起当期存量变化的各种原因中，被人类经济利用而导致的存量变化体现了自然资产存量核算与资源消耗—经济产品—废弃物排放混合核算之间的连接。

表2-12是资源存量及其变化核算的示意表式。在具体核算中，根据自然资源的类型不同，针对其性质、可计量性，安排具体内容和表式。表中横栏列出资源类别；纵列给出资产存量变化的原因。资源存量核算既可以按实物量核算，也可以经过资源估价进行价值量核算。如果采用价值量核算，还要考虑重估价导致的价值变化。

表2-12 自然资产：资源存量及其变化核算表（实物核算和价值核算）

实物单位，货币单位

	土地资源	矿物资源	水资源	森林资源	鱼类资源
期初存量					
经济交易引起的变动					
资本形成					
固定资本消耗					
存量增加					
发现					
自然增长					
分类变化					
存量减少					
自然资源开采					
分类变化					
其他变化					
灾害损失					
统计方法变化					
重估计引起的持有损益					
期末存量					

以经过自然资产存量核算得到的自然资产存量总价值为基础，可以对传统国民经济核算中的资产负债核算的国民资产总价值和国民财产净值进行调整，得到的结果在概念上比较接近世界银行定义的"国家财富"（但不涉及人力资本和社会资本），有利于反映我国真实拥有的财富。

由于资产范围的扩展,经调整的资产核算结果肯定会加大原来核算的资产总量。但是,由于自然资产中有一部分原来就属于经济资产(只是可能不属于生产资产),因此,不是按自然资产总价值进行调整,而是按照对经济资产之扩展部分的总价值进行调整,就是说,资产总价值不是按照自然资产总价值而扩大,而是按照经济核算原来未包括部分之价值而扩大。即:

调整后的资产总价值=经济资产总价值+扩展部分资产的总价值

4. 以EDP为中心的总量核算表

进行国民经济核算,会形成一组以国内生产总值为中心的综合性指标。与此相对应,进行资源环境经济核算,客观上特别需要开发出功能上类似GDP的指标体系,即以"经资源环境因素调整的国内产出–EDP"为中心的总量指标体系。

从GDP到EDP,其间的调整是把经济活动对资源环境的利用消耗价值(即所谓经济活动的资源环境成本)予以扣除。

和GDP有三种计算方法一样,"经资源环境调整的国内产出"也可以在三个方向上表示:

生产法:EDP=总产出–中间消耗–资源环境成本

收入法:EDP=劳动报酬+生产税净额+固定资本消耗+(营业盈余–资源环境成本)

支出法:EDP=最终消费+(资本形成–资源环境成本)+净出口

将上述考虑予以综合,形成所谓"绿色GDP"核算表。表2–13是仿照GDP核算总表模式的EDP总量核算表。

表2–13 EDP总量核算表

生产	使用
生产法	支出法
总产出	最终消费
中间投入(–)	居民消费
国内生产总值	政府公共消费
资源环境成本(–)	经资源环境因素调整的资本形成
经自由化环境因素调整的国内产出	资本形成总额
收入法	固定资本形成
固定资本消耗	存货
劳动报酬	资源环境成本(–)
生产税净额	净出口
经资源环境因素调整的营业盈余	出口
营业盈余	进口(–)
资源环境成本(–)	统计误差

要将环境成本调整落实到各产业部门,需要计算各产业的"经资源环境因素调整的增加值",即EVA。表2-14给出了立足生产法和收入法的计算表。

表2-14 产业部门EVA核算表

	产业部门1……
总产出	
中间投入（-）	
增加值	
环境成本（-）	
经资源环境因素调整的增加值	
固定资本损耗	
劳动报酬	
生产税净额	
经资源环境因素调整的营业盈余	
营业盈余	
资源环境成本（-）	

在EDP基础上,可以进一步计算经资源环境因素调整的可支配收入、储蓄、投资等一系列其他总量,其中,"经资源环境因素调整的收入"相当于相关文献所称的可持续收入;"经资源环境因素调整的储蓄"在思路上接近于相关文献所称的真实储蓄;"经资源环境因素调整的投资"在思路上类似于相关文献所称的真实投资。其间关系如下所示:

经资源环境因素调整的收入 = EDP + 分配性收入 - 分配性支出 = 国民可支配收入 - 资源环境成本

经资源环境因素调整的储蓄 = 经资源环境因素调整的收入 - 最终消费 = 国民储蓄 - 资源环境成本

经资源环境因素调整的投资 = 经资源环境因素调整的储蓄 ± 金融净借入或净贷出 = 资本形成总额 - 资源环境成本

（四）实物量核算结果

2004年的绿色国民经济实物量核算结果如下:2004年全国废水排放量为607.2亿吨,COD排放量为2109.3万吨,氨氮排放量为223.2万吨;二氧化硫、烟尘、粉尘和氮氧化物排放总量分别为2450万吨、1095万吨、905万吨和1646.6万吨;工业固体废物排放量为1761万吨,生活垃圾堆放量为6667.5万吨。

1. 水污染实物量

（1）第二产业废水排放量居首位，城市大生活废水和农业面源已成为水污染物的主要来源

2004年，第二产业废水排放量为221.1亿吨，占全国废水排放量的36.4%。城市大生活废水（指第三产业和城市生活废水）和第一产业废水的COD排放量分别占总排放量的39.3%和36.6%，氨氮排放量分别占总排放量的40.7%和36.1%。

（2）各工业行业水污染物排放差异显著，造纸、化工、冶金、石化等重点污染行业治理任务仍很艰巨

2004年，工业行业废水排放量和排放未达标量列前两位的是化工和造纸行业，这两个行业的废水排放量和排放未达标量之和分别占总量的33.3%和40.4%。废水排放量排在第3~6位的分别是电力、钢铁、纺织业和食品加工业。

2. 大气污染实物量

（1）大气污染物排放主要集中在第二产业

2004年，第二产业SO_2排放2185.6万吨，占全国排放量的89.2%；第一产业SO_2排放量占全国排放量的6.3%，第三产业和城市生活SO_2排放量仅占全国排放量的4.5%；第二产业烟尘的排放量占全国烟尘总排放量的81.8%，NO_x的排放量占全国NO_x总排放量的80.0%。

（2）电力行业是大气污染的主要控制行业

2004年，工业行业排放$SO_2$2173.2万吨，其中电力行业排放的SO_2占63.3%。在燃烧过程排放的SO_2中电力行业占86.6%，是SO_2排放的绝对大户。工业行业共排放烟尘886.6万吨，电力和非金属矿物制造业排放量达559.0万吨，占工业行业总排放量的87.5%。工业行业NO_x共排放1309.3万吨，主要集中在电力和钢铁行业。

（3）中部地区的大气污染物治理任务重

2004年，SO_2排放最多的三个省分别是：山东、河北和山西，都集中在中部地区，且这三个省SO_2的去除率都低于全国平均水平，治理任务非常繁重。2004年烟尘排放量最大的三个省依次为山西、四川和河南，也主要集中在中部省份。2004年全国排放工业粉尘最多的三个省分别是湖南、河北和河南，且它们的治理水平都低于全国平均水平。

3. 固体废物实物量

（1）工业固废集中在五个行业，东部地区产生量大

2004年，全国一般工业固废产生量为11.9亿吨，利用量为6.74亿吨，其中利用当年废物量为6.52亿吨，处置量为2.64亿吨，处置利用率为78.8%。位于

全国一般工业固废行业产生量前五位的电力、黑色冶金、煤炭采选、黑色和有色矿采选业的产生量占总产生量的76.9%。东部地区一般工业固废产生量较其他地区高。

（2）危险废物产生和处置利用的行业和地区差异明显

2004年，全国危险废物产生量为994万吨，利用量为404万吨，其中利用当年废物量为379万吨，处置量为275.2万吨，危险废物的平均利用处置率为68.3%。危险废物产生量列前5位的化工、有色矿采选、非金属矿采选、石化和有色冶金业的产生量占总产生量的83.6%，化工和石化工业的危废处置利用率较高，分别为90.9%和98.5%。危险废物产生量列前五位的省市分别为贵州、广西、江苏、山东和青海，贵州省危废处置利用率达到85.3%。青海省危废处置利用率仅为0.22%。

（3）生活垃圾无害化处理率尚待提高

2004年，我国的城市生活垃圾产生总量为1.91亿吨，平均无害化处理率为42.0%，处理率为65.3%。省级行政区中，城市生活垃圾清运量最大的5个省分别是广东、山东、江苏、湖北和黑龙江，占总产生量的36.7%。无害化处理率最高的是青海省，达到了95.4%，其次为北京、浙江和山东，都在60%以上。西藏、山西和安徽的无害化处理率都低于20%，无害化处理水平有待提高。

（五）虚拟治理成本核算结果

1. 水污染治理成本

2004年，全国行业合计GDP（生产法）为159878亿元，废水实际治理成本为344.4亿元，占GDP的0.22%；全国废水虚拟治理成本为1808.7亿元，占GDP的1.13%。废水虚拟治理成本约为实际治理成本的5倍。

（1）第二产业治理成本大，造纸、食品加工、化工等行业治理成本较高

2004年，工业废水实际治理成本占总废水实际治理成本的74.2%，工业废水虚拟治理成本占总废水虚拟治理成本的55.5%。在39个工业行业中，实际治理成本列前5位的分别是黑色冶金、化工、造纸、石化和纺织业，5个行业的实际治理成本为145.5亿元，占总实际治理成本的57.0%；虚拟治理成本列前5位的分别是造纸、食品加工、化工、纺织和食品制造业，五个行业的虚拟治理成本约占工业废水虚拟治理成本的70.1%；总治理成本居前4位的分别是造纸、化工、食品加工和纺织业。

（2）东部地区的废水治理成本最高，中西部地区实际投入不足

2004年，东部地区的实际废水治理成本最高，为212.8亿元，占全国总量的61.8%，相当于中西部地区总和的1.6倍；虚拟治理成本最高的也是东部地区，

为687.5亿元，占全国总量的38.0%，中部和西部地区分别为566.6亿元和554.6亿元。东部地区实际治理成本占总治理成本比例为23.6%，而中西部地区的这一比例仅分别为13.1%和7.6%，因此，总体来看，中西部地区的废水治理投入缺口较大。

2. 大气污染治理成本

2004年，全国的废气实际治理成本为478.2亿元，占当年行业合计GDP的0.29%；全国废气虚拟治理成本为922.3亿元，占GDP的0.55%。大气污染虚拟治理成本是实际治理成本的1.93倍。

（1）工业行业的虚拟治理成本较高，电力行业是工业废气治理的重点

2004年几乎所有行业的大气虚拟治理成本都高于实际处理成本，说明大气污染治理的缺口仍然很大。2004年工业大气污染总治理成本882.9亿元，其中电力行业治理成本为551.4亿元，占总治理成本的62.5%，是工业大气污染治理的重点。

（2）东部地区的大气污染实际投入最高，治理任务也最重

2004年，大气总治理成本1400亿元，东部地区为649.2亿元，约占全国总成本的1/2。全国虚拟治理成本922.3亿元，占总治理成本的65.9%，其中，东部地区的大气虚拟治理成本最高，达到398.2亿元，中西部地区的大气虚拟治理成本基本相等，都占总虚拟治理成本的28.4%。东部地区实际治理成本占其总成本的38.7%，在3个地区中实际治理投入最高。

3. 固体废物治理成本

2004年，全国固体废弃物实际治理成本为182.8亿元，占当年行业合计GDP的0.11%；全国固废虚拟治理成本为143.5亿元，占GDP的0.09%。固体废物虚拟治理成本是实际治理成本的0.79倍。2004年，全国工业固体废物实际治理成本为111.3亿元，占总治理成本的52.7%；虚拟治理成本为99.9亿元，为总治理成本的47.3%；全国城市生活垃圾实际治理成本为71.5亿元，占总成本的62.1%；虚拟治理成本为43.6亿元，占总成本的37.9%。

2004年，西部地区固废总治理成本最高，其中，实际治理成本仅占41.4%，远低于东中部地区的67.3%和62.7%，西部地区的主要差距在于工业固体废物的处理。西部地区矿产资源开发规模大，工业固废总治理成本相当于东西部地区之和，其虚拟治理成本占总工业固废虚拟治理成本的61.9%，未来需要加大西部地区工业固废的治理投入。

（六）治理成本综合分析

1. 环境污染治理投入严重不足，废水治理缺口较大

2004年，实际和虚拟治理总成本为3879.8亿元，实际治理成本只占总成本

的26%，可见环境污染治理投入欠账较大。其中，水污染、大气污染和固废污染实际和虚拟治理总成本分别为2153.0亿元、1400.4亿元和326.3亿元，分别占实际和虚拟治理总成本的55.5%、36.1%和8.4%。

2004年，环境污染的实际治理成本是1005.3亿元，其中，水污染、大气污染、固体废物污染实际治理成本分别是344.4亿元、478.2亿元和182.7亿元，分别占总实际治理成本的34.3%、47.6%和18.2%；虚拟治理成本为2874.4亿元，其中，水污染、大气污染、固体废物污染虚拟治理成本分别为1808.7亿元、922.3亿元、143.5亿元，分别占总虚拟治理成本的62.9%、32.1%和5.0%。水污染虚拟治理成本占废水总治理成本的84.0%，是实际治理成本的5.3倍。因此，在三类污染治理中水污染治理缺口最大。

2. 第二产业污染治理任务依然艰巨，城市废水污染治理投入亟待提高

2004年，第二产业污染虚拟治理成本为1790.3亿元，是实际治理成本的2.9倍，其中第二产业废水治理的缺口最大，还需要投入1003.7亿元，占第二产业总虚拟治理成本的56.1%；第二产业大气污染的治理投入缺口相对较小，占总虚拟治理成本的38.4%，但绝对量相当大，达到686.7亿元。与城市大气污染治理相比，城市生活废水处理能力严重不足，目前，我国城市生活废水的实际治理成本为47.6亿元，只有废气治理的47.1%。因此，城市污染治理投入的主要压力来自城市生活废水。

3. 各工业行业污染治理重点不同，治理投入差距比较显著

2004年，在39个工业行业中，治理成本最高的是电力行业，达到593.5亿元，其实际和虚拟治理成本都列各行业之首。列总治理成本前2~5位的分别是造纸、化工、钢铁和食品加工业，以上4个行业总治理成本的排名与虚拟治理成本基本相同，说明这4个行业的污染治理水平都不高，治理投入缺口大。

4. 中西部地区污染治理投入严重不足，东部地区治理投入仍需加大

东部地区人口密集、工业化水平高，经济发展迅猛，但同时环境污染也比较严重。2004年，东部环境保护地区的实际治理成本为545亿元，占全国总实际治理成本的54.2%，但其虚拟治理成本仍然高达1125亿元，是实际治理成本的2倍，说明东部地区的治理投入仍需加大，而中西部地区的形势更为严峻，其虚拟治理成本分别占其总治理成本的77.0%和81.4%，说明中西部地区的污染治理投入严重不足。各地区环境污染实际和虚拟治理成本如图2-6所示。

（七）环境退化成本核算结果

1. 水环境退化成本

2004年，水污染造成的环境退化成本为2862.8亿元，占总环境退化成本的

55.9%，占当年地方合计 GDP 的 1.71%，其中，水污染对农村居民健康造成的损失为 178.6 亿元，污染型缺水造成的损失为 1478.3 亿元，水污染造成的工业用水额外治理成本为 462.6 亿元，水污染对农业生产造成的损失为 468.4 亿元，水污染造成的城市生活用水额外治理和防护成本为 274.9 亿元。

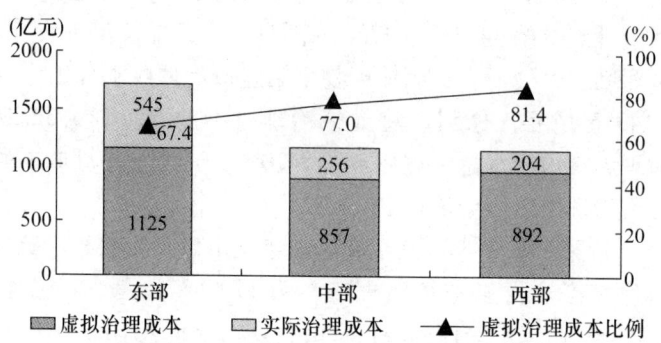

图 2-6 各地区污染实际和虚拟治理成本比较

2004 年，在东部、中部、西部 3 个地区中，东部地区的水污染环境退化成本最高，为 1517.7 亿元，占总水污染环境退化成本的 53.0%，占东部地区 GDP 的 1.5%；中部和西部地区的水污染环境退化成本分别为 777.5 亿元和 567.5 亿元，分别占水污染环境退化成本的 27.2% 和 19.8%，但这两个地区水污染环境退化占地区 GDP 的比例高于东部地区，接近 2.0%。

2. 大气环境退化成本

2004 年，大气污染造成的环境退化成本为 2198.0 亿元，占总环境退化成本的 42.9%，占当年地方合计 GDP 的 1.31%，其中，大气污染造成的城市居民健康损失为 1527.4 亿元，农业减产损失为 537.8 亿元，材料损失为 132.8 亿元。

2004 年，在东部、中部、西部 3 个地区中，大气污染环境退化成本最高的仍然是东部地区，为 1311.6 亿元，约占总大气污染环境退化成本的 60.0%，中部和西部地区的大气污染环境退化成本分别为 541.6 亿元和 344.7 亿元，分别占大气污染环境退化成本的 24.6% 和 15.7%。中部地区大气污染环境退化占地区 GDP 的比例最高，为 1.4%，而东部和西部地区大气环境退化占地区 GDP 的比例分别为 1.3% 和 1.2%。

3. 固废污染退化成本

2004 年，全国工业固废的新增堆放量为 1762 万吨，约新增侵占土地 617.7 万平方米，丧失土地的机会成本约为 1.26 亿元。城市生活垃圾的新增堆放量为 2987.7 万吨，农村生活垃圾的新增堆放量约为 6458 万吨，生活垃圾侵占土地约新增 2553 万平方米，丧失的土地机会成本约为 5.21 亿元。两项合计，2004 年全国固体废物污染造成的环境退化成本为 6.5 亿元，占总环境退化成本的 0.1%，占当年地方合计 GDP 的 0.004%。

2004 年，在东部、中部、西部 3 个地区中，中部地区的固废环境退化成本最高，为 2.43 亿元；其次为西部地区，为 2.27 亿元；固废环境退化成本最低的是东部地区，为 1.77 亿元，中部、西部、东部 3 个地区固废环境退化成本分别占全国总固废环境退化成本的 37.6%，35.1% 和 27.3%。

4. 环境污染事故退化成本

2004 年，全国共发生环境污染与破坏事故 1441 起，污染事故造成的直接经济损失为 3.33 亿元。根据《中国渔业生态环境状况公报》，2004 年全国共发生渔业污染事故 1020 起，造成直接经济损失 10.8 亿元，因环境污染造成天然渔业资源经济损失 36.5 亿元。两项合计，2004 年全国环境污染事故造成的损失成本为 50.9 亿元，占总环境退化成本的 1.1%，占当年地方合计 GDP 的 0.03%。

5. 环境退化成本综合分析

（1）环境退化成本总量分析

2004 年，利用污染损失法核算的总环境污染退化成本为 5118.2 亿元，占地方合计 GDP 的 3.05%。其中，大气污染造成的环境污染退化成本为 2198.0 亿元，水污染造成的环境退化成本为 2862.8 亿元，固废堆放侵占土地造成的环境退化成本为 6.5 亿元，污染事故造成的经济损失为 50.9 亿元，分别占总退化成本的 42.9%，55.9%，0.1% 和 1.1%。

（2）地区环境退化成本分析

各地区的环境退化成本和占各地区 GDP 的比例如图 2-7 所示。

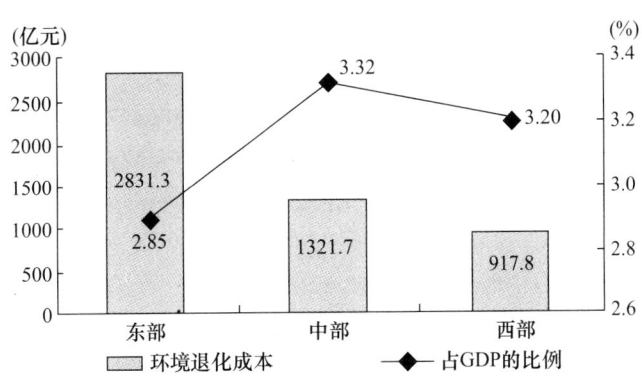

图 2-7　各地区的环境退化成本及其占各地区 GDP 的比例

东部11省市的环境退化成本为2831.3亿元,占全国环境退化成本的55.1%;中部8省市的环境退化成本为1331.7亿元,占全国环境退化成本的26.3%;西部12省市的环境退化成本为917.8亿元,占全国环境退化成本的18%。

6. 经环境污染调整的GDP核算

(1) 经污染调整的GDP总量

2004年,全国行业合计GDP为159878亿元,虚拟治理成本为2874.4亿元,GDP污染扣减指数为1.8%,即虚拟治理成本占整个GDP的比例为1.8%。从环境污染治理投资的角度核算,如果在现有的治理技术水平下全部处理2004年排放到环境中的污染物,约需要一次性直接投资10800亿元(不包括已经发生的投资),占当年GDP的6.8%。

(2) 经污染调整的地区国内生产总值

各地区GDP污染扣减指数如图2-8所示。

2004年,从各地区GDP与GDP污染扣减指数排序来看,东部地区的GDP污染扣减指数最低,为1.13%;其次为中部地区,GDP污染扣减指数为2.17%;GDP污染扣减指数最高的是西部地区,高达3.12%,说明西部地区的经济水平和污染治理水平都较低。从全国来看,GDP污染扣减指数高于全国平均水平1.8%的省市有21个,低于全国平均水平1.8%的省市有10个。

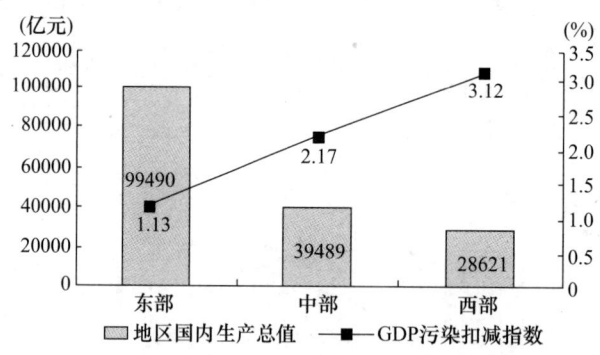

图2-8 各地区的GDP及GDP污染扣减指数

(3) 经污染调整的行业增加值

三大产业虚拟治理成本及占其增加值的比例如图2-9所示。

2004年,从经环境污染调整的GDP产业部门核算结果来看,第一产业虚拟治理成本为330.7亿元,GDP污染扣减指数为1.58%;第二产业虚拟治理成本为1790.3亿元,GDP污染扣减指数为2.42%;第三产业虚拟治理成本为753.4亿元,GDP污染扣减指数为1.16%。

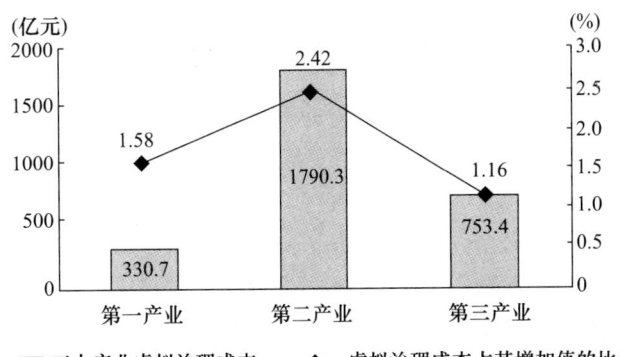

图 2-9 三大产业虚拟治理成本及占其增加值的百分比

39 个工业行业增加值及其污染扣减指数如图 2-10 所示。

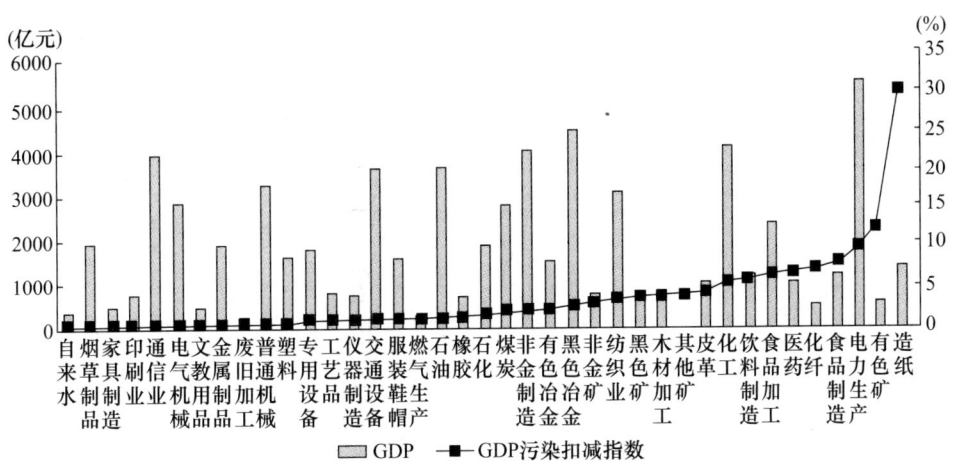

图 2-10 39 个工业行业增加值及其污染扣减指数

2004 年,从各工业行业来看,增加值污染扣减指数最低的行业是自来水生产业,扣减指数为 0.04%;其次为烟草制品业和家具制造业,扣减指数为 0.05%,不超过 0.1% 的行业还有印刷业、通信业、电气机械业和文教用品业等,说明这些行业的环境污染程度较小。GDP 污染扣减指数最高的两个行业分别是造纸和有色冶金行业,分别为 30.13% 和 11.63%,说明这两个行业的经济与环境效益比最低,污染比较严重。

(八) 对我国资源环境经济核算体系的评价

《中国资源环境经济核算体系框架》的提出完善了我国绿色 GDP 核算体系理论，为绿色国民经济核算制度的建立与实施奠定了坚实的基础，标志中国绿色 GDP 核算体系框架初步建立。

但是绿色 GDP 核算是一个涉及经济、环境、资源、统计、会计等众多学科的综合性课题，它在世界范围内尚处于探索阶段。我国开展资源环境经济核算研究的时间较短，基本上处于对国际成果的跟踪状态，开展绿色 GDP 核算的实际经验不多，目前建立的资源环境经济核算体系还有待于进一步完善。

同时由于中国环境经济问题的复杂性和中国核算基础比较薄弱，中国资源环境经济核算体系的实施将是一个逐步探索、逐步规范的漫长过程。近期看，可以根据实际需要和现实可能，确定相应的主题，进行局部核算研究。通过局部研究探索，改善核算的数据基础，确定具体核算方法，以为整个核算体系的实施积累经验。

通过前文对国外各个国家的资源、经济与环境核算的分析，可以看出，尽管对全部资源耗减成本和全部环境损失代价计算出完整的绿色 GDP 有难度，但是，鉴于我国国情，进行绿色核算是非常必要的。改革开放以来，我国经济获得了快速发展，但资源和环境问题也变得越来越突出。我国人口多，人均资源少，环境压力大，如果不注意合理地利用资源和保护环境，我国必将面临十分严峻的可持续发展问题。因此，在我国引入绿色 GDP 概念，开展绿色 GDP 核算研究，为决策部门提供参考，使经济可持续发展，具有十分重要的现实意义和深远的历史意义。

(九) 中国绿色 GDP 核算的技术难点和观念障碍

1. 环境和资源的产权划分不明晰

我国的资源和环境产权混乱，产权市场存在垄断现象，导致资源及环境产权无序并且无法调整，使得资源和环境难以获得市场价格。

2. 难以衡量资源和环境的货币价值

绿色核算的一个核心是环境和资源的价值量化，可是环境和资源通常无法在市场价格中寻找到参照基准，同时因为目前市场机制的不完善导致价格被扭曲或者低估，并不能准确反映资源和环境的实际价值。同时目前虽然有许多估算方法被提出，但是还没有形成统一的、世界公认的标准。

产品和劳务的价值通常以市场交易为前提，一旦进入市场，其价值就由市场供求关系来决定，它传达出来的是以货币为手段的市场价格信号。这就是说，市场供求规律所决定的自由市场价格是 GDP 权威性的唯一来源。但如何来衡量环境要素的价值呢？环境要素并没有进入市场买卖。例如，砍伐一片森林，卖掉原木，原木的销售价即可表现出价格，就可以纳入 GDP 统计。但因为森林砍伐而导致依赖森林生存的许多哺乳动物、鸟类或微生物的灭绝，其损失有多大呢？又因为森林砍伐而造成的大面积水土流失，其损失又如何核算呢？野生的鸟类、哺乳动物、微生物与流失的水土并没有市场价格，也没有货币符号，至今不知用什么数据来确定它们的价值。目前，许多领域的专家们已研究出了很多测算模型与方法。这些方法各有优劣，需要在实践中逐步调整完善。

3. **资源环境损失的滞后性**

大多数情况下，经济活动导致的资源和环境损失不会立刻显示，而是一个逐渐加重的过程，其成本核算很难具体分摊到哪一年。此外，经济活动引起的环境、资源损失包括直接的、间接的和目前无法预测的损失。经济活动直接产生的废水、废气、废物是可以计量的，但是间接和长期的后果是难以预测的。

4. **难以按地域划分资源环境损失**

对资源、环境损失的核算难以像产值核算那样按照归属地划分，因为污染具有"流动性"，当跨地区环境损耗发生时，很难确定该损耗的归属，例如一个地区的空气污染经常会和相邻地区的空气污染"混"在一起，这样我们在具体测算时，很难区分出两个地区的空气污染的各自分担量。这个问题很难界定清楚，甚至还会产生互相推脱现象。

5. **环境和自然资源的非货币贡献**

目前，环境问题产生的根源就在于环境资源的价格没有正确反映环境资源的稀缺程度，没有正确反映资源环境对人类经济增长的贡献。

当今人类社会的发展面临包括环境危机在内的诸多危机，实质上是人类社会的生存活动能否持续下去的问题，其重要根源在于工业革命以来人类社会形成的经济体系。在物质层面上，这一经济体系是由环境生产力支撑的，但在理论和实践上，当前的经济体系无视甚至否定环境生产力的存在与贡献，因而它与环境产生了深刻而又广泛的，甚至不可调和的对立、冲突。这一经济体系的基本特点是先从环境中索取大量的物质，然后将索取出的自然资源加工成产品，通过流通将这些产品交由消费者消费，最后，将消费过的产品（被称为废物）弃置于环境。随着人口数量的增加和物质消费水平的提高，环境生产力难以为继，不能向人类提供越来越多的自然资源，环境承载力也无法吸纳人类抛弃的越来越多的废弃物。

也就是说，现有的经济增长已经耗费了大量的资源环境成本，但是由于资源环境产权长期以公共产权的形态表现出来，以至于资源环境仿佛成了"免费的午餐"，资源环境对经济增长的非货币贡献没有被人们广泛认识，资源环境消费的竞争性、排他性及有偿性荡然无存。物种的灭绝也是这样，你很难把它归结为哪一项经济活动。而且，在相当长时间内，环境被损害程度的增长是缓慢的，但当超过一定的阈值后，损害程度就会迅速增长，但这时再补救已为时晚矣，例如由于过度捕捞，我国沿海的黄鱼曾一度绝迹，经过很多年以后才重新恢复过来。

这种时间上不均匀的信息，还会因为人们在空间上的分散，而不容易在灾难发生前获知。人们一般不会把以后的成本算在目前的账上，但一旦按以前的成本进行交易，就必然会对环境或可再生资源的破坏超过阈值。

6. 绿色GDP面临着观念的难点

绿色GDP意味着观念的深刻转变，意味着全新的发展观与政绩观。GDP是单纯的经济增长观念，它只反映出国民经济收入总量，它不统计环境污染，不统计生态破坏，不反映经济增长的可持续性。绿色GDP则力求将经济增长与环境保护统一起来，综合性地反映国民经济活动的成果与代价，包括生活环境的变化。

绿色GDP建立在以人为本、协调统筹、可持续发展的观念之上，一旦实施绿色GDP，人们心中的发展内涵与衡量标准就变了，扣除了环境损失成本，当然会使一些地区的经济增长数据大大下降。一旦实施绿色GDP，必将带来干部考核体系的重大变革。过去各地区干部的政绩观，皆以单纯的GDP增长为业绩衡量标准，现在要将经济增长与社会发展和环境保护放在一起综合考评，这会使很多干部想不通，会因此形成诸多阻力。但任何观念的转变都有一个艰难渐进的过程，因为这是一项改革，是使公平与效率双赢的一个创新，更是我们社会主义市场经济理论的一次重大升华。可以预见，随着绿色GDP的研究和实施，环境的保护或破坏必将成为选拔干部的一项重要标准。

7. 当代功利驱动和环境的代际贡献

即使所有人都真切地知道他们的行为给环境带来的损害，也仍然无法阻止外部性问题的发生。在不同时代人之间，由于环境的破坏和资源的耗竭一般需要较长的、跨越世代的时间，又由于后代人既不能与当代人谈判，也不能抗议当代人的所为，当代人就有可能将环境和资源的成本转嫁给后代人。而市场价格以及市场利率，恰恰是由当代人对未来的看法形成的。就生物资源而言，当代的价格低于保证树木生长的长期均衡价格，而市场利率则高于树木的自然生长率。这必然导致即使是私人所有者也会砍伐树木的结果。

（十）我国在建立绿色GDP中应注意的问题

1. 建立起绿色GDP核算之后，并不是要取消GDP 绿色GDP优越于GDP，因此，建立绿色GDP核算之后，就应该取消GDP

即使建立起绿色GDP核算，也不应取消GDP，这是因为：其一，GDP是非常重要的宏观经济指标,它在判断宏观经济运行状况、制定宏观经济政策、检验宏观经济政策的合理性等方面具有非常重要的作用;其二,GDP 是绿色 GDP 的基础,没有 GDP,就不可能有绿色 GDP;其三,只有将绿色 GDP 与 GDP 进行比较时,才能清楚地看出资源耗减成本和环境损失的代价。

2. 绿色 GDP 是绿色国民经济核算指标的代表

正像 GDP 从生产角度由各产业部门增加值组成,从使用角度由最终消费、资本形成、货物和服务净出口组成一样,绿色 GDP 也包括相应的构成指标;GDP 与国民可支配收入、国民储蓄、国民财富等宏观经济指标之间存在密切的联系,绿色 GDP 也与相应的绿色宏观经济指标之间存在密切的联系。因此,绿色 GDP 不是一个孤立的指标。事实上,人们经常把绿色 GDP 看作是绿色国民经济核算指标的代表,当人们说绿色 GDP 核算的时候,实际上指的是与绿色 GDP 有关的一系列绿色指标的核算,这些指标从不同角度反映了经济发展及其与环境之间的相互影响。

3. 公允价值计量:中国引入绿色 GDP 理念和环境会计审计的重要前提

公允价值并不仅仅是会计专业所独有的术语,相反,它是许多经济学科领域中一个重要的名词。这些学科领域包括经济、金融、保险、精算、投资、统计、财务、审计、企业管理、资产评估、资信评估和价值评估等。它们为我国以绿色 GDP 为核心的 SNA 和 SEEA 以及宏观环境会计的建立和完善奠定了重要基础。

4. 实行绿色 GDP 的一个重要前提就是资源环境的产权明晰

有产权就会有市场交易,定价问题自然就迎刃而解。近年来我国多种资源的产权越来越明确,比如土地权、林权、水权,随之而来的租用、买卖等交易行为越来越频繁,土地、树木、水等自然资源也就有了具体的价格。而排污权界定和排污权交易也为环境确定了合理的价格。其一般做法是,首先由政府部门确定出一定区域的环境质量目标,并据此评估该区域的环境容量,然后推算出污染物的最大允许排放量,并将最大允许排放量分割成若干规定的排放量,即若干排污权。政府可以选择不同的方式分配这些权利,如公开竞价拍卖、定价出售或无偿分配等,并通过建立排污权交易市场使这些权利能合法地买卖。在排污权市场上,排污者从其利益出发,自主决定其污染治理程度,从而买入或卖出排污权。这也就是人们通常所说的排污权交易。通过排污权交易市场,最终就可以确定环境的价格。随着我国市场经济的不断完善,资源市场和环境市场的逐渐形成,实行绿色 GDP 的时间表会越来越近。

5. 突出公众参与要建立和实施绿色 GDP 核算体系,一定要强调公众参与,绿色 GDP 是要建立在以人为本、协调统筹、可持续发展的观念之上

实施绿色 GDP,有一个公众参与的社会氛围非常重要。这是因为,许多环境

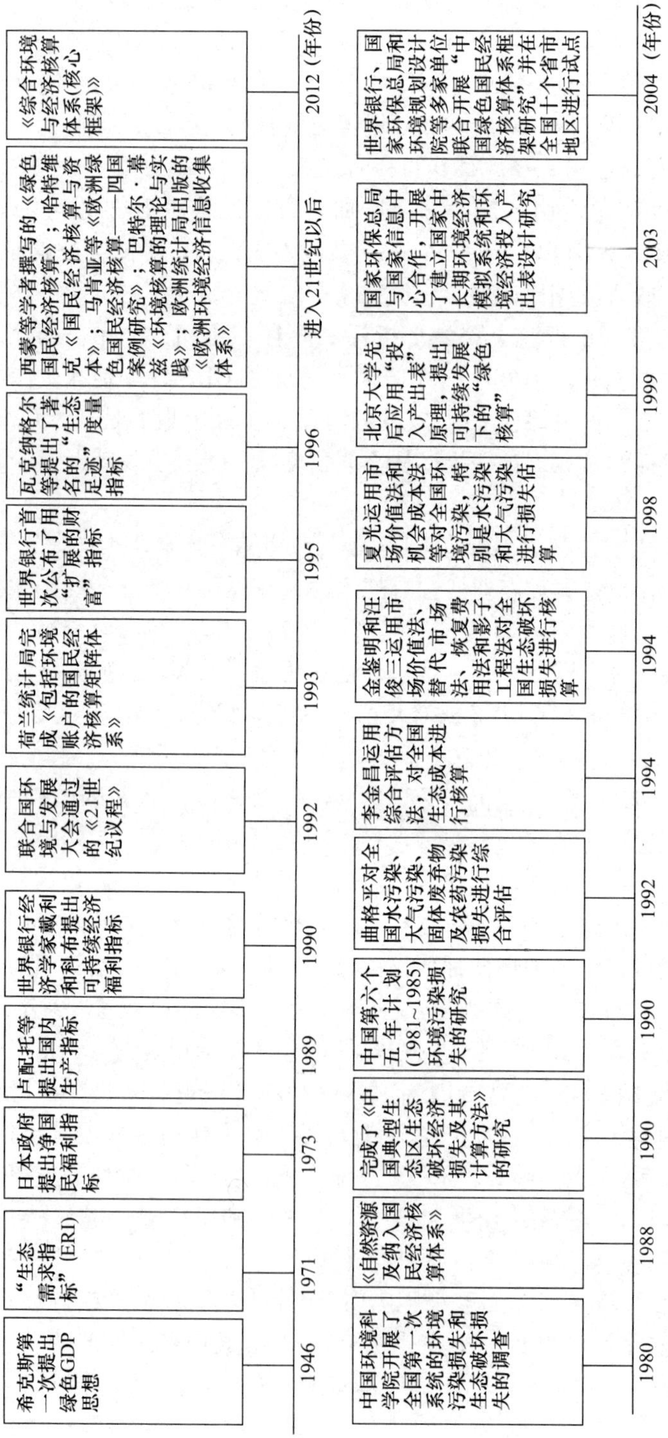

图 2-11 绿色国民经济核算体系演进脉络图

因素很难被纳入货币核算,国外就发明出了一种可称为公众评估的办法。例如,某些规模巨大的公共工程项目要核算它的生态影响,不同的核算法会产生出不同的结果,所以环境专家们便诉诸公众的主观评价。围绕这些公共项目,要允许相关的专业部门与较独立的专家机构,在较大范围内进行公众咨询与调查。将支持和反对的意见都写清楚,最后请公众根据自己的价值判断来进行选择。公众对关系到自己身心健康的事情,都会有真实的表述。因此,实施绿色GDP,要认真收集与了解公众对经济收入和环境破坏的主观评价,这种主观评价的数据应成为绿色GDP的重要补充。

(十一) 我国开展绿色GDP核算应该开展的主要工作

1. 建立和完善环境、资源统计系统

第一,要改革环境资源统计制度,从微观和宏观两个层次加强环境资源统计工作。第二,要完善环境资源统计指标体系,力求正确地反映环境资源变动的客观实际。第三,要进一步完善环境资源核算的核算方法,探索环境资源的变化与社会经济活动之间的关系,使国民经济核算更能反映环境、资源和社会经济活动的实际情况。

2. 建立绿色会计制度

建立绿色会计制度,首先,要组织研究中国的绿色会计制度和新的国民经济核算体系的衔接,要以绿色GDP的核算方法、核算原则、核算精度为中心,形成统一的绿色计量标准。其次,对绿色会计理论、自然资源成本、环境影响成本、产品市场规律、法律体系变动等一系列有关问题进行研究探讨。最后,在具体实施上,应从相对明确、简单的起始科目开始,以绿色会计账目为参考,逐步进行绿色会计试点工作,待条件成熟后再全面推广。

3. 用绿色GDP作为政绩考核指标

必须改革现行的政绩考核制度,放弃对GDP的片面追求,逐步采用绿色GDP作为对各级政府和官员的考核指标。这样,才能促使他们努力改变经济增长方式,减少对环境资源的破坏和浪费,实现环境、资源和社会经济的协调发展。

在中国开展绿色GDP核算是非常必要和紧迫的。绿色GDP核算需要多学科的专家、学者及政府部门共同做出不懈的努力,最终用绿色GDP取代GDP成为衡量社会、经济及环境、资源协调发展的主要指标,以实现对自然资源的合理利用和对环境的有效保护。

我国经济与社会发展正处在一个重要的转型期,对今后全面建设小康、实现现代化目标是一个关键时期,及时采用绿色GDP统计核算方式,能够及早避免当年发达国家从工业化社会向现代化社会发展过程中曾出现过的环境污染、资源

自然资源资产负债表的编制与应用

浪费等问题,尽快遏制当前已经发生或正在发生的对环境、自然资源的破坏与浪费。这也是"建立和谐社会",符合全球经济发展的大趋势,是尽快与世界经济接轨的必然选择。

四、环境会计理论

如果说生态环境的恶化是自然资源资产负债表编制的形势背景,可持续发展观的确立是自然资源资产负债表的观念背景的话,那么国民经济核算体系和环境会计理论的发展就是自然资源资产负债表的理论背景。其中,国民经济核算体系是自然资源资产负债表理念提出的宏观理论背景,环境会计理论的发展从市场微观主体角度为自然资源资产负债表的建立奠定了方法论基础。

自然资源资产负债表本质上是环境会计与绿色国民经济核算体系相结合的产物。1992年,联合国环发大会通过的《21世纪议程》中明确提出要建立综合的环境会计体系,将自然资源核算纳入会计体系。从20世纪70年代环境会计学创立,至今已经经历了四十多年的发展完善,取得了不少理论成果,并在实践中得到广泛应用。利用现代会计学理论,全面核算资源开发与经济发展的综合效益,避免走牺牲环境、透支未来的发展道路,是十八届三中全会提出编制自然资源资产负债表的初衷之一。

以1971年比蒙斯撰写的《控制污染的社会成本转换研究》和1973年马林的文章《污染的会计问题》为代表,揭开了环境会计研究的序幕。1976年是会计建模理论取得重大突破的一年。乌尔曼提出了公司环境会计模型(CEAS),采用资产负债表的形式核算环境的投入与产出,然而,CEAS主要采取非货币计量的方式,核算方法的科学性和可比性较低。爱斯坦斯建立了Vllmamn模型,用于反映组织行为的环境效益与成本。第二年,皮尔斯通和迪克斯概括性地提出了衡量环境成本的三个重要作用:优化税制,合理补偿环境损失与将负的外部成本内部化。这一时期,一些很有创意的计量环境成本的方法大量涌现,比如市场估价法、影子价格法、替代成本计价法以及预期收益折现法等。

20世纪80年代以后,生态环境破坏日益引起人们的关注,越来越多的会计学者开始试图应用会计方法核算生态环境价值,希望通过会计学方法的改革引起人们对生活环境保护的重视。1982年魏斯曼等研究发现企业对于环境影响的信息披露存在严重不足,由于忽略了环境影响,企业业绩存在着严重的高估。1984年,玛索威斯提出在衡量环境影响的时候要将外部性成本纳入核算体系,并提出公共成本的概念。1986年美国颁布《环境反映和补偿法案》和《超级资金补偿和再授权法案》，要求土地使用者每年向政府缴纳一定数额的超级资金。受污染土地的所有人有权向污染者索取污染成本的补偿，如果无法找到污染者，可以以超级资金补偿。这就带来了环境污染成本的具体核算问题以及污染人的或有债务问题。1989年出版的《绿色经济蓝图》第一次以政府报告的形式讨论了改革国民经济核算体系，采用环境会计的方式核算经济增长对环境的负面影响，并首次提出"谁污染，谁治理"的原则。

进入20世纪90年代，环境会计的研究成果大量涌现，学者们已经从基本的概念界定与初探性研究，拓展到更广泛的领域，特别是关于自然资源的计价方法成果越来越丰富，专业化成果也越来越丰富，甚至有学者提出了"生态会计"的概念。1991年，英国邓迪大学联合英国特许会计师协会与毕马威会计事务所成立了第一个专门对环境会计进行研究的机构——社会与环境会计研究中心。当年，环境会计领域第一本理论专著——《环境会计》出版，作者为供职于社会与环境会计研究中心的格瑞教授，该书正式提出环境会计的概念与基本研究框架，为环境会计学的发展奠定了基础。1996年斯科特格等合作编写了《公司环境会计》，提出了生态会计的理念，进一步完善了环境会计学的理论框架。此后，《现代环境会计：问题、概念与实务》（斯科特格与布里特著）对生态会计的概念分为对内生态会计与对外生态会计进行了进一步阐释，提出环境会计为环境管理服务，并提出了用于环境管理的一套指标体系——生态效益指标。2001年版的《环境会计》（格瑞与简·博金顿著）中将环境会计理论的应用范畴推广到"企业受到环境问题影响的所有会计领域，包括生态会计"。

受环境会计的影响，改革传统会计理论的呼声也越来越高。2004年，史蒂芬等提出会计学必须适应环境管理的要求进行自我革新。同年，耿新建在论文中讲到企业环境管理活动对传统会计工作提出新的要求，为了满足这一要求，会计人员也要变为环境管理人员的一员。随着企业环境意识的增强，企业会计开始由过去对环境问题的忽视甚至回避转为积极面对，开始推行环境战略管理。2003年，罗格斯和克里斯托弗研究了环境成本与产品成本的关系，得出传统会计只是将可见的环境损失列为费用，使得企业环境成本衡量不全面，不能真正反映在企业产品成本中，并为企业设计了一整套降低环境成本、减少浪费消耗的方法，特别是成本作业法的使用找到了一条将环境成本摊入产品成本的有效方法。雅谷和德瑞威勒尔认为应该将环境会计列为公司环境战略的一部分，将环境管理纳入中企业的决策中来，甚至融入企业文化中。2005年雅谷和德瑞威勒尔提出要调整现行的会计核算方法，特别是会计报表要将环境影响列入核算范围。在资产负债表的资产项和负债项同时列报环境资源，环境资源收益为资产，环境资源损失为负债,比如污染环境带来的罚款。自此,资产负债表的改革成为环境会计的一个新的理论热点,并开始受到各国政府的关注,自然资源资产负债表的概念开始初见雏形,为以后的研究指明了一个新方向。

实践上,1983年世界银行就开始致力于修订现行的会计体系,将环境科目纳入其中。与联合国SNA体系相对应,世界银行设计了一套环境辅助账户体系。经过认真研究,1989年联合国正式接受了世界银行的环境辅助账户体系,建议各成员国在计算经济增速时要考虑环境成本。美国证券交易委员会(SEC)在1993年6月发布的第92号专门会计公报是专门就环境会计与报告问题予以说明的一份公报。它与环境会计与报告中的许多问题紧密相连,主要包括:①在财务报表上分别列示环境负债和可以收到的补偿(从保险公司或其他有关方面收到的应收款);②确认应该由其他领域负担的环境成本;③环境负债确认与计量的基础;④对预计的环境负债和补偿予以补贴的做法;⑤分类管理企业资源环境负债的列示;⑥或有环境支出、生态修复与监控成本在财务报表中的披露。1996年,美国注册会计师协会(American Institute of Certified Public Accountings,AICPA)发布了《环境负债补偿状况报告》,提供了迄今为止最为详细的标准,明确了什么样的环境损失属于环境负债、一旦发生了环境负债由谁承担补偿责任、确认补偿费用时的基本原则,同时也提供了对补偿责任进行揭示的不同方法,以提高和细化涉及确认、计量和揭示生态环境补偿责任标准的适用性;明确了补偿费用的范围,这些费用包括:直接补偿费用、在补偿过程中发生的员工费用、清理前活动费用、政府的监督管理费用、补偿行为的操作和维护费用等。在环境会计领域,加拿大和欧洲是较为先进的国家或地区,这可能与这些国家和地区对环境问题的重视有关。1995年开始,加拿大和欧洲的会计师协会已经在财务报告中披露环境信息。加拿大特许会计师协会(Canadian Institute of Chartered Accountings,CICA)出版了《环境审计与环境会计界的作用》、《环境成本与负债:会计与财务报告问题》、《环境绩效报告》等,并在有关环境会计与审计的准则制定方面做了大量的工作。目前,法国正在尝试制订一套称为"沿袭财产会计核算"的体系,该体系非常全面,由七个层面组成,从第一层面的具体数据到第七层面的综合福利指标。目的就是要分析和讨论自然资源的生态、经济和社会三项最基本的功能。尽管对发展沿袭财产的会计核算提出了很多想法,但要付诸实施,也只对有限的几种资源可以适用,这就是为什么该项工作进展缓慢的原因。荷兰环保部规定本国大型企业必须要编织环境报告书,并逐步在全国推广强制的环境报告制度。环境报告书有面向政府和面向公众发布的两种类型。挪威政府考虑到资源管理的重要经济意义和政治意义,设立包括石油、林业产品、矿产(金、银、铁、钛、铜、锌和铝)、渔业和水电的资源账户,矿产资源只统计几个特定的年份,林业统计资料从 1970 年起即开始编写,渔业统计资料从 1974 年起即可使用。由于缺少统一的会计准则或指导原则,环境会计的核算基本处于各国甚至各会计协会各自为战的状态。不少企业披露的信息仍然是定性说明,缺乏精确计量。1996 年,联合国在《关于环境会计和报告的立场公告》首次明确提出了环境会计和环境报告编制的方法体系与编制指南。包括相关会计概念、成本与负债的确认与计算以及信息披露制度等。环境会计研究正在从理论走向实践,从应用走向推广,从国际总则走向与各国具体实际相结合。

20 世纪 90 年代,我国开始逐渐引入国外的环境会计理论,并在此基础上开展了我国自己的环境会计理论研究。1980 年中国会计学会成立伊始,在每年发布的工作计划和所制定的科研规划中,环境会计的相关问题都是他们研究的一个重要方面。在其编撰的《中国会计研究文献——特殊业务会计与领域卷(1979~1999)》中就设置了"环境会计"专题,介绍了 1992~1999 年我国环境会计的理论研究成果。1992 年我国著名会计学家葛家澍发表了《绿色会计理论是九十年代西方会计理论的一个新思潮》,第一次系统地将国外的会计理念引入我国,并在我国会计学界引起强烈反响。目前,我国环境会计研究正处在起步的阶段,主要在介绍、借鉴、继承与局部创新的基础上开展,虽然尚未形成一套系统化完整的理论,但经过多年的研究与探索,我国环境会计学近年来有了长足的进步,特别是在森林等资源核算方面已经走在了世界前列。面对环境会计刚刚引入我国,理论界尚未对其进行科学界定的问题,孟凡利首次系统阐述了"环境会计"、"绿色会计"、"环保会计"等概念之间的差异,并对"环境会计"理论进行了系统阐述。杨劲伟、杨印宝等(1997)将环境会计表述为以自然资源耗费应如何补偿为中心而展开的会计。1998 年在联合国通过《关于环境会计和报告的立场公告》的当年,学者陈毓圭便将其介绍到中国。

进入 21 世纪后,我国对于环境会计理论的理解更加全面与深入,不少学者进行了有益探讨,问题不断深入,逐渐形成各自不同的观点。核算对象方面,王辛平、韩军(2000)认为环境会计就是核算企业对环境资源的不断损耗和补偿的循环过程。孙兴华、王兆蕊(2002)认为环境会计主要研究自然环境空间、环境要素、环境因子等。

刘永祥(2001)则认为目前的企业会计要素已能涵盖信息使用者的环境信息要求,没有必要再构建独立的环境会计核算要素。但是有些学者提出了不同意见,认为一般的会计"三要素"不能涵盖环境会计的所有核心指标,有必要进一步补充扩大现有会计要素的外延。目前理论界的争议主要存在于"三要素论"、"四要素论"、"五要素论"、"六要素论"等,其中坚持"三要素论"和"六要素论"的学者相对较多。"三要素论"主要指环境会计的要素主要为环境资产、环境负债、环境成本;"四要素论"主要指环境会计的要素包括环境资产、环境负债、环境支出和环境收益;"五要素论"主要指环境会计要素可分为资产、负债、收益、成本、损失五类。"六要素论"主要指环境会计的对象包括环境资产、环境负债、环境权益、环境收入、环境费用和环境利润六类。

会计假设方面,暨南大学教授罗绍德提出,基本假设方面,环境会计与传统会计理论没有不同,环境会计完全可以采用传统会计的会计假设,没必要另设假设。王蕊和项国闯认为应该坚持传统会计的"会计主体、持续经营和会计分期"三大假设,但是要适当放宽"货币计量"假设,不应该一定坚持必须要货币计量的方法,可以采用多种计量单位计价。刘永祥、王慧、刘爱东认为,应该在坚持传统会计假设核心思想的基础上,对会计假设进行大胆创新,不能拘泥于会计主体和货币计量假设,会计主体不一定是所有权主体,会计的计量也可以采取定性与定量计量相结合的方法,货币计量核算自然资源难度较大,可以同时采用实物计量,甚至可以用文字说明的方法,以便更全面揭示环境信息。孟凡利与方文辉等学者在梳理前人观点基础上,进一步提出将货币计量假设变成定性与定量相结合计量假设,进一步提出要增加可持续发展假设,提出了"五个会计假设"。1999年,肖维平则推翻了传统会计的基本假设,认为环境会计主要包括会计主体、受托责任、环境价值和多元计量四种假设基本假设。

关于环境会计的主体,我国理论界也有较大争议。李翔翼、朱学义等(1999)认为环境会计既涉及微观(企业)又涉及宏观(政府),所以环境会计核算体系包括企业微观核算体系和政府宏观核算体系两个方面。孟凡利(1997)、朱丹(2001)等认为环境会计的主体实际上就是企业,所以只需要设立企业微观核算体系。李建发、肖华(2002)认为以政府作为环境会计的主体更适合我国情况,需要设立宏观环境核算报告体系。

环境会计学最大的难点是自然资源如何计价问题,随着环境经济、数量经济、统计学等方法体系的引入,许多学者提出了一些很有创意的自然资源计价方法,为下一步的研究提供了很好借鉴。孙兴华、王兆蕊(2002)提出环境会计的计量方法主要有直接市场法(具体包括市场价值法或生产率法、人力资本法或防护费用法、收益损失法、重置成本法或恢复费用法等)和替代性市场法。李宏英(1999)提出环境会计的计量有多种计量形式和多种方法,如直接市场法、间接市场法、意愿评估调查法和专家调查法等。但这些计量方法都有一定的主观性,计量结果具有模糊性,只能做到相对准确。安庆钊(2009)等提出了费用效益分析法和数学模型法两种计量方法。陈煦江(2012)则充分借鉴前述学者的观点,提出自然资源价值计量方法主要有市场价值法、资产价值法、人力资本法、机会成本法、恢复费用法、影子工程法、替代市场法和调查评价法。

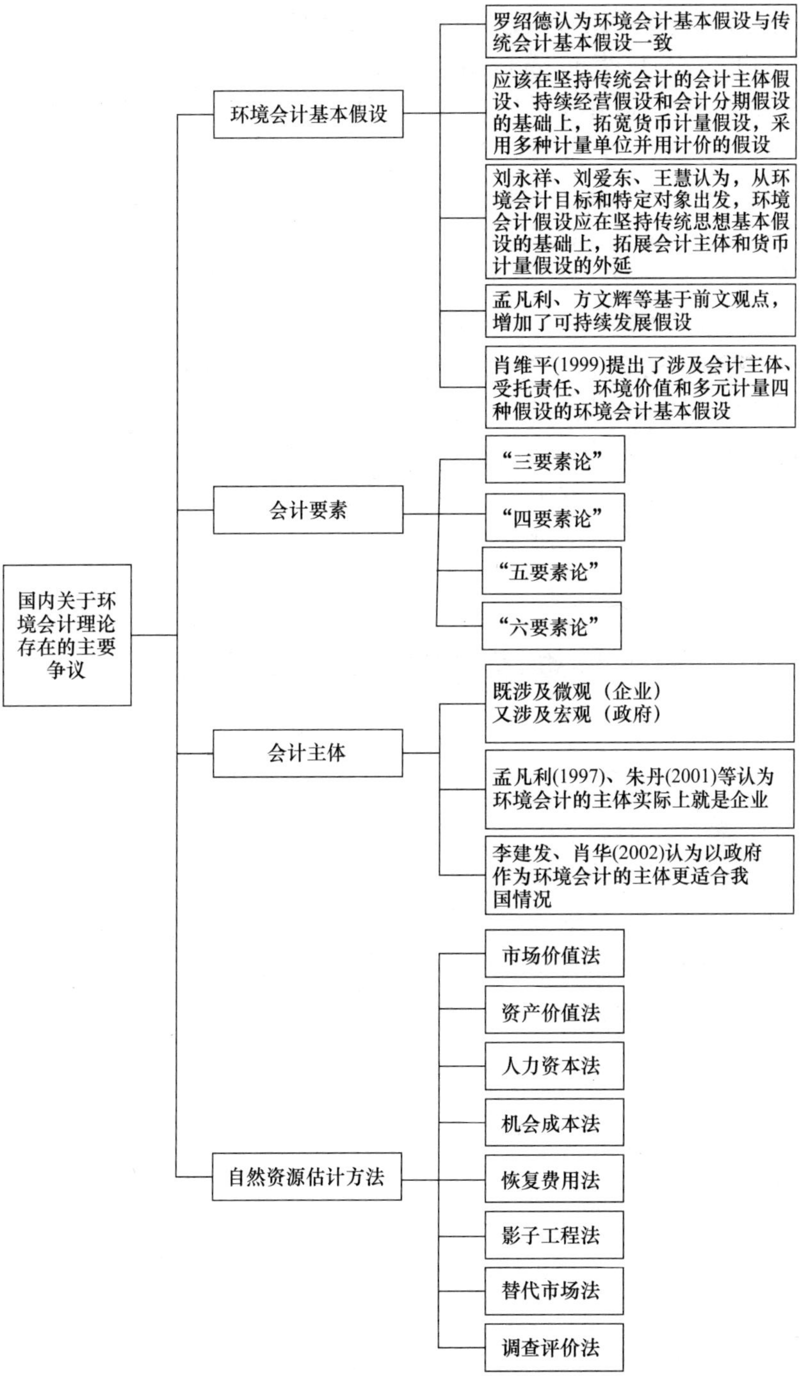

第二部分 相关理论成果

```
国内关于环境会计理论存在的主要争议
├── 环境会计基本假设
│   ├── 罗绍德认为环境会计基本假设与传统会计基本假设一致
│   ├── 应该在坚持传统会计的会计主体假设、持续经营假设和会计分期假设的基础上，拓宽货币计量假设，采用多种计量单位并用计价的假设
│   ├── 刘永祥、刘爱东、王慧认为，从环境会计目标和特定对象出发，环境会计假设应在坚持传统思想基本假设的基础上，拓展会计主体和货币计量假设的外延
│   ├── 孟凡利、方文辉等基于前文观点，增加了可持续发展假设
│   └── 肖维平(1999)提出了涉及会计主体、受托责任、环境价值和多元计量四种假设的环境会计基本假设
├── 会计要素
│   ├── "三要素论"
│   ├── "四要素论"
│   ├── "五要素论"
│   └── "六要素论"
├── 会计主体
│   ├── 既涉及微观（企业）又涉及宏观（政府）
│   ├── 孟凡利(1997)、朱丹(2001)等认为环境会计的主体实际上就是企业
│   └── 李建发、肖华(2002)认为以政府作为环境会计的主体更适合我国情况
└── 自然资源估计方法
    ├── 市场价值法
    ├── 资产价值法
    ├── 人力资本法
    ├── 机会成本法
    ├── 恢复费用法
    ├── 影子工程法
    ├── 替代市场法
    └── 调查评价法
```

图 2-12 国内外关于环境会计理论的主要争议

综上所述，近年来我国环境会计的研究总体呈现出以下特点：一是环境会计基础理论已基本成型。虽然我国环境会计还处于基础理论阶段，但研究的系统化初见端倪，诸多观点虽有分歧但共识度越来越高。例如越来越多的学者认为当期的环境成本能够带来今后的收益，那么就符合资产的定义，可以作为资产处理，在当期和以后各受益期进行摊销，如果不能在未来带来经济利益，则作为费用计入当期损益。二是注重吸取其他相关学科的研究成果，丰富环境会计理论。环境会计实质上就是会计学与环境学、环境管理学、环境经济学、资源经济学、发展经济学、现代经济理论、统计学等学科相结合的产物，今后还会继续与相关学科深度融合，形成新的研究领域。三是研究成果缺乏实践指导性。当前，多数学者只研究理论性较强的领域，将精力放在确定环境会计的目标、环境会计的核算对象、环境会计的基本假设、环境会计的原则、环境会计的数理模型等纯理论领域。但与实际的迫切需要相比，基础理论研究固然重要，但更应加强更具实用性的环境会计应用方面的问题研究。

五、自然资源的估价方法与理论

著名会计学家葛家澍曾指出："一套完整的计量体系，除被计量对象外，还应包括两方面要素：计量方法和计量尺度。"计量方法就是如何用货币化的尺度衡量会计要素。理论界对计量理论研究的不断拓展过程中，计量方法也在不断丰富，以前被理论界视为不能进行会计计量的客体，逐步被纳入会计核算的范畴。目前，会计学越来越多地借鉴经济学、环境学的方法，像边际成本、机会成本、替代成本等新的核算方法被越来越多地应用到会计计量中。

国内关于环境资源进行会计化核算的方法理论，近年来取得了突破性进展。高金清（2013）提出对资源环境成本核算可以考虑采用机会成本方法。李倩芝（2013）认为环境资源虽然不是劳动产品，但是它有效用，可以把环境资源的价值归结为效用。依据边际效用价值理论的原理，效用的大小可以用来表示资源环境的价值。因此，谭晓兰（2014）使用"边际成本"作为自然资源的估价方法。傅晓艺（2014）提出对没有市场价格的环境公共产品可以以同类产品的成本或价格确定，比如可采用"替代成本"作为自然资源的估价方法。环境会计要素使用哪一种计量方法，要视具体情况而定，没有哪一种计量方法是放之四海而皆准的，有时候一种资源可以用很多方法计量，具体采用哪种方法要根据具体情况和方法的准确性而定。根据已有成果，自然资源的估价方法主要归纳为四大类：市场价值法、边际效用法、数学模型法和主观评价法。

直接市场法是最简单的方法，用资源的市场价格来确定环境和资源价值，比较适用于有直接市场价格的资源。直接市场法又衍生出生产率变动核算法、机会成本代替法、人力资本法、替代市场价格法和预防性支出法等。如果研究对象本身没有市场价格，那么只能以类似物的价格作为替代，这就是替代市场价格法。

边际效用法根据"成本—效用"理论的"价格等于边际成本"通过核算边际成本来表示资源产品的价值。具体方法有边际成本法、影子价格法等。

数学模型法，顾名思义，就是应用通过建立数学模型和公式来推演自然资源收益与成本，进而核算资源价格。包括皮尔模型法、公式法、矩阵法等。

主观评价法，是在没有其他更好核算方法的前提下，按照人们对资源价格的主观估计值来表示资源价格。比较典型的是意愿调查法，即调查人们对特定资源价格的主管评价，或者为了免除污染而愿意支付的最高成本。例如，由于自来水受到污染，人们宁愿花更多的费用去购买纯净水。买纯净水的费用就可以用于衡量水污染的成本支出。此法还包括假想市场法，假想市场法又包括旅行费用法和资产价值法。如果连替代产品都无法寻找，只能通过假想一个市场情景来评估这一产品的价格。这种方法称为假想市场法。以上四大类会计价值确认方法，分别适用于不同种类资源的计量要求。

第三部分　自然资源资产负债表的理论探索

中共十八届三中全会提出探索编制自然资源资产负债表后，国内掀起对自然资源资产负债表研究的高潮，不少学者梳理了自然资源资产负债表的有关概念，尝试性提出我国自然资源资产负债表编制的基本框架与样表设计，对于推动自然资源资产负债表编制工程的深入发展提供有益参考。

人民大学的高敏雪认为，自然资源资产负债表就是反映特定时间内某一地区自然资源的形成、开发、消耗、存储、再生等各个环境变动情况的报表。陈红蕊认为，自然资源资产负债表是反映自然资源资产存量状况的报表，它包含自然资源资产、自然资源负债与自然资源权益三部分的综合列表，相邻的两期自然资源资产负债表的变化反映了一年内发展发生的自然资源损益、生态环境改善及破坏的状况。自然资源资产负债表就是把自然资源的价值进行可比价量化，通过核算初期数、末期数、消耗数、结余数，并与当期经济发展成效相比较，综合考虑政府官员发展经济的成本收益。

夏光认为，"自然资源资产负债表是为了弥补以前制度的缺陷所进行的一个制度创新。什么叫自然资源的负债表？就是财产存有量、消耗量和结余量，开发自然资源发展经济，必然会消耗自然资源，导致环境质量下降和生态系统退化，这在一定限度内是可以承受的。但是如果超过一定限度，就相当于欠下大自然一笔还不清的负债，就会让子孙后代的发展受到影响。编制自然资源的资产负债表，就是看为官一任之后消耗的资源有没有超出极限。"总之，自然资源资产负债表实质是国民经济体系核算与会计学理论相结合的产物，将属于会计领域的资产负债表引入政府管理中，更全面地测算经济发展的成本收益。

自然资源资产负债表的概念虽然提出时间较短，但是很快便涌现出一批研究成果，其中不乏具有开创意义的学术成果。中国社会科学院工业经济研究所的张航燕认为，目前编制自然资源负债表的途径主要有两种：一是会计核算，严格遵循"资产=负债+所有者权益"会计学基本平衡等式，通过自然资源产权界定明确会计主体,并以价值量核算方法对自然资源资产、负债、净资产等会计要素进行计量。二是统计核算,具体又分为我国国民经济核算体系(SNA)和联合国环境与经济综合核算体系(SEEA)。她认为在 SNA 的基础上衍生和扩展出自然资源资产负债表相对比较可行。中国社会科学院工业经济研究所的李春瑜认为,不是进入自然资源资产负债表的所有资源都能够实现价值化,因此不必严格追求"资产=负债+所有者权益"的会计报表平衡关系。然而,多数学者不同意这一观点。中国社会科学院工业经济研究所的胡文龙认为自然资源资产负债表的理论基础就是"资产=负债+所有者权益",这一平衡不能被打破。同时,他认为自然资源资产负债表应该根据领导干部离任审计和责任追究的需要,以 3 年或 5 年编制一次为宜。

王泽霞等在论文《自然资源资产负债表编制的国际经验与区域策略研究》中介绍了各国在自然资源会计核算领域的经验,认为编制自然资源资产负债表的最大难点是如何量化自然资源资产,并建议从林业等相对容易的领域开始编制,同时各地应该结合本地实际突出区域优势资源。崔琳等在论文《如何编制自然资源资产负债表?——基于资源与环境核算的角度》中介绍了资源环境计量与价值评估的方法,指出自然资源资产负债表实质上是国家和地区资源使用情况、环境污染情况的总清单。中科院研究员封志明在其论文中梳理了国内外资源核算研究历程和方法进展,提出先实物再价值、先存量再流量、先分类再综合的自然资源资产负债表编制原则。

关于自然资源资产的确认,徐家林(2000)首次从"资源会计"的角度明确提出自然资源也是一种资产,具有资产的基本属性,首先,通过自然资源的开发和使用可以给人类带来经济利益;其次,多数自然资源也是可以通过经济方法进行计量的,虽然计量的精确性不尽相同且核算难度较大。徐家林和孟凡利(2004)进一步区分了广义概念的自然资源资产和狭义概念的自然资源资产,广义的自然资源资产泛指自然界存在的一切资源,而狭义的自然资源资产单指具有明确产权并且可以获得的能够带来经济效益的资源部分。结合"资源会计"与"环境会计"两个角度,乔晓楠等(2014)对自然资源负债表中自然资源资产、自然资源负债、自然资源所有者权益的概念进行了界定。自然资源资产为"一个国家或地区在一定时期内实际使用的自然资源净值";自然资源负债为"一个国家或地区在一定时期内实际使用的自然资源净值超过自身拥有的自然资源的部分";自然资源所有者权益就是自然资源资产减去自然资源负债的净值,即一个国家或地区所实际拥有的具备开发条件的且尚未被开采、使用、出售、浪费、污染的资源存量。

陈艳利等(2014)提出自然资源资产负债表本质上是一张"管理报表",可以反映政府作为自然资源的所有者在某一地区某一时点自然资源资产、负债和所有者权益的存量信息，也可以反映某一时期该地区各报表要素的流量信息，通过分析这些报表要素的存量与流量信息，可以评价官员任期内该地区自然资源的管理绩效，配合官员的离任审计，可以综合反映政府拥有或控制的自然资源资产及其管理绩效。

中南大学的周志方（2014）等提出自然资源资产负债表的定位是管理报表，并不是一张纯粹的会计报表，编制自然资源资产负债表的目的是为了官员任期考核的需要，主要列报反映绩效考核要求的自然资源存量和流量数据。并基于DP-SIR链理论建立一套自然资源的统计方法，并尝试设计了一套报表体系。

表3-1 周志方等设计的自然资源资产负债表

项目	期初余额		期末余额		项目	期初余额		期末余额	
	实物量	价值量	实物量	价值量		实物量	价值量	实物量	价值量
自然资源资产					自然资源负债				
土地资源资产					过度利用的土地资源				
水资源资产					过度消耗的水资源				
生物资源资产					过度开采的矿产资源				
矿产资源资产					……				
森林资源资产					需要治理的环境损害				
……					自然资源权益				
自然资源资产减值					自然资源财富				
……					土地资源财富				
					……				
自然资源资产合计					自然资源负债及权益合计				

陈艳利等（2014）设计了自然资源资产负债表的基本框架，包括报表编制主体、编制目标、假设、原则以及基本要素的确认与信息披露等。其中，自然资源资产负债表的编制主体为各级人民政府及其所属部门；编制目标为促进国家治理

观念的改变与配合官员的离任审计；报表采取"先实物核算后价值核算，先存量核算后流量核算，先分类核算后综合核算"的编制原则；会计假设为责任主体假设、会计分期假设、持续运营假设、价值计量假设。虽未试编出自然资源负债表，但陈艳利等的研究，已经较为系统地阐述了自然资源资产负债表的编制流程。

表3-2 陈艳利等编制的自然资源资产负债表样表

日期：　　　　单位：　　　实物量/价值量

项目	期初余额			期末余额			项目	期初余额			期末余额		
	实物量		价值量	实物量		价值量		实物量		价值量	实物量		价值量
	数量指标	质量指标		数量指标	质量指标			数量指标	质量指标		数量指标	质量指标	
土地资源资产							自然资源负债						
耕地							超载、过度补偿成本						
……							土地资源						
森林资源资产							……						
……							资源与环境恢复成本						
矿产资源资产							土地资源						
……							……						
水资源资产							自然资源负债合计						
……							自然资源所有者权益合计						
海洋资源资产							国家所有者权益						
……							集体所有者权益						

续表

项目	期初余额		期末余额		项目	期初余额		期末余额	
	实物量	价值量	实物量	价值量		实物量	价值量	实物量	价值量
	数量指标 / 质量指标		数量指标 / 质量指标			数量指标 / 质量指标		数量指标 / 质量指标	
气候资源资产					业主所有者权益				
光资源					自然资源所有者权益合计				
……									
其他资源资产									
……									
自然资源资产合计					自然资源负债和所有者权益合计				

王淑娥等（2014）将自然资源资产负债表视为一级资产负债表的子报表，在一级资产负债表中非流动资产项下增列资源资产项目，该项目与自然资源资产负债表的资源资产一项数值相同。在一级资产负债表中流动负债项下增列资源流动负债项目，在非流动负债项下增列预计资源负债项目，按照资源负债的性质分列上述应付资源款和预计资源款两项目，两张报表的资产负债总金额应一致。因为自然资源资产负债表中资源权益是已经支付现金或不需支付现金的权益，普通的会计核算内容在一级资产负债表已有反映，资源权益无须在一级资产负债表单独分项反映。

表3-3　一级资产负债表

项目	年初数	本期数	项目	年初数	本期数
流动资产合计			流动负债合计		
货币资金			短期借款		
应收账款			应付账款		
……			应付资源款		

续表

项目	年初数	本期数	项目	年初数	本期数
……			……		
非流动资产合计			非流动负债合计		
长期股权投资			长期借款		
固定资产净额			预计资源款		
无形资产			……		
资源资产			所有者权益合计		
……			……		
资产总额			负债与所有者权益总额		

表3-4 自然资源资产负债表（二级）

项目	期初数	本期增加	本期减少	期末数	项目	期初数	本期增加	本期减少	期末数
资源量					资源负债				
油气量					应付资源成本				
煤炭量					……				
土地					应付环境成本				
水					应付弃置成本				
……					应付碳排放权				
碳排放					应付排污权				
排污									
……					……				
资源资产量					资源负债合计				
采（探）等取得支出					采（探）等取得支出				
勘探支出					勘探支出				
开发支出					开发支出				
环境成本					环境成本				
弃置支出					碳排放权				
碳排放权					排污权				
排污权					……				
……					资源权益合计				
资源资产总计					资源权益负债总计				

李莹等（2014）认为，由于难以对资源权属进行明确的界定和估值，无法满足完全的账户关系，因此自然资源资产负债表的编制应采用"报告式"。① 除了自然资源资产负债表总表，她们还设置了一系列卫星账户，衡量自然资源资产负债具体项目的动态变化情况。将自然资源资源资产分为经营性资产和公益性资产两类，经营性资产可以估值，能够进行价值计量和实物计量，公益性资产则更注重其社会功能的实现，只能进行实物计量。

表3-5　李莹等设计的自然资源资产负债表样表

	非金融企业	金融机构	政府	住户	国外部门	总计
一、自然资源资产						
土地资源						
水利资源						
矿产资源						
……						
自然资源资产总计						
二、自然资源负债						
土地资源						
水利资源						
矿产资源						
……						
自然资源负债总计						
三、自然资源净资产						
土地资源						
水利资源						
矿产资源						
……						
自然资源净资产总计						

---

① 资产负债表的列表格式有报告式和账户式两种。报告式资产负债表采用上下结构，上半部列示资产，下半部列示负债和所有者权益。账户式资产负债表是左右结构，左边列示资产，右边列示负债和所有者权益。我国企业会计准则规定资产负债表采取账户式。

表3-6 自然资源资产卫星账户

	土地资源		森林资源		矿产资源		……	合计	
	经营性	公益性	经营性	公益性	经营性	公益性		经营性	公益性
期初存量									
本期增加量									
本期减少量									
本期净变动量									
期末存量									

耿建新（2014）认为，资源资产表格的核心是"资产来源＝资产占有"，表格的排列方法会根据使用者的需要而有所不同。他认为，我国资源资产的计量必须同时采用价值计量与实物量计量两种模式，以价值表现是为与国家财政预算紧密相连，以实物表现则为了与担负不同职责的各管理机构密切配合。

武汉理工大学张友棠等（2014）对自然资源资产负债表的理论框架、编制原则、计价方法、各会计要素的确认与列报、样表设计等进行了较为系统的研究，并设计出了较为详细的自然资源资产负债表式样格式，提出了较为全面的自然资源资产负债表编制理论，并提出了一些很有新意的方法设想，很多观点和成果很有启发意义。参照传统的会计假设，他提出了政府主体假设、持续发展假设、价值计量假设——实物计量与价值计量相结合、会计分期假设——自然周期与管理周期相结合，并提出了实物计量与价值计量的具体公式。实物计量首先确定折合系数，即将某一种资源当作标准资源，其他各类资源按照一定折算系数转换为标准资源。折合系数计算公式为：$RF = \dfrac{NRQ_i}{NRQ_s}$。（其中，$NRQ_i$ 表示某资源的规格或有效价值量；NRQ_s 表示标准资源的规格或有效价值量；RF 表示核算系数）。然后将同类资源中不同规格或含量的某些资源按照一定的折合系数，折算成某一标准规格的数量，形成折合量：$EA = \sum (RQ_i \times RF)$。其中，EA 表示折合量；$RQ_i$ 表示某资源实物量。价值计量的公式为 $NRAV = \sum (RQ_i \times CP_i)$。其中，NRAV 表示自然资源价值；$CP_i$ 表示某资源的基期不变价格。张友棠提出以领导干部上任的年度价格作为不变基期价格，通过不变价消除自然资源资产变化的价格因素，那么自然资源资产前后的变化就可以反映其某一届政府任期内自然资源资产的真实变化状况，变化结果可以作为干部离任审计的一项依据。

表3-7 张友棠等设计的自然资源资产负债表样表

报表编制单位：　　　　　年　月　日　　　　　单位：元

自然资源资产	年末数	年初数	自然资源负债与所有者权益	年末数	年初数
一、土地资产			自然资源负债		
……			一、应付污染治理成本		
土地资产总计			其中：土地资产		
二、森林资产			森林资源资产		
林产品资产			……		
……			二、应付超载补偿成本		
森林资源资产总计			其中：土地资产		
三、草地资产			森林资源资产		
草原资源资产			……		
……			自然资源负债总额		
草场资产总计			自然资源所有者权益		
四、水资源资产			三、中央政府所有者权益		
江河			其中：土地资源		
……			森林资源		
其中：污染权			……		
水资源资产总计			四、部门所有者权益		
五、大气资源资产			其中：土地资源		
六、矿产资源资产			森林资源		
有色金属矿产			……		
……			五、部门管理权益		
七、海洋资源资产			其中：土地资源		
渔业资源资产			森林资源		
……			……		
海洋资源资产总计			六、业主经营者权益		
八、能源资源资产			其中：土地资源		
煤炭资源资产			森林资源		
……			……		
九、其他资源资产			自然资源所有者权益总计		
……					
其他资源资产合计					
自然资源资产总额			自然资源负债与权益总额		

中国社会科学院工业经济研究所的史丹在主持的关于自然资源资产的核算项目中选择了土地资源、矿产资源、能源资源、林业资源、水资源五种资源作为核算对象，并采用直接市场法对5类资源分别进行了估价。目前，该课题组初步编制了2007年与2012年两年的自然资源资产负债表，该研究成果具有开创性意义。但是，该项目成果对自然资源的环境价值没有进行充分估计，特别是没有估算林业资源的生态价值，因此存在低估自然资源资产问题。

此外，一些学者在某种具体资源类型的资产负债表编制方面也做了一定的探索，如甘泓等（2014）的《对水资源资产负债表的初步认识》、李军（2014）的《编制环境容量资产负债表》等。

综上所述，可以看出，2014年我国自然资源资产负债表的研究开始起步，虽然时间较短，但短期内研究成果大量涌现，研究进展很快。并且，在不少领域达成很多共识。比如，学者们多数认为自然资源计量应该以实物计量为基础，先实物计量再价值计量；自然资源资产负债表的编制应该采取先易后难的原则，从比较容易核算的资源开始研究，逐步拓展研究范围；在强调自然资源资产负债表的理论性的同时也强调其实操便利性，学者们普遍认为编制方法应该简单易操作，方便相关政府部门进行统计核算；还有，多数样本采用的报表格式基本相似，绝大多数都采用报告式资产负债表。但是，正如陈红蕊（2014）在论文中提到的一样，编制自然资源资产负债表，对领导干部实行自然资源资产离任审计，是我国在理论和实践上具有世界性的开创意义的工作，世界上没有哪个国家有经验可以借鉴，还需要在探索中不断前进，还有很长的路要走。

虽然，国际上有很多核算自然资源的成熟方法，有一些也通过国家资产负债表的形式开始核算自然资源资产，具体到自然资源资产负债表，目前世界上只有我国一家，一旦编制成功其理论和实际意义将难以估量。这也注定了我国编制自然资源资产负债表的工作没有哪个国家的成功模式可以照搬，没有哪个国家的现成理论可以借鉴，必须要发挥我国专家学者自己的聪明才智，勇于探索，敢于创新，才能取得突破与成功，为我国在相关领域的国际地位争得一席之地。到目前为止，自然资源资产负债表尚处于理论探索阶段，相关研究成果还很不成熟。无论是理论界还是政府部门，尚未编制出一张较为完整的自然资源资产负债表，更没有进行系统地数据分析。

针对上述问题，在编制自然资产负债表的过程中，先要着重抓好以下几方面工作：第一，从对自然资源的产权登记入手，利用资源与环境统计原理建立自然资源资产的实物账户；第二，综合运用自然资源资产评估方法，建立自然资源资产价值量账户；第三，形成与自然资源资产有关的有偿使用机制和生态补偿机制以及产权运营管理机制，维护产权交易市场，建立自然资源资产负债表；第四，建立在自然资源资产负债表的实物和价值计量基础上,通过设计指标,综合评价当地政府的资源环境绩效水平,具体步骤如图 3-2 所示。

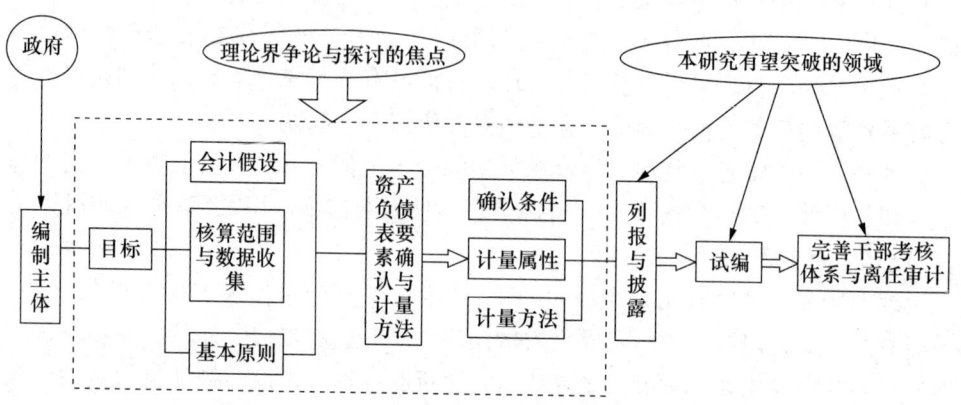

图 3-1 自然资源资产负债表的基本研究范围框架

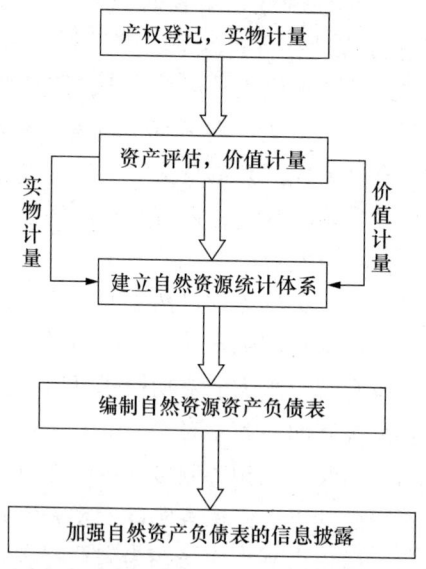

图 3-2 编制自然资源资产负债表的程序

1. 建立自然资源资产统计指标体系

自然资源资产负债表的主要编制主体是各级政府,但在具体实施过程中,自然资源涉及的政府各组成部门非常广泛,如农林、水利、矿产、土地、环保、统计、环保等部门,而我国自然资源统计与核算建立在政府各部门分工的前提下,以会计学、统计学、生态学、环境学、资源学、经济学等多学科为基础,因此对自然资源的统计是极其复杂的工作,不是依据一个计算公式或核算模型就能解决的。考虑到与国民经济核算口径和主管单位的一致性,应选择统计部门来牵头,并与其他部门机构协调合作,完善专业统计制度,对自然资源进行科学合理统计与核算。对于自然资源资产负债表编制所涉及的专业问题和技术评价问题,建议引进独立的第三方核算评估机构,由环保部委托给科研机构或高校承担,一方面有利于保证自然资产负债表编制的质量和效率,另一方面又可以避免部分责任主体的因素,确保数据的客观性和公正性。

挪威统计局环境统计处对资源环境统计采用的DPSIR链理论方法认为社会生产的"驱动力"(D)对生态环境产生"压力"(P),造成环境"状态"的改变(S),这些改变反过来对人类社会和自然界又会产生一定的"影响"(I),当人们认识到这种改变和它所带来的影响后会采取某种社会"反应"(R),它又会对驱动力、压力甚至环境状况产生影响。借鉴这一理论,统计部门可以建立自然资源环境与经济社会相互关系的统计指标体系,其具体统计指标如表3-8所示:

表3-8 自然资源统计内容体系

与自然资源相关的 经济社会活动(D)	活动对外部环境的 影响(P、S、I)	社会对环境的 反应(R)	现存数和 总数合计

自然资源的利用及有关活动
  农业
  林业
  渔业
  采矿业
  能源生产和消耗
  ……
	1. 自然资源的消耗与增加
	  非耗减性资源
	  耗减性资源
	  ……
	2. 环境质量
	  大气污染
	  水质
	  土壤和土地质量
	  生态系统的质量
	  ……
	3. 人类健康和环境质量
	  人类健康和污染
	  环境灾害的影响
		1. 自然资源的管理与恢复
		  自然的保护
		  自然资源的管理
		  退化环境的恢复
		2. 污染监测与控制
		  污染研究与监督
		  标准、控制和实施
		  公共污染控制设施
		  ……
		3. 自然灾害的预防及其危害的减轻
			1. 非耗减性资源
			  土地资源
			  生态资源
			  水资源
			  ……
			2. 耗减性资源
			  矿产资源现存数
			  森林资源现存数
			  ……
			3. 能源现存数
			4. 生态系统总数

(1) 自然资源开发利用有关活动统计

从资源所在的产业类别将自然资源利用开发活动划分为农业生产、林业生产、渔业生产、采矿业生产,以及能源的生产与消费等。针对每一类活动,以自然资源的耗减和对环境的影响为提前设置相应指标,按照其生命周期来统计,可将统计指标分为三类:与自然资源发现、开发(开采)相关的经济指标,其中包括自然增长和繁殖的更新量、勘测发现量以及自然资源的开采量;与自然资源利用相关的经济指标,包括自然资源利用的耗减量、自然资源利用的生产量等;与自然资源最终用途相关的经济指标,主要针对能源资源和水资源等最终去向的统计指标。

(2)活动对环境的影响统计,包括自然资源变化以及环境质量变化的统计

人类利用自然资源进行生产活动对环境的影响主要是两个方面:一是自然资源的数量和价值变化,表现为存量和流量的变化;二是环境的变化,包括对大气污染统计、水质统计、土壤质量变化统计以及生物群质量和生态系统的质量统计,来反映环境质量以及生态系统的质量变化,可从环境损失角度来计算各种环境介质偏离国际公认质量标准的程度或环境媒介恶化的程度。例如,大气污染统计可利用曲线图绘制出某地区在某一时段的大气污染情况,并反映出污染源与典型扩散格局的关系,设置的指标主要有空气污染物浓度和大气辐射两个方面。

(3)社会对自然资源反应的统计,其主体是政府部门对环境的反映,统计的范围主要包括自然资源管理和恢复的统计、污染监测与控制的统计以及自然资源预防的统计

运用 DPSIR 链理论,将政府和各部门紧密联系起来,各部门职责明确,实现组织之间的信息共享。农林、水利、矿产、土地等政府部门搜集相关的自然资源利用的经济活动资料与数据,由统计部门负责对社会生产"驱动力"(D)和对环境压力(P)的统计数据,揭示社会经济发展及其给自然环境带来的压力之间的关系。例如,社会经济活动如能源的提炼、加工与销售,造成汽车废气的排放,导致空气污染和温室效应,如果把这一经济活动数据和废气排放系数联系在一起,就可以进一步得到具体的温室气体的排放数据。环境监测部门主要负责造成的环境状况改变(S)和对社会环境的影响(I)的数据统计,这不仅要求统计人员有深厚的统计知识,而且还需要精通自然科学领域,因此统计部门需要专业性和高素质的人才来保证统计数据的精确性。对于社会对环境的反应(R)的统计数据涉及对自然资源的管理和自然环境的保护行为,还有对污染的监测与控制等,需要各地政府和统计机构配合进行统计。

2. 完善自然资源资产价值评估方法

从环境经济学的角度看,自然资源资产评估的总经济价值(TEV)可划分为自然资源资产的使用价值(UV)和非使用价值(NUV)。使用价值指的是主体从使用自然资源中获得的一系列的经济利益,而非使用价值指的是即使经济主体未曾使用这些自然资源,但只要依附这些自然资源就会产生经济价值。使用价值

又可以进一步划分为直接使用价值（DUV）、间接使用价值（IUV）和期权使用价值（OUV）。以海洋资源资产为例，其直接使用价值包括海洋化学资源、海洋生物资源、海洋矿产资源、海洋动能资源以及旅游和滨海休闲娱乐效益。间接利用价值指的是涉及海洋生态系统的运作和海洋生物。

期权价值的确认为目前不使用该自然资源的未来时间价值。非使用价值包括遗产价值（BV）和存在价值（EV），其中遗产价值指的是后代的任何人可能从自然资源系统中获得的知识和经验的价值，而存在价值指的是对现存或未使用的自然资源的保护而获得的根本经济价值。可用公式表示为：

$$TEV = UV + NUV = (DUV + IUV + OUV) + (BV + EV) \tag{1}$$

在分析众多学者对自然资源价值的评估方法，本文总结了以下几种价值评估方法（如表3-9），包括市场估值法、替代市场法、条件价值评估法（CVM）、选择实验模型法（CE）、数学综合评判等。自然资源的使用价值一般采用市场估值法，即以现行的价格和现行的开发成本、开采成本、法定税率为基础，对自然资源储量资产的未来现金流量以一定的折现率加以折现计算，以此确定现行自然资源存量资产的价值和收益。其公式可以表示为：

$$R_z = \sum_{i=1}^{n} (E_{pi} - S_{ji} - Y_{si} - Y_{qi}) \times (1 - \alpha) \times \frac{1}{(1+r)^n} \tag{2}$$

其中，R_z 表示某自然资源资产的净价，E_{pi} 表示为年销售收入，S_{ji} 为成本，Y_{si} 为资源税金，Y_{qi} 为其他税金，α 为部门平均收益，r 为适用的折现率，n 为折现年限。但在实际操作中，一些生态资源无法在市场上进行交易，如空气、良好生态环境等，此时采用非市场估值方法，一般包括条件价值评估法（CVM）和选择模型法（CE），主要用来评估自然资源的非使用价值和部分自然资源的使用价值。它们属于陈述偏好办法，价值评价时先构建一个虚拟的类比市场，通过志愿查询人们对未来自身的健康和福利而改善自然资源环境的最大支付意愿，对这种设想的天然产物进行报价，然后构成产物的设想市场价格，用该价格来衡量自然资源数量和质量下降的损失价值。在市场中没有交易的直接使用价值可以参考非消费娱乐和生态旅游，美学价值和文化价值。另外替代市场法也是市场估值法的一种延伸与扩展。它也是对无法在交易市场定价的自然资源，利用可以替代该种的在市场上已形成交易价格的其他自然资源的市场价格来评估其价格。例如旅行费用法，用旅行费作为替代物来衡量人们对旅游景点的价值评估。模糊数学综合评判是美国加利福尼亚大学控制专家查德于1965年首先提出的。由于自然资源价值评估过程是一个与自然、社会、经济系统相互影响、相互作用的复杂过程，因此采用模糊数学方法能提高产品评估的全面性和精确性。在实际中一般对水资源的价值评估采用这种方法。由于水资源价值影响因素复杂多样，导致价值构成模糊，经济活动使水环境质量发生变化，进而改变水环境资源价值存量。对由水资源构成的产品或服务,这种影响往往是多重的、综合性的,需要采用模糊数学评判法进行价值估计。以上的自然资源价值评估方法可参见表3-9。

表3-9 自然资源价值评估方法汇总表

评估方法	市场估值法	CVM/CE	替代市场法	模糊数学综合评判
适用范围	有市场价格	无市场价格	无市场价格	自然资源价值影响因素复杂
使用对象	自然资源的使用价值	自然资源的非使用价值	自然资源的非使用价值和使用价值	
主要内容	有相对市场参考价格,通过一定的折现率来确定自然资源未来收益	通过意愿调查直接询问人们为将来自身健康和福利而改善自然资源环境所愿意承担的费用,以该费用来衡量自然资源数量和质量下降的损失价值	利用可替代本自然资源的其他已形成交易市场价格的自然资源,根据可替代性资源的市场价格估价	采用模糊数学方法定量评估,参数选择涉及社会、自然和经济三方面,通过模糊隶属函数建立评价矩阵,并与价格向量的运算计算出环境资源的价值
缺点	无法进行市场定价的自然资源缺乏评估的依据	需要被调查者对自然资源的价值问题有较深入一致的理解,否则会影响调查数据的准确性	可替代自然资源的标准难以确定	程序复杂,需要专业的计算设备,应用范围较窄
选择价值评估方法的优先顺序	主要运用	辅助运用	辅助运用	局部运用

在表3-9中,运用市场估值法和非市场估值法,可计算出某一自然资源的使用价值(UV)和非使用价值(NUV),即算出自然资源总体的经济价值。但在实践过程中,由于估值的有限性,可综合使用上述方法。因此建议采用"主要运用+辅助运用"的思维方法,对自然资源价值进行评估时主要采用市场法,如果在对自然资源无法进行市场定价时寻找可替代的其他自然资源或者通过意愿调查来评估自然资源价值。例如,森林资源一方面可以作为投入生产的要素,其资源本身的使用价值(UV)可以通过市场法采用符合标准的折现率来确定未来的

收益。另一方面森林具有净化空气、涵养水源和保持水土的功能,这部分的非使用价值(NUV)由于无法进行市场定价,此时可采用替代市场法,通过必须花费的治理和恢复成本来近似森林资源的生态价值。

3. 自然资源资产负债表披露报表的设计

自然资源资产负债表的列报不同于传统的以"价值计量为主"的列报方式,它应该以"实物计量和价值计量"相结合的多计量属性模式,坚持"数量、价值和质量"并重的原则,全面揭示某地区在会计期间内自然资源的资产量、消耗量、损害程度、节余量,对各种自然资源,进而考察各级政府在发展本地区经济的同时,对自然资源的消耗、环境破坏以及生态修复的程度。自然资源资产负债表是一张"管理报表",它以"自然资源资产状况管理与监测、自然资源状况审计与考核"为目标,因此设计出的自然资源资产负债表并不是一张单项报表,而是一套动静结合的自然资源管理报表体系。

(1) 按类报告的自然资源存量和流量信息

自然资源资产负债表的定位是管理报表,而非纯粹的会计报表,它以政府绩效考核为要求,将反映绩效考核数据要求的所有关键存量和流量的自然资源数据进行列报。

表 3 - 10 某一地区矿产资源资产登记表

日期	种类	期初存量		本期增加量						本期减少量						期末储量	
		实物量	价值量	勘测发现量		重估增加		生产量		开采量		重估减少量		过度消耗价值		实物量	价值量
				实物量	价值量	实物量	价值量	实物量	价值量	实物量	价值量	实物量	价值量	实物量	价值量		

(2) 按地区报告的自然资源存量和流量信息

在表 3 - 10 中,期末矿产资源期末存量等于不同种类的矿产资源资产储量的总和,但是不同矿产资源的本期增加值由于勘测条件和技术的不同,导致储量有所不同,因此在实践中,政府部门在登记矿产资源资产时,应根据实际的探测情况,进行灵活登记。尽管不同的资源性质,可计量性不同,但是将各种资源资产登记表进行汇总,大体上能得到一个自然资源存量及其流量变化的汇总核算表,用来表示该地政府在特定时点上的自然资源资产拥有量,具体如表 3 - 11 和表 3 - 12 所示:

表 3-11 自然资源资产汇总核算表

	土地资源		水资源		生物资源		矿产资源		……
	实物量	价值量	实物量	价值量	实物量	价值量	实物量	价值量	
期初存量									
本期增加量									
其中：新发现量 　　　自然增长量 　　　培育新增量 　　　重估增计量 　　　其他									
本期减少量									
其中：开发、开采量 　　　灾害损失量 　　　重估减少量 　　　其他									
期内净变动量									
期末存量									
备注									

表 3-12 某地区综合资源变量及存量表

项目	土地资源	水资源	生物资源	矿产资源	海洋资源	……	合计
期初存量							
期内增加量							
期内减少量							
期内净变动量							
期末存量							

（3）自然资源资产、负债以及权益列报

自然资源资产负债表所提供的信息，是各级政府制定本地区经济发展和资源环境保护的重要依据，也是其政绩、党绩考核的重要标准。它可以全面揭示该地区在会计期间内的自然资源的资产量、消耗量、损害程度、节余量，对各种自然资源，如矿产资源、石油天然气资源、森林资源、土地资源、水资源等资源的存量、消耗与节余（有正有负）进行衡量，进而考察各级政府在发展本地区经济的同时，对自然资源的消耗、环境破坏以及生态修复的程度。自然资源资产负债表可以给政府、社会和国家提供的信息主要包括以下几个方面：①自然资源存量、流量变化（包括实物量、价值量）。②自然资源的质量状况及其影响。包括自然资源目前的质量状况和报告期质量状况的变动情况及质量变动趋势，分析质量变动的影响。③自然资源的开发利用情况。包括报告期开发利用的基本情况、开发利用的效率等。④自然资源的权利状况，包括现有资源的权利状况及变动情况。⑤其他能够反映自然资源价值变动的因素，如表3－13如示：

表3－13 自然资源资产负债表

日期：　　　　　　　　　　　　　　　　　　　　　　　　单位：实物量/价值量

项目	期初余额		期末余额		项目	期初余额		期初余额	
	实物量	价值量	实物量	价值量		实物量	价值量	实物量	价值量
自然资源资产					自然资源负债				
土地资源					过度利用的土地资源				
水资源					过度消耗的水资源				
矿产资源					过度消耗的生物资源				
森林资源					过度开采的矿产资源				
……					……				
自然资源资产减值					需要治理的环境损害				
……					自然资源权益				
自然资源资产合计					自然资源负债及权益合计				

第四部分 国外的实践经验

一、美国的综合环境与经济核算

美国商务部经济分析局（BEA）自 1992 年起开始分阶段开发经济与环境一体化卫星账户（Integrated Economic and Environmental Satellite Accounts，IEESA）：第一阶段总体设计账户框架，并对以矿产资源为代表的地下资源做详细的估算；第二阶段核算各种可再生资源；第三阶段核算环境资产。1994 年 4 月公布了其框架设想和第一阶段的核算结果，1999 年，该项工作接受了来自美国国会的一个研究小组的评估，并获得了认可。

1. IEESA 体系理论方法

BEA 所开发的经济环境一体化卫星账户（IEESA）是基于联合国 SEEA 以及不断积累的经济之上的。它采用卫星框架形式，将注意力集中于经济与环境的交互作用，重点是那些可以与市场活动相连接的方面。在具体操作上：第一，将自然资源和环境资源像生产资产一样处理，它们和设备、构筑物一样，也是一国财富的组成部分；第二，在此基础上，要识别来自这些资源的货物服务流量，并测度其对生产的贡献。这样，通过该账户，可以提供有关环境与经济相互作用的重要信息。

在总体上，IEESA 由两方面的内容组成：一是资产账户；二是生产账户。它们都以传统经济账户为基础，同时体现对 SEEA 内容和表示的改进。最后完成的 IEESA 能够按产业、收入类型和产品来描述自然和环境资源的经济贡献。IEESA 的基本立意是把自然环境资源与生产资产做同样处理，这是经济环境一体化卫星账户的基本思路。为了解释其中的原因，现以传统的经济核算为起点举例说明：假定所有来自生产的收入都被用于"工资"或"利润"，工资是确定的，而利润作为总收入减去劳动报酬和其他支出的余值，它随折旧项目的数值增加而减少，折旧就是必须提取出来并弥补生产中所使用资本的价值。由此，对所有产业来说，工资加利润加折旧就等于国内生产总值（GDP）。

美国经济分析局的 IEESA 建立在 SEEA 的经验之上，这些经验是由来自20世纪70年代社会核算的两种经验构成的：其一，这种核算应该把重点放在一系列具体问题上；其二，假设将估计结果进行某种应用，那么应把第一阶段的概念形成、统计上的不确定性（即使估计受制于市场活动的影响）作为一个增补的框架考虑进去。

即使建立一个国际通用环境经济核算框架，各个国家的账户也一定要适应本国的需要。除了上面提到的具体方法外，美国选择了两个准则来指导 IEESA 体系的实施：首先，IEESA 覆盖了涉及市场行为的相互作用；其次，为了和传统的经济分析相一致，这个账户应该包括工业品、收入、消费和财富相互作用的影响方面的分析。

2. IEESA 的核算范围

为了服从第一个准则，美国经济分析局将 IEESA 限制在直接影响和与经济核算目标相关部分之间的相互作用上，从这一点出发，环境被认为是由一定范围内为经济提供可识别的和重要的商品流和服务流的资源与环境资产组成。

对生产性自然资产及它们提供的服务和商品的经济应用可以分为两类。单独使用自然资产时将暂时甚至永久地减少它的数量，这里的使用包括商品流和服务流，这种资产数量上的减少称为枯竭，当自然资产的使用影响它的质量时，这种资产质量上的降低称为恶化。然而对自然资产的使用仅描述了经济和环境相互作用的一部分，还有反馈作用的存在。物质平衡和能源核算不但强调自然资产的使用，而且也强调使用带来的反馈，因此，它们全面地抓住了经济和环境的相互作用。对环境而言，反馈是比较复杂的，它的影响经常作用在其他行业和消费者身上。经济和环境综合核算以提供经济和环境的使用及反馈的相互作用的描述为目标。尽管这种描述有许多因素，也较复杂，通过定义来看，它也没有覆盖环境自身内部的许多转变和相互作用，例如：鱼类和哺乳动物对废品的清理，陆地植物及海洋植物把二氧化碳转化为氧气。

简要地说，IEESA 尝试回答由经济和环境相互作用而提出的分析性问题。如矿业部门生产者的收入中属于矿物的份额是多少？经济行为通过勘探和科技创新作用于自然资源。自然资源在产品中的用处在多大程度上被附加值抵消？家庭、政府和商业部门都为维护或恢复环境发生了支出，它们的支出中属于环境方面的占多少份额？经济的方法是将垃圾排放到空气或水中，造成了环境恶化，导致了这方面的成本，例如，降低原木和鱼类产量从而增加净化成本，这些成本是多少？由哪个部门来承担？

3. ISSEA 的结构特征

与第二个准则相一致，IEESA 有三个主要的结构特征。

首先，把自然和环境资源作为生产性资产，仅仅考虑这些资源的生产性方面。这些资源同建筑物及设备一样被视为国家财富的一部分，要求识别出来自它们的商品和服务流，测试出它们对产品的贡献。

其次，这个账户提供了大量用于理解和分析它们之间相互作用的支出和资产的详细信息。完全执行的 IEESA 将通过工业、收入类型和产品识别自然和环境资源的经济贡献。

最后，按地区分类的账户将提供重要的分析信息。

4. 生产性资产

把自然和环境资源与生产性资产同等对待是基于它们与人工资产的相似性。用固定资产、带动力和原材料来生产产品，然后随时间的变化产生服务流。相对存货而言，现货是为进一步生产、出售、交货或马上使用的产品。

固定资产和存货间的区分不一定总是明显的，每个国家都有自己的分类。例如，关于矿产资源的分类长期存在争论，看起来矿藏与存货相似，它们是一组在生产中被使用的资源，然而同时也符合固定资产的分类特征。而且矿藏也和固定资产的性质相一致。

因此，在 IEESA 中自然资源和建筑物、设备一样作为国家财富看待，这与传统 SNA 将建筑物和设备当作固定资产来处理一样，如何核算矿藏有三种不同的观点：矿藏贬值应从利润中扣除得出实际的或者是可持续的利润；矿藏贬值从国内生产总值中扣除，从而得出国内生产净值；厂房和设备存货的增加作为资本形成计入国内生产总值中。

IEESA 所要做的就是要将这些自然资源像建筑物和设备一样包括在国家财富中，给予它们与经济核算对建筑物和设备同样的处理。就是说，矿产资源的损耗应像工厂和设备的折旧一样，必须提取出来以弥补生产中使用矿产资源的成本。

明细账户在 IEESA 中的标准经济核算目录中都是分开的，以突出显示经济和环境之间的相互作用。例如，支出明细包括家庭、政府、企业为了维护或恢复环境所花费的支出；资产明细包括在递延固定资产标准目录分类里的环境管理（自然保护和发展、供水）、垃圾处理过程（保健卫生服务，空气、水污染的减轻和控制）。

5. 资产账户

综合环境与经济核算要求对在资产账户中体系的与资产相关的存量和流量进行测试，IEESA 提供了对相关资产完全的核算，即不仅显示了存货也显示了与存货变化相关的流量。资产账户记录的是期初库存、库存变化和期末库存,也记录了美国经济分析局尝试引入到 IEESA 中的非金融资产。它们通常遵循 1993 年的 SNA 和 SEEA 体系的子目录,但对其中的一些子目录进行重组以扩展生产的范围和资产定义。非金融资产包括生产资产(Made Assets)、已开发的自然资产和环境资产。生产资产核算在很大程度上重复了传统的收入和财富账户中的非金融资产核算的明细,细分为固定资产和存货。已开发的自然资产细分为已开垦的生物资源、固定存货和在产品,已探明存在的地下资产,已开发的土地。环境资产细分为未开垦的生物资源、未探明的地下资产、未开发的土地、水和空气(后两者主要指存量变化的经济影响方面)。

(1)生产资产和已开发的自然资产

为了更好地突出经济和环境的相互作用,IEESA 提供了比传统收入和财富账户更多的与自然资源和环境相连的生产资产的明细。在生产资产里,非居住的固定资产分为环境管理(自然保护盒发展)和废弃物管理(卫生服务,空气、水污染的减轻和控制)工程。明细目录也有农业最终产品的存量记录。

(2)已开发的生物资源

IEESA 提供了传统账户没有包括的明细目录,如已开发的自然生长资产(家畜)和一些传统账户中没有包括的项目(如林地里的树木)。

(3)以探明存在的地下资产和耕地

对于已探明存在的地下资产和耕地的处理不同于 SEEA。已探明的储备通常定义为用实验性打井或其他实验性数据证明有很高的确定性,是在现有经济条件和现有技术水平下可开采的储备。在 SEEA 中,它们属于不可再生的资产。在 IEESA 中,这些资产同已开发的自然生长资产一起归类于"已开发的自然资产"。资本形成反映在生产账户中,会增加这些资产的存量,既可以通过将未开发或未开垦的资产引入已开发的自然资产中去,也可以是在其本身的目录范围里增加它们的价值——它与增加建筑物与设备存量的资本形成的处理方式相似。

6. 生产账户

综合环境与经济核算的下一步就是把资产账户和生产账户中相对应的流量结合起来。通过这种整合,IEESA 明显包括自然资源的使用和环境服务,两者通过资源损耗和环境退化的形式进入到生产过程中去,并且也包括对自然资产和环境资产的投资而增加已开发自然资源的存量或者恢复环境资产的存量。

IEESA 综合了 1993 年 SNA 中供给和使用两张表的特征。这种表共有四个象限(一个空的,用于计算总计值),用双线来分离;总计栏在最右边和最底行。左边和右上象限表示的是第一行的标志栏所命名的产品和服务的使用,加总得到商品总产量。左上和左下象限表示在第一列所列出的行业在生产过程中的中间投入和要素,加总供给得到总产出。

7. 自然资源估价

对于美国经济分析局来说,选择出一种估价方法并不是一件很难的事情。虽然这些方法如维护成本法和可能值法,在理论上是有一定合理性和吸引力,但是它们并不符合美国经济分析局的目的,而且使用中出现的困难使得这些方法失去了实用性。

(1) 市场估价法

市场估价法对于 IEESA 来说是最优选择,首先,市场价格可以保证客观性,避免在"愿意支付"调查中所出现的偏差。其次,市场价格与 SEEA 中的传统账户保持一致性,有利于国际比较。最后,从市场观点的角度来看,市场价格方法与在所包含的相互作用上加的限制条件是一致的。

然而,市场估价法也并不是没有问题的。从对 1994 年的估计结果可知其质量与所用的数据来源有关,在数据来源中一个普遍的问题是,环境资源是很少交易的,因而不能获得其市场价格。当不存在市场价格或不能获得其他的数据源时,美国经济分析局使用其他方法来代替市场价格进行估价,如:葡萄园和果园的估价是以美国联邦储备金监察小组对农业土地价值的估计结果,和普查局对葡萄园和果园用地的估价结果为基础而估计的结果。

森林的价值是估价美国森林服务太平洋西北研究中心(U.S. Forest Serviced Pacific Northwest Research Station)提供的立木材积价格估计出来的。立木材积价格的估计是估价立木材的净收益概念得出来的,它们也必须与森林原木销售折扣价值相适应。在美国无论是公有还是私有的森林地都包括在这个类目中。

对土壤的估计,来自美国农业部的资料,反映土壤损耗对土壤的年影响。对风景、名胜、休养地的资本形成的估计,以联邦政府在公园的维护和修复指出为基础计算出来;各州和地方的支出数据是不能获得的。唯一可以获得的数据时在维护和修复支出方面的估计。假定这些支出正好抵消了休养地的环境退化和损耗,这样的假设只是为了获得对投资和退化、损耗的估计。

对于环境资产的估计,比对已开发的土地和已证实的地下资产的估计更不确定,事实上,即使是对可再生的自然资源在核实表中一般都用"得不出结果"表示,这方面包括未开发土地的存量及其相应的生态系统的估计、未证实的地下资产和未开垦的生物资源(野生动植物)等。

SEEA 并没有提到对空气和水存量的估价,尽管这已经是一个全球化的共同问题;因而 SEEA 在这方面的估计只局限在这些资产的变化,如恢复空气和水的污染而发生的投资。IEESA 中只记录了这些资产退化总量价值,以及为恢复或者预防退化所花费的总支出。对空气和水质量退化的估计简单地被看作是正好对抵消退化的维护，形成了对污染总成本的估计。对空气污染的估计包括每年的空气污染和放射物成本，水污染的估计是指每年保持水质量的费用，饮用水也包括在内。对未开发的土地污染的估计指的是在有毒的化学物质和杀虫剂处理上的每年花费成本。

（2）对估价结果的评价

当市场价格无法获得时，美国经济分析局试图给出一个区间估计来反映各种不同的估计方法。然而，大多数情况下，只能获得点估计，而不能得到区间估计。估计结果的质量和有效性随着从生产性资产到非生产性资产的次序下降，恰恰也反映了这些估计在概念上和经验上的不足，因此，非常有必要开发并改善数据源及估计方法。

许多估价和测量问题在 IEESA 账户完成之前就已经存在。

矿藏的估计标准：1994 年版第一阶段的工作主要集中在国民财富账户和 NIPA 账户的存量和流量。这些估计标准综合地描述了自然资产存量及其变化。可以通过各种被选方法对资源的存量、增加量和损耗估计出来的实际结果进行检验。备选的方法有：现价收益法（美国经济分析局所使用的两种方法之一）、折扣现值法、替代成本法和交易价格法。这些备选估价方法显示了美国经济分析局对最佳估计和在现存资源方法下可行方案的最佳技术评估。经过以上评价发现美国的现行经济中存在以下问题：

一是增加值已经超过了损耗。自从 1958 年以来，已证实矿藏存量的总量价值用现价美元表示时一直处于上升中，用 1987 年美元的不变价格表示则变化很少。

二是生产性资产存量随着时间的变化在很大程度上反映了资源收益的变化。资源收益的增加伴随着在开采和提高回收率上有较大的投资，资源收益的减少伴随着开采活动的减少和期末油田和矿石库存的减少。

已证实矿藏中很大一部分是生产性资源的经济库存。根据我们所使用的估计方法，把矿藏资源的价值加入到 1991 年的建筑物、设备中，存货价值共增加了 4710 亿～9160 亿美元，增加 3%～7%。已证实矿藏资源的存量价值比在这些资源地表上已经投资的建筑物和设备的库存价值高。1991 年，地下资产的存量价值是其建筑物、设备、存货投资的库存价值的 2～4 倍。

估价损耗和增加值的影响一样也包括资源库存的价值，它提供的是对收益以外一种完全不同的概念。用收入和资本存量计算现有账户的利润率，IESSA 计算的 1958～1991 年采掘业的资本平均利润率下降了 4～5 个百分点，而不是 23 个百分点。在对私有资本采用与采掘业相同的方法时，其利润从 16% 下降到 14%～15%。

虽然用这些备选方法得出的趋势都相似，但是区间范围会变大。最高估价是从以资本存量价值为基础估计的现期收益中的结果，最低估计是根据资本平均利润率估计出来的现期收益。

二、日本的环境经济核算

日本经济企划厅从1991年起将环境与经济综合核算作为一项中长期课题开始对其进行研究和开发，1995年按照联合国的手册所提出的方法汇总了当时的研究成果，并公布了第一次估算值。

在第一次估算的基础上，日本在提高其精度、增加环境项目的对象以及长期时间序列的推算等方面作了进一步的努力，形成了第二次估算。

1. 核算数据

综合环境与经济核算一般可通过以下两种途径来完成：

一种是从SNA的流量（Flow）和存量（Stock）的现有计数中分离出与环境相关的支出额（实际环境费用）和资产额（环境关联资产额），通过这些数据来详细了解经济活动中的环境保护活动等状况。

另一种是以货币形式把由经济活动引起的环境退化作为经济活动的成本——虚拟环境费用。虚拟环境费用以货币形式表示了与环境有关的外部不经济。

2. 核算表

将SNA的"产品与服务的需求和供给表"以及"非金融资产表"进行综合和再整理，形成一张矩阵形式的核算表，"综合环境与经济核算表"是将以上的数据汇总到这个核算表的结果。

通过这个核算表，可以用货币表示的形式来了解在整个经济活动中，有哪些经济主体以及该主体以多大的规模进行了环境保护活动或是引起了多大程度的环境退化。

从国内生产净值（NDP）中扣除虚拟环境费用后得到的结果称为"已完成环境调整的国内生产净值"（EDP），一般也称之为"绿色GDP"。

正如NDP是通过GDP中扣除因生产活动而发生的固定资产折旧额后计算出的纯附加价值一样，通过从NDP中再进一步扣除可看作是因经济活动而发生的自然资产折旧额的虚拟环境费用，就可以认为在以此得到的附加价值额中已将环境因素考虑了进去。

3. 估算的对象

（1）实际环境费用

对于因与环境有关的环境活动而实际支付的"实际环境费用",本书以企业的环境保护活动如废弃物处理、资源再生、政府的废水处理、废弃物处理、环境行政(环境保护活动)及其他与环境有关的活动作为对象,对其生产额、支出额(中间使用、最终使用)、费用结构(中间投入、固定资产折旧、间接税、补助金、劳动报酬、营业盈余)等进行了估算。

(2)环境关联资产

对于因与环境有关的资产即"环境关联资产",本书将以下项目作为对象对其库存量、全年资产形成额进行了估算,即企业环境保护设施、废弃物处理设施、政府的废水处理设施、废弃物处理设施、森林和按用途分类的土地、地下资源。

(3)虚拟环境费用

对于以货币形式表示的环境退化即"虚拟环境费用"(自然资产的折旧额),按照自然资产的使用形式将其分类为四种,对于每种自然资产均把以下项目作为对象进行估算。在这些成为估算对象的环境项目中,主要的东西均已被列入,但不能否认,目前这还只是众多环境问题中的一小部分而已。其中:

废物的排放:大气污染(硫磺氧化物、氮氧化物)和水质污染(生物化学性的氧气要求量、化学性的氧气要求量、氮、磷)。

土地、森林的使用:土地开发和森林采伐。资源的枯竭:地下资源的枯竭(煤炭、石灰水、锌)。

对地球环境的影响:因二氧化碳的排放引起的地球变暖。

自然资源的复原:污染河流的疏浚、饮水工程以及农地土壤污染的改良事业。

(4)虚拟环境费用的推算方法

采用维持费用评价法推算虚拟环境费用。所谓维持费用评价法是指通过推算如果要将现在所发生的环境质和量的变化维持在某个水平上所必须花费的费用,进而间接地评价虚拟环境费用的推算方法。例如,对于现在所发生的大气污染,推算如果能在污染发生之前就将污染物质除去以不使污染发生所需的费用。

因此,在此所推算的费用实际上是已经发生的环境退化的一种假设对策费用,并不表示因环境退化而引起的实际损失费用。

各项环境项目的具体推算法如下。

废物的排放(大气污染、水质污浊)。按污染源分别计算为使其排放减少所需要的费用(每使污染物质的排放减少1单位所需的费用),将其与排放量相乘来推算出虚拟环境费用。

土地、森林的使用。把如果放弃了土地、森林的使用而引起的损失作为其虚拟环境费用。

资源的枯竭。利用使用者成本法进行推算。使用者成本法指将通过地下资源的采掘而得到的每期收益部分，按在该资源枯竭后仍然能够得到同样的收入（恒常收入）的比例投资到别的资产时，每期的收益与恒常收入之差作为该期的虚拟环境费用。

对地球环境的影响。将自然对二氧化碳的吸收量作为不发生地球变暖的二氧化碳排放容许量，再将超过此标准的排放量作为虚拟环境费用的核算对象。通过日本国立环境研究所计算降低超标排放量的、最具有经济合理性的对策组合及这些对策所需的费用。

自然资产的恢复，如河流等的水质改善、农业用地的土壤改良等。在此将复原工作所需的费用作为正的虚拟环境费用进行核算。

三、加拿大环境经济核算

在加拿大统计局中，关于评估加拿大的自然资源的储备核算，是当前正在进行的环境核算之一。其余三个核算分别是自然资源使用核算、垃圾产出核算和环境保护支出核算。自然资源使用核算和垃圾产出核算是用实物进行记录，而环境保护支出核算用货币进行衡量，只有自然资源存货核算都需要实物和货币衡量。

作为国民核算体系（SNA1993）修订版的一部分，加拿大自然财富（如底土资源和木材资源）的价值将归入1997年的加拿大国民平衡表核算。这里给出的结果仅限于加拿大的土地资源。

1. 实物核算：资源基础和不确定性

对土地资源的实物核算显示出，在决定一个国家总体资源基础的大小时，"固定和不可再生性的"矿产资源存储的假设是有限制的。这意味着不知道有多少矿产资源可与后代分享。由于人类在不断消耗资源的同时又不断发现新的资源，这就有必要每年对资源的存量进行修订。而燃料和非燃料的实物账户则反映了存量的变化。

加拿大的矿产资源可分为两个部分：已发现的或已知的可再生性资源和尚未发现的可再生性资源。已发现的可再生性资源是指在使用当前技术并在当前经济条件下，从已知存量中估计出的可再生性资源。在这一类中包括了累计产量、剩余的已确定的储备和仍需加以确定的储备。尚未发现的可再生性资源是指在可利用的地质学和地球物理学的证据基础上，人们相信存在的可再生性资源，但这些资源仍未通过钻井、探测或生产来显示自己的存在。发现的和仍未发现的资源的总和称为最终可再生资源。

在目前经济条件下，在适当的位置使用现有的机械和设施得到的那部分估计是可再生的资源。已确定的储备代表了在现有的技术和市场下，对可利用储藏量的保守估计。然而，基于这个定义，在短期内，很明显一些资源消耗很快，特别是石油和镍矿。但这只代表了加拿大已知储备和总体估计的矿物燃料及金属资源的一小部分。评估的货币价值仅占加拿大已知可再生资源的一小部分，大部分资源仍未得到评估。基于交易价值的"可选择价值"可能会用于评估"未开发的"或仍需确定的储备，以更密切地反映一个国家的自然资产的总体价值。因为这一价值反映的是已贴现的"远期未来"价值，所以这一补充的价值可能不会使储备的价值增加很多。

2. 实物账户和货币账户

一个对环境与经济内部联系的综合描述必然用到实物数据。在很多场合，它们比货币数据更适合。对自然环境内的物质流和从自然环境到又作为剩余物质回到自然环境的物质流来说，这一点尤其正确（SEEA，1993）。基于投入产出模型的加拿大统计局核算的自然使用和废物产出账户就是这种情况。但是，把这些数据与国民核算中的货币数据联系起来，对其他环境经济核算体系的发展也是必需的。对土地资源，实物账户中含有开发和未开发储备且货币账户中含有估算的市场价值。加拿大自然资源统计存量账户在实物账户和货币账户上都有记录。

实物数据由于使用不同的统计单位且缺乏对它们相对重要程度的了解，而难以进行合计。在很多情况下，获得可比较结果的唯一方法是使用货币单位的衡量方法。货币衡量是可生产资源的标准，且用货币衡量平衡表中的自然资源（和劳动力资源）也是必然的。使用现期价格可以简化自然资源的衡量，但是从长期来说会对平衡价格产生偏颇的看法。对现期矿产价格的使用提出了这样一个问题：环境保护和恢复的花费是否可由市场进行适当的决定。

评估基于自然资源存货总量的经济或一系列人类活动的可持续性，实物单位间的不可比性就成了一个问题。如果木材的存量增加，天然气的存量同时就减少，但如何确定自然资源总存量是下降、上升还是维持原状？为了进行比较，一般用货币从价值的角度表现，但并不能完全解决问题。如果资源储备减少的时候价格或净价格上升，作为可持续性标志的资源储备价值可能会给政府错误的政策信号。以土地资源为例，市场上销售商品的产量导致消极的表象，并不会直接反映市场价值。

货币衡量只是自然资源账户的一个方面，资源的实物量至少和货币价值一样有用。从国民账户的角度来看，自然资源的实物概念同样具有经济性。

3. 可持续发展与矿产资源

可持续发展要求当代人的消费不应该以后代人的消费为代价。如果从自然资源消耗（可再生和不可再生的）中得到的利益应与后代人分享的观点被接受，那么充足的资源仍可以确保不降低收入或福利（每单位资本）。从货币上说，如果将消耗资源的收入投资到其他形式的可生产性资源中，整体的资源储备可能得以保护。但是，很难区分应维持的资源种类（如生产资源、自然资源、无形资源或劳动力资源），也很难评估这些资源。对地下资源要强调限制两点：首先，为了替代正在消耗的矿产资源，人们应该有选择地投资以产生新的资源；其次，挖掘、熔炼、使用矿藏造成的环境危害应缩减到最小。对地下资源特别是矿物燃料来说，环境吸收废气废品的有限承载能力意味着第二点限制比缩小环境危害更重要。

把这一原理应用到土地资源估价会引出一系列的问题。例如，每年资源消耗量的衡量问题，生产资本对已消耗资源的可替代性问题，把消耗的"资本价值"转移给子孙后代的机制问题。一些环境学家建议，可持续发展需要把矿产提取物的比率限定在已开发的可再生替代品的范围内。由于矿产资源实物量每年随着发现、技术的变革、消耗和资源量而变化，人们无法知晓其确切的实物量，因此无法得知这些资源最优的消耗路径。与子孙后代分享矿产资源的问题在于以目前的消耗速度，很难估计何时资源会被使用殆尽。即使有另外的资源增加到"可再生的"资源存量中，但其实物总量仍将为世代相传的人类所消耗。但是，即使另外具有相同价值的资源被发现，资源提取物也并不代表"资本价值"的损失。如果人们节约并再投资用于资本损耗，而不是完全消耗，资源的资本价值还是可以保留给子孙后代的。通过维持矿产资源的资本价值，人类后代将可以从资源中获得和当代人一样的收入。

但是，这假设由矿产消耗转移价值提供经费的生产资本是已消耗资源的一个替代品。这就提出了在可持续条件下，生产性资本对自然资源资本的可替代性问题。可持续发展是否需要生产性资本、自然资本或整个资本存量保持一个恒定的量呢？假设生产性资本和诸如矿产之类的自然资本间有很高的替代性，则从地下资源提取物中得到的转移价值经过再投资将可以避免后代的产出受到现在资源消耗的限制。

加拿大地下资源价值的增长主要由于这段时期补充资源的价值要大于消耗掉的价值，因而资源价格、成本需要重新评估。但是，实物账户则表现出不同的结论：除了铀，可再生资源中的所有地下资源都正在逐渐被消耗，而得不到补偿。此时，不能确定是否从地下资源提取物中获得的收入和租金，正在被它的所有者，主要是州政府和国家，直接用到其他生产资源上去。虽然这段时间加拿大的财富还是得以保持并有所提高。1990～1995年，从自然资源提取物中收取的税金大约占到州政府或地方政府总税金的3.5%～4.0%。如产出占加拿大80%的石油和天然气的阿尔伯塔省（Alberta），税金的百分比增长到总税金的20%。阿尔伯塔省政府可能会用掉其矿产资源转移价值，而不是进行再投资。

四、德国环境经济核算

1. 环境经济核算的一部分——物质和能源流量

根据原材料的特性，德国把整个经济的物质流分为"投入"（原材料的稀缺性）和"产出"（环境污染）两方面。这个方法从某些方面来看是有益的，并有助于构建一个框架。但是"投入"和"产出"在方法上和组织上的完全分离将会使这两个方面变成孤立的，不能根据两者的联系来进行处理。首先，记录原材料消费和残渣生成之间的关系是不可能的，但正是这一关系越来越成为关注的中心。其次，由于资源的稀缺受到经济和统计方法的影响，在实践中它控制GEEA的准备是不合理的，正如经验所示，这样做将有风险。因此，除了纯流量指标外，还有两种有存量指标：被使用的存货（原材料的稀缺性）和被增加的存货（商品和残值的累积）。

从上面的分析可以清楚地看到只有一个综合方法才能公平对待各种不同的需求。"综合"应被理解为全面地看待不同的问题和它们之间的相互影响。这意味着这种方法在很多方面都与一个选择性的附加方法不同。

（1）估价、目标等应尽量不依赖于数据。特别是这意味着物质流既可用定量标准又可用定性标准的方法来记录。

（2）国民经济的物质投入和产出必须共同结合起来考察。

（3）主要的中心点是记录流量指标。但在必要时，账户中也必须包含存量指标。

（4）必须将数量结构数据和技术系数的数据结合起来。

这种方法是基于一种简单的物质流思想，即物质从原材料通过生产过程和消费过程，变成排放物、垃圾等。

商品的分类必须扩展以把残渣和污染物（至今仍未被包括）以及在自然界中存在的原材料（包括未用过的原材料）包括在内。大致上，对传统投入产出账户最重要的增加是对"生产要素类型"的附加性介绍。为了在概念上区别内部经济流（"产出"与"投入"）的经济和自然之间的相互关系，先将它们称之

自然资源资产负债表的编制与应用

为"收回"(从国内自然界中来)或"流出"(到国内自然界中去)。同样地，称交叉边界的运动为"流入"和"流出"，它们包括商品的进出口。进口和国内减少的总和给出了经济流账户的总收回，可用相同的方法得到总释放。

对已获的可用数据资源的观察表明：相对而言，水是较好的资源。在某些领域已经编制了能源平衡表，比如水、污染或能源。这里的主要任务是把这些部分的结果变成标准的形式。首先，最重要的方面是对经济活动的排放物有一个统一的命名。其次，在一些情况下，如在现存的能源平衡表中，需要扩展以清楚地表现某些流（如对环境的能源损失）。最后，投入产出表必须转化，能被物质流或附加品分类补充。

德国 Bundestag 调查委员会对这一影响提出的建议是一个重要指示，它指出在这个水平上，在各种情况下优先考虑的目标是尽可能地产生一个完整的流量账户。

流量账户以总体中有足够的基层单位的统计数据为前提，但这个必要条件往往部分得以满足。在经济和环境的衔接处，有一个严重的缺陷。特别地，仅有一个对残渣产生量分部门的不完全描述。如果想使部门分类与排放物总额相一致，就需要介绍一个单独的系统实用模型。这一模型在 GEEA 中叫"排放物结构"，它被设计成类似一个物质流的部门结构，因此它集中在经济生产部门的残渣产出上，即物质流的特殊中转站。这样排放物结构是对不同生产部门产品产出信息的一个补充。

对于官方统计数据，需要或多或少地划分一些界限，使难以区别化学成分的个体在产品的分类里能被单独地显示出来。GEEA 中的流量账户通常集中针对物质或商品的核算，这样有助于地域和经济单位的划分，也可用于更大的集合体的划分。

经验表明，对建立这样一个物质能源流量账户来说，缺少关于各个"流"规模的直接物质是一主要的障碍。但这一障碍可通过广泛采集数据并适当地将其联系起来加以解决。比如，给出的生产过程中平均排放的技术系数和这些过程（如能源的使用）的定量数据相乘就可以估计出排放的部门产出。此方法自然预先假定了系数和数量结构是对称的并且所使用的直接模型是稳定而有意义的。反过来说，这在结构上意味着不同数据的生产者必须相互合作，这也意味着必须检验数据的一致性（可能甚至是以实物单位计量的综合环境账户的最重要的功能之一）。

物质能源流量的估价问题必须从广义上加以理解，甚至对观测物质的选择也是建立在重要性和相关性的基础上。如前述解释的那样，为了能给出相应的方法描述和具体数字，一个综合方法会尽可能明确地做出这些估价。与这些问题相连的是怎样解释这些测量结果。从统计方法的角度来看，这是理论模型和被称为平衡过程的统计工作体系之间交流的中心，此中心对数据的质量至关重要。

当综观这个复杂的主题时，把加权和估价分开研究是十分有用的。首先，加权对不同事物给出了一个共同分母，以便可以进行定量的比较。估价自身通常也包含着与一个确定的物体（即一个标准）的比较。

为了除去各种物质的不同影响，在物质流合并之前必须对其进行估价。如果没有此类调整，合并便没有任何意义。准确地说，这种情况当然意味着化学元素和化合物必须分别看待，并且实际上必须在各种量上对生态接受者的影响有足够的认识。但是，两者都无法完全得到满足，因此不得不分析由其自身不同种类构成的集合体（如以商品的形式）。这里也有同样的问题：物质的影响依赖于其数量，因此流量（如土壤挖掘、土壤破坏）可以由少量时的完全不成问题转变成大量时的有破坏性。

2. 物质能源流量信息系统（MEFIS）的概念

物质流分析方法能运用于完全不同的观测水平，因此，信息体系必须建立在这个等级内的某一特定尺度上，且必须决定是应用从上到下的方法还是从下到上的方法。从上到下的方法从某一特定的规模开始，在这一规模上能收集到并估计出相关的数据。如有必要，这种方法能深入到更深的层次寻找可获得的更详细的数据。这一思想的最终目标是尽可能达到一个流入、经过和流出各部分的综合而详尽的流量平衡。但是，因为商品——在传统的统计中核算过的——并没有从环境角度表现出与之相关的物质流的整个趋势，所以在开始阶段每一细节都是不充分的。因此，漏掉的流量必须用和已知流量的相应系数估计出来。在迭代的开始即第一阶段，应注意和能量投入密切相关的空气排放物。第二阶段，在单类型的生产过程水平上使用物质平衡表计算出附加的流量集。第三阶段，是基于具体过程中技术变化的数量衡量的分析。

德国成功地运用了前两个阶段，它表明这种方法提供了有用的完好信息，这些信息与环境核算高度相关。

MEFIS 基本的路线和结构：这一系统的核心实际上是一个"三维空间"，它包含了每种物质流在部门尺度上的距离。与众所周知的制造和使用或投入—产出表的结构相比，必须扩展以下三类：第一，应提出两个新账户（部门），一个是经济净化部门（环保回收等），另一个是存量账户。第二，商品向量在投入方面的原材料和产出方面的残渣（垃圾、污染）两方面进行扩大。第三，也是信息系统应用中与之最相关的部分，即给出标准化的估价。

五、菲律宾环境经济核算

1. 菲律宾的 ENRAP

菲律宾的环境核算始于 1990 年所进行的环境与自然资源核算项目（EN-RAP），这个由美国国际开发署（USAID）资助的项目修改了 Pigskin 的核算框架。在 1995 年，国民统计协调部（NSCB）委托编制国民账户体系，也是始于联合国环境与经济综合核算体系（SEEA）的实验性项目。菲律宾的环境与经济综合核算体系（PSEEA）是联合国开发计划署资助计划的主要组成部分，即"可持续发展的综合环境管理"，是由环境与自然资源部（DENR）实施的，国民统计协调部（NSCB）同时也在为亚洲及太平洋地区经济与社会委员会做一个类似的关于联合国环境与经济综合核算体系的研究，其研究也只局限于渔业、林业和采矿业的资产账户编制。PSEEA 的这一试验性研究按计划完成于 1996 年，然后进行了地区性试点，对 PSEEA 发展的主要活动涉及：

（1）PSEEA 核算框架的发展。

（2）以实物和货币表示的非生产性经济与自然资产的资产账户的编制。

（3）对于因经济活动所产生的造成环境恶化的排放、废弃物和其他因素的估计。

（4）界定环保支出的范围，并对其进行分类。

（5）计算出经环境调整的国内生产净值（EDP）和其他总量。

NSCB 只编制了下面三种资源的资产账户：渔业、林业和采矿业。经验表明，菲律宾在联合国国民经济核算体系和环境与经济综合核算体系范围内编制资源资产账户是有可行性的。

2. 菲律宾资源账户框架

以 SEEA 核算框架为指导，渔业、林业、矿物资源的资产账户根据其实物方面以货币价格来编制。期初期末存量的变化就是指因为经济决策、经济活动、其他积累、非经济因素所引起的变化，其他总量变化和重估价指的是资产价格在核算期初期末的变化所引起的。

3. 菲律宾渔业资源、林业资源、矿物资源等核算

（1）渔业资源核算

渔业资源包括在鱼塘和农场里已开发的鱼存量和其他水产动物的存量，以及在海洋、内陆和海岸水域里的鱼和其他水产动物的存量，已开发的渔业资源包括

水产业和海洋水产养殖,然而未开发的渔业资源包括海水和淡水渔业资源在内,由于数据上的限制,只研究海洋渔业资源。

对于已开发的渔业资源,期初期末存量的变化是交易引起的,其增加部分主要在于繁殖增长大于消耗的数量,水产业其他总量的变化主要是由于自然死亡率、自然灾难和生活地生态环境的破坏引起的。目前,对于已开发的渔业资源的估计,仍处在研究中,PSEEA 的部分内容将会做出说明。

至于未开发的渔业资源,其存量的变化主要是损耗,损耗考虑的是超过可持续发展部分的捕鱼量,也就是超过自然增长的那部分捕鱼。由于鱼是可再生资源,因此在允许的条件下,可以适当增加存量,但是鱼总量也只能增加到生态系统可以承受的水平,若给定鱼的再生能力和自然生存年限,那么在自然增长范围内的资源使用不能视为损耗。

自然增长、自然死亡率、由于捕鱼和生态环境破坏所引起的鱼类净洄游和死亡率(可持续的捕鱼和损耗)构成了其他总量变化,它会影响未开发渔业资源的存量水平。

BAS 是收集渔业生产官方数据的机构,并为 NSCB 所用来估计渔业的 GVA。NSCB 采用的是 BAS 收集的数据,而 ENRAP 利用的 BFAR 收集的数据。关于捕鱼劳动强度的数据对于计算可持续的渔获量是非常必要的,目前的生产调查中没有收集捕鱼劳动强度的数据。

同样,这是利用关于商业和市政捕鱼的参数间接估计出来的。

(2)森林资源核算

菲律宾的森林分为以下不同的类型:龙脑香科树、松树、近叶缘的植物、青苔、红树林。龙脑等香科树的覆盖面积几乎占总森林覆盖面积的 2/3。在目前的核算研究中,森林资源资产账户的编制只包括森林里的树木,而且在各林木中,只有龙脑香科树和松树包括在核算中,主要是因为它们在经济和生态上的显著性,当然在一定程度上也有其数据易获得的原因。另外,一种非木材林产品藤林,由于其在经济上的贡献,也被包括在内。

为使资产账户达到可以用于编制森林资源的水平,资产账户的编制一般都遵循从实物到货币账户的编制程序。通过森林资源存量、损耗、森林转化、其他总量变化、货币账户等对森林资源资产账户进行核算。采用净价格法来估计森林资源存量的价值,原木的市场价格采用的是各物种的加权平均价格,木材价格表示的是将给经营者带来的潜在的经济收入,最新的成本结构是根据采伐公司向菲律宾证券交易委员会提交的财务报表计算出来的,不变价格是以 1985 年的消费者价格指数去除立木材积的现期价格而得。

(3) 矿物资源核算

矿物资源包括金属和非金属矿物，金属矿物包括铜、金、铬铁、镍以及其他金属，如银、铅、锌、锰、钴、铁、钼等。另外，非金属矿物有石矿资源和能源资源如原油和天然气。对于矿物资源的初始估计只限于金属矿物的资产账户。在金属矿物中包括金、铜、铬铁矿、铁、镍矿和锰矿。

账户的编制包括实物和货币账户两种。然而，采用货币估价的金属中只有金、铜和铬铁矿。实物账户的编制采用两种形式——矿石的形式和金属含量的形式。

矿物资源资产账户表示的是某种特定的矿物资源在某一给定时点的存量水平，记录引起存量水平变化的交易。将年末从矿物和地质科学局（MGB）处得来的年报中的储量水平视为本年的期末存量和来年的期初存量。矿物是一种非可再生资源，在核算期内的开采量都视为损耗，至于其他积累，是指因经济决策而引起的相关量，是新的发现和储量的重新分类。其他交易指不是由经济决策引起的，但是它会引起存量水平的变化，应该记录在其他总量变化下，包括因某些原因（如自然灾难、战争和冲突事件以及公司无法控制的外部原因）引起的矿厂的关闭和开采地的放弃。将实物资产账户转化为货币资产账户可以使用净价格法和ElSerafy方法（ESM）。

重估价是用残差来估算的。

实物账户。对实物资产账户以矿石形式来估计，既简单又直接。每种矿物的储备和开采（消耗）的总量数据是从MGB收集的采矿企业的报告得到，这一数据收集工作是其调整估算的一部分。储量的数据在建立实物资产账户时是最为关键的数据，这些数据可以从MGB处获得。

货币资产账户。可以使用两种方法，净价格法（NPM）和ElSerafy法。

4. 菲律宾的ENRAP结论与启示

如果给定资源账户消耗的初步估计，国内生产净值（NDP）就被部分地调整而得到经环境调整的国内生产净值（EDP）。同样，扩展的净积累是可操作的，使用了SEEA的基本结构，这一基本结构显示了经济资产净积累的关系（生产性的和非生产性的）。

生产性资产的数据来自于传统的国民账户。另外，非生产性资产的数据来自于对渔业、森林及矿物资源的初步估计，所以其覆盖范围有限，只包括森林及矿物资源的数据，而不包括渔业、土地和其他资源。负项指的是森林转化为非森林资源使用，且不反映转化过来的价值。

因此有如下结论和启示：

（1）使用SEEA框架编制资产账户具有可行性。

(2) 用于环境核算的数据不充分。

(3) 管理性的数据和专题研究的数据可以将之转化为环境核算所用。

(4) 涉及计划、环境和统计机构及资源部门等政府部门对于环境核算的实施都很关键。

(5) 对联合国 SNA、SEEA、环境经济、资源的估价方法进行培训是必要的。

第五部分 全国各地的进展情况

一、我国自然资源资产价值核算进展情况

正如前文所述,在自然资源资产核算方面,我国的探索起步虽晚,但进展非常快。特别是在森林资源资产核算和生态服务价值评估方面,达到了国际领先水准。早在2004年,国家林业局和国家统计局就联合组织开展中国森林资源核算并将其纳入绿色GDP核算体系,初步提出森林资源核算的理论和方法,构建了基于森林的国民经济核算框架,并依据第五次、第六次全国森林资源清查结果和全国生态定位站网络观测数据,核算了全国林地林木资源和森林生态服务的物质量与价值量。2008年,中国林业科学研究院依据第七次全国森林资源连续清查结果,评估了全国森林资源的生态服务价值。2013年5月,国家林业局和国家统计局再次联合启动"中国森林资源核算及绿色经济评价体系研究",在原有研究基础上,充分吸收国内外最新研究成果,改进和完善了核算的理论框架与方法,利用第八次全国森林资源清查结果和相匹配的全国生态定位站网络观测数据,对全国林地林木资源价值和森林生态服务功能价值进行了核算。2014年10月23日,两局联合举行新闻发布会,向社会公布了初步研究成果。核算结果显示,第八次全国森林资源清查期间,林地资产价值量由第七次全国森林资源清查期末的5.52万亿元增加到7.64万亿元,增长了38.4%;林木资产价值量由9.47万亿元增加到13.65万亿元,增长了44.1%。全国森林生态服务年价值量由10.01万亿元增加到12.68万亿元,增长了26.7%。其中,年涵养水源量增加17.37%,年保育土壤量增加16.43%,森林每年提供负离子量增加20.83%,年滞尘量增加16.87%。

二、各地编制自然资源资产负债表的实践情况

《国务院办公厅关于编制自然资源资产负债表试点方案》将内蒙古自治区呼伦贝尔市、湖南省娄底市、浙江省湖州市、陕西省延安市、贵州省赤水市等地列为探索编制自然资源资产负债表的试点地区。从2015年11月开始到2016年12月底，五个试点地区探索编制各自城市的自然资源资产负债表，并为全国积累经验。2015年11月，国家统计局联合国家发展改革委等部门出台了《自然资源资产负债表试编制度》的编制指南，提出中央层面的顶层设计方案，明确要求试点地区要根据本地的资源特色编制出2011~2015年连续五年的自然资源资产负债表，其中呼伦贝尔市和赤水市侧重于森林资源、娄底市和延安市侧重于土地资源、湖州市和赤水市侧重于水资源等资产负债表，有条件的地区也可以积极探索编制矿产资源资产负债表，并且将试点范围扩大到北京市怀柔区、天津市蓟县、内蒙古自治区呼伦贝尔市、河北省、湖南省娄底市、浙江省湖州市、陕西省延安市、贵州省赤水市八个省市区。目前这一工作正在紧锣密鼓地展开，部分地区已经取得了一定突破。

（一）内蒙古自治区进展情况

2014年春节前夕，习近平总书记赴内蒙古自治区调研，对内蒙古自治区的生态建设成就给予了高度评价，提出内蒙古自治区要力争建成我国北方重要生态安全屏障，并要求内蒙古自治区在探索建立可持续的生态环境保护制度做大文章，先行先试探索编制自然资源资产负债表。经内蒙古自治区经济体制与生态文明体制改革专项领导小组研究决定，由自治区统计局牵头负责全区范围内的自然资源资产负债表编制工作，自治区发展改革委、环境保护厅、财政厅、林业厅、农牧业厅、国土资源厅、自治区地方税务局等部门配合。

2014年7月底，内蒙古自治区统计局初步制定了《内蒙古自然资源资产核算试点实施方案》，依据先易后难、先少后多的原则，试点方案在草原、林地和湿地三个方面进行探索，待条件成熟再探索编制矿产、土地、河流等资源的资产负债表。根据《内蒙古自然资源资产核算试点实施方案》部署，内蒙古编制自然资源资产负债表工作分三个阶段展开。第一阶段：2014~2015年，主要编制《自然资源资产账户（实物量）》调查表，编制森林、草原、湿地实物量资产账户。2014年先行启动编制呼伦贝尔市、赤峰市自然资源资产负债表，为内蒙古

自治区自然资源资产负债表作先行探索，到2015年1月底，两个试点地区数据填报工作基本完成。第二阶段：2015~2017年上半年，总结试点地区编表经验，全面开展自治区和各盟市自然资源实物量核算账户的编制工作，探索和开发主要自然资源资产的估值技术，编制主要自然资源价值量资产账户，并逐步向全区推广。第三阶段：2017年下半年到2018年，在编制自然资源价值量账户的基础上，修订、完善自然资源核算账户编制方案，形成成熟、定型的一套编表思路、编表体系和编表方法，最终完成自治区及各盟市自然资源资产负债表编制工作。

2014年8月，自治区统计局邀请了自治区农牧业厅、林业厅、自治区环保局、审计厅有关人员召开了试点方案研讨会。围绕《内蒙古自治区自然资源资产核算试点实施方案》，结合自然资源资产负债的内涵、科目、价值量化等内容，对试点方案中的编表方法、数据来源、存在问题等进行了研讨。之后，自治区统计局对试点实施方案进行了修订和完善。2015年夏，赤峰市在全区首次公布了三个林场自然资源价值核算结果，赤峰市翁牛特旗高家梁、亿合公和桥头3个国有林场的价值核算量（分别为5.41亿元、4.27亿元和4.97亿元）。2015年8月，赤峰市正式公布了3个林场森林资源资产负债表，自然资源价值量账户建立工作取得重大突破。

除了呼伦贝尔市和赤峰市，内蒙古的其他一些地区也在编制自然资源资产负债表方面展开了积极探索并取得了可喜成果。作为国家发改委确定的综合改革试点地区，鄂尔多斯市对编制自然资源资产负债表工作非常重视，并把此项工作列为2015年全市重点工作，成立了以王挺副市长为组长的鄂尔多斯市自然资源资产负债表编制领导小组。领导小组办公室设在市统计局，成员单位涵盖了市林业局、农牧业局、国土局、发改局、财政局等相关部门，并确定鄂托克前旗为该市此项改革任务的试点地区。为了保证2018年编制完成全市及旗区自然资源资产负债表，鄂尔多斯市制定了分阶段目标：2015年编制森林、草原、湿地、矿物和能源、土地资源实物量资产账户；2016年在全市范围内推动各旗区编制森林、草原、湿地、矿物和能源、土地资源实物量资产账户；2017年全面开展全市及旗区自然资源实物量资产账户的编制工作，探索和开发主要自然资源资产的估值技术，编制全市主要自然资源价值量资产账户；2018年全面完成全市及旗区自然资源资产负债表编制工作，形成成熟、定型的一套编表思路、编表体系和编表方法。

表 5-1 内蒙古自治区自然资源资产负债样表（市级）

项目	2013年自然资源资产（亿元）				2012年自然资源资产（亿元）			
	使用（2013年初）	来源	其中：生产消耗所占比重（%）	使用与来源	使用（2012年初）	来源	其中：生产消耗所占比重（%）	使用与来源
	1	2	3	4=1-2	1	2	3	4=1-2
使用与来源合计								
一、森林资源								
（一）林地								
有林地								
疏林地								
灌木林地								
未成林地								
宜林地								
其他林地								
（二）森林								
防护林								
特用林								
用材林								
薪炭林								
经济林								
二、湿地资源								
（一）河流湿地								
其中：永久性河流								
季节性河流								
泛洪平原性湿地								
（二）湖泊湿地								
其中：永久性淡水湖								
季节性淡水湖								
（三）沼泽和沼泽化草甸湿地								
（四）人工湿地								
三、草原资源								
温性草甸草原类								
温性典型草原类								
温性荒漠草原类								

续表

项目	2013年自然资源资产（亿元）				2012年自然资源资产（亿元）			
	使用（2013年初）	来源	其中：生产消耗所占比重（%）	使用与来源	使用（2012年初）	来源	其中：生产消耗所占比重（%）	使用与来源
温性草原化荒漠类								
温性荒漠类								
低地草甸类								
山地草甸类								
沼泽类								
使用与来源差额合计								

注：使用与来源差额 = 使用 - 来源；生产消耗所占比重 = 生产消耗/来源 × 100%。

定型的一套编表思路、编表体系和编表方法。

表5-2 内蒙古自治区森林资源资产负债样表（市级）

项目	序号	森林资源（万立方米）				森林资产（万元）			
		使用（2013年初）	来源	来源中：		使用（2013年初）	来源	来源中：	
				生产消耗	其他消耗			生产消耗	其他消耗
		1	2	3	4	5	6	7	8
使用与来源合计	1								
一、林地	2								
有林地	3								
疏林地	4								
灌木林地	5								
未成林地	6								
宜林地	7								
其他林地	8								
二、森林	9								
防护林	10								
特用林	11								
用材林	12								
薪炭林	13								
经济林	14								
使用与来源差额	15								

注：①使用方即资源与资产存量，为时点数；来源方即资源及资产当期消耗量，为时期数。
②本表由市林业局填报。

表5-3 内蒙古自治区湿地资源资产负债样表（市级）

项目	序号	湿地资源（公顷）				湿地资产（万元）			
		使用（2013年初）	来源	来源中：		使用（2013年初）	来源	来源中：	
				生产消耗	其他消耗			生产消耗	其他消耗
		1	2	3	4	5	6	7	8
使用与来源合计	1								
一、河流湿地	2								
永久性河流	3								
季节性河流	4								
防洪平原性湿地	5								
二、湖泊湿地	6								
永久性淡水湖	7								
季节性淡水湖	8								
永久性咸水湖	9								
季节性咸水湖	10								
三、沼泽湿地	11								
藓类沼泽	12								
草本沼泽	13								
灌丛沼泽	14								
森林沼泽	15								
内陆沼泽	16								
季节性盐水沼泽	17								
沼泽化草甸	18								
地热湿地	19								
四、人工湿地	20								
库塘	21								
运河、输水河	22								
水产养殖场	23								
盐田	24								
使用与来源差额	25								

注：①使用方即资源与资产存量，为时点数；来源方即资源及资产当期消耗量，为时期数。
②本表由农牧业局填报。

表5-4　内蒙古自治区草原资源资产负债样表（市级）

项目	序号	草原资源（公顷）				草原资产（万元）			
		使用（2013年初）	来源	来源中：		使用（2013年初）	来源	来源中：	
				生产消耗	其他消耗			生产消耗	其他消耗
		1	2	3	4	5	6	7	8
使用与来源合计	1								
温性草甸草原类	2								
温性典型草原类	3								
温性荒漠草原类	4								
低地草甸类	5								
山地草甸类	6								
沼泽类	7								
……	⋮								
使用与来源差额	33								

注：①使用方即资源与资产存量，为时点数；来源方即资源及资产当期消耗量，为时期数。
②本表由农牧业局填报。

鄂尔多斯市是国家发改委确定的综合改革试点地区，自然资源资产负债表的相关工作一直被外界所关注。为此，鄂尔多斯市市委市政府高度重视，把此项工作列为2015年全市重点工作，根据《鄂尔多斯市市委关于全面深化改革工作的实施意见》（鄂党发〔2014〕6号）和《鄂尔多斯市人民政府关于印发2015年市人民政府重点工作分解落实方案的通知》（鄂政发〔2015〕29号）的有关精神，成立了由王挺市长为组长的鄂尔多斯市自然资源资产负债表编制领导小组。领导小组办公室设在市统计局，成员单位涵盖了市林业局、农牧业局、国土局、发改局、财政局等相关部门，并确定鄂托克前旗为此项工作的试点地区。

鄂托克前旗作为鄂尔多斯市探索编制自然资源资产负债表的试点地区，目前这项工作正在有序推进。2016年初出台了《鄂托克前旗自然资源资产负债表编制工作方案》。在制订《鄂托克前旗自然资源资产负债表编制工作方案》过程中大胆引入第三方技术团队参与，该旗自然资源资产负债表包含五大框架体系：实物量表、质量表、流向表、价值表、负债和损益表。

鄂托克前旗在探索过程中提出了自然资源资产负债表的"西北模式"。因为，鄂托克前旗的自然资源资产负债表既反映了鄂托克前旗的主要自然资源资产，也体现了整个西北地区重点自然资源资产，如土地资源（林地、草原、湿地、城市绿地和耕地）、生物资源（珍稀濒危动物）、水资源（地表水、地下水)、矿产资源(煤炭、天然气)、环境资源和特色资源六类自然资源资产,尤其是特色资源资产等。从表现形式看,鄂托克前旗的自然资源资产负债表既是鄂托克前旗自然资源资产负债表,也是西北地区自然资源资产负债表,既能反映自然资源资产的结果,也能突出自然资源资产的变化过程,凸显西北地区脆弱区生态保护与恢复成效。从功能价值角度看,鄂托克前旗自然资源资产负债表是我国西北地区第一个综合反映脆弱生态区和能源战略分布区的自然资源资产状况的负债表,具有典型的代表和示范引导作用。

专栏

鄂托克前旗自然资源资产负债表"西北模式"简介

鄂托克前旗是国家煤炭开发利用战略基地,国家环保部、科技部和商务部确定的创建国家级生态工业示范园区的能源化工园区,国家发改委首批生态文明建设先行示范区,全国生态脆弱区重点保护区——西北荒漠绿洲交替生态脆弱区,并属于国务院常务会议讨论通过的《京津风沙治理二期工程规划(2013~2020)》中的工程区示范区范围。该旗是典型具有西北区位特色,具备西北普通自然资源特征的代表性旗县,其自然资源资产负债表是我国西北地区第一个综合反映生态脆弱区和能源战略分布区的自然资源资产状况的负债表,具有典型代表意义和示范意义,因此以"西北模式"相称。

由于自然资源资产种类众多,性质各不相同,为了既能全面反映各类自然资源资产总量,又能详尽反映单一自然资源资产的价值构成,鄂托克前旗采用总表与分表相结合的编制方法,构建资产负债表系列;用总表反映自然资源资产总量,用分表反映单一自然资源资产的价值构成和自然资源量值。根据作用不同,自然资源资产负债表分为七类:实物量表,反映自然资源资产实物存量情况;价值量表反映领导干部任期内所管辖范围内自然资源资产价值的变化;流向表,对领导干部任期内因上级决策导致的自然资源资产损害进行说明,这部分损害不需要本届领导干部承担责任;质量表,以此反映自然资源资产质量的变动情况;负债与权益表,以此反映领导干部任期内为保护和改善自然资源资产所投入的资金以及产生的所有者权益;负债表总表,全面反映自然资源资产的实物资产、无形资产、总负债和总权益;风电和太阳能行业损益表,用以体现鄂托克前旗的特色产业——风电和太阳能资源资产的收益。

根据领导干部责任审计和责任追究需要,以三年或五年编制一次的频率编报自然资源资产负债表。鄂托克前旗《自然资源资产负债表编制工作方案》

中特别提到负债与权益转换的概念,即由于自然资源资产一般归政府部门管理,而对自然资源资产出资也是政府部门,因此,当出资部门与自然资源资产管理部门完成产权交接时,该部分负债便转为权益。同时,该方案将自然资源资产分为有形资产(指自然资源实物资产)、无形资产(值自然资源的生态系统服务功能资产)、递延资产(指由于生态环境治理工程,在资金投入的当前往往无法产生生态效益,因此需要将部分资金按年摊销的资产)。此外,还提出了自然资源资产损益(指由于管理部门对自然资源资产管理的好坏造成的自然资源资产增值减值,或是由于自然资源资产恢复治理工程效益优劣而造成的自然资源资产增值减值)和本期公众福利支出(由于生态系统服务功能资产不具有累计性,当期产生当期使用,无法转为下期的资产或权益,因此将本期的生态系统服务功能资产界定为自然资源资产管理部门为公众所提供的当前已经消费的公众福利)。

自然资源资产负债表各项指标之间的钩稽关系如下:

自然资源资产=负债+权益

期末自然资源资产=期末自然资源实物资产+期末自然资源资产生态服务功能资产-期初自然资源资产生态服务功能资产

期末自然资源资产实物资产=期末各要素自然资源资产实物资产之和

期末自然资源生态服务价值功能=期末各要素自然资源生态服务功能资产之和

期初所有者权益=上期期末所有者权益+上期期末负债

期末负债=当期对自然资源资产各要素的全部资金投入之和

本期公共福利支出=本期自然资源资产生态服务功能价值

期末所有者权益=期初所有者权益+本期所有者权益损益-本期公共福利支出

根据《中国自然资源手册》和鄂托克前旗实际情况,将旗自然资源分为六类,分别为土地资源、生物资源、水资源、矿产资源、环境资源和特色资源。由于土地资源与地上附着物存在明确对应关系,因此将植物资源放入相应土地资源进行计算,不再单独进行列示,仅将珍稀濒危动物作为自然资源资产负债表的生物资源选项。

在《国务院办公厅关于编制自然资源资产负债表试点方案》确定的五个试点地区中,呼伦贝尔市类型最全、面积最大,是生态环境最具典型性的地区,呼伦贝尔市政府高度重视编制自然资源资产负债表工作,成立以市长为组长、以市统计局为牵头单位的编制自然资源资产负债表试点工作领导小组。以国务院《实施方案》和国家统计局《编制指南》为基础，印发了呼伦贝尔市《试点实施方案》，结合地域特点、林业隶属关系及分布状况、部门之间数据衔接等问题，对试点工作进一步明确部署。在市统计局增设自然资源资产负债统计科，增加事业编制4个，完善试点工作专门机构。聘请了5位国内各行业知名学者、权威专家组成专家咨询指导组，为试点工作详细把关。建立部门联席会议制度和信息通报制度，及时研究讨论工作中出现的问题。

根据呼伦贝尔市政府的总体部署，呼伦贝尔市编制自然资源资产负债表试点工作大体上分为四个阶段展开，目前已经进入第三阶段工作。

第一阶段（2015年12月至2016年1月底），成立全市编制自然资源资产负债表试点工作领导小组，制定《呼伦贝尔市编制自然资源资产负债表试点工作实施方案》，明确各相关部门职责分工，全面部署我市编制自然资源资产负债表试点工作。各资源管理部门根据本部门工作实际，参考其他地区先进经验，进一步研究制定出详细的工作计划。

第二阶段（2016年1月底至2016年6月底）开展有关自然资源基础资料的搜集整理和审核，根据需要开展补充性调查，并在2015年6月底前，将2011～2015年各公历年度的资源报表全部数据上报市统计局进行汇总、审核。

第三阶段（2016年6月底至2016年7月底）市统计局对各自然资源主管部门报送的数据进行质量审核、评估和汇总，并将汇总报表提交工作领导小组，由专家咨询指导组对报表数据进行初步审核评估后，于2016年7月底前报国家统计局和自治区统计局。

第四阶段（2016年7月底至8月底）各自然资源主管部门于2016年8月底前将试点工作总结上报市统计局，由市统计局汇总整理后向国家统计局提交试点报告，提出修订完善自然资源统计调查制度和自然资源资产负债表编制方案的建议。

目前，呼伦贝尔市各自然资源管理部门填报工作初步完成，正在对试点报表开展审核、评估和汇总工作。各部门不但严格按照国家统计局《编制指南》和呼伦贝尔市《试点实施方案》的要求开展编制工作，还能创新工作思路，取得一定的成绩。各部门积极拓展工作思路，创新设计了《林业试编过渡表》、《水资源试编技术报告》等基础报表，分解落实任务，减轻基层工作强度。依靠现代科技手段，采用遥感方式结合实地调查，运用 ArcView 等软件，建立 CASA 模型，通过遥感数据和光谱分析，确定天然草原空间分布，提高试点工作的效率。在内蒙古第二林业监测规划院的技术支持下，呼伦贝尔市免渡河林业局河南林场以林地变更调查数据为基础，依托"森林资源监测系统"等软件平台，积极探索森林资源价值量核算。借助内蒙古草原工作站的技术力量，在呼伦贝尔全市范围内开展草业产值核算工作，努力摸清草原产品和草原生态产品家底，为进一步开展草原资源价值量核算积累更多的经验。

虽然内蒙古自治区探索编制工作起步较早,并取得一些阶段性成果,但是总体来看进展较为缓慢,成果较为粗浅。目前存在的问题主要有:

(1) 部门现有基础资料不健全,无法满足填报需要

根据内蒙古自治区统计局测算,试点工作共需填报 500 多项指标。从目前情况看,除国土资源部门以外,其他部门均存在基础资料不健全的问题,林业和水利部门比较突出,即使开展必要的补充性调查,需要推算的指标较多。

(2) 试点报表设计与自然资源管理部门的业务工作不衔接

例如:林业部门"一类清查"每 5 年一个周期,"二类调查"每 10 年开展一次,湿地资源调查从 1995 年起,只开展过两轮调查;农牧业部门开展的全国耕地质量评价工作从 2002 年启动以来,只获得一组数据。因此,一些指标想要达到逐年填报,还存在很大的困难。如果通过推算的方式获得数据,数据质量难以保证。

(3) 个别试点报表不适合县级地方部门填报

突出表现在水利部门填报的《水资源存量及变动表》上。①县级水文机构不健全,无法取得相关的水文资料;②大型水库、重点河流、湖泊的监测管理权限在省级,县级水利部门不掌握相关资料;③县级水利部门技术力量薄弱,不具备精确计算水资源数据的能力,推算方法也没有统一的标准,存在较大误差。

(4) 涉密问题

国土资源、水利等部门的一部分基础资料属于涉密资料,保密要求较高。例如:额尔古纳河流域多数河流属于界河,界河等涉密河流数据只能携带,不能网上传输。

总之,自然资源资产负债表的编制是一项理论性强、技术要求高的工作,以内蒙古自治区现有条件,尚不具备完全承担此项工作的能力。

(二) 贵州省进展情况

贵州省在全国较早开始探索编制自然资源资产负债表,政府将编制自然资源资产负债表列入重要工作任务,并积极开展了前期工作。根据省委、省政府要求,贵州省统计局联合省直部门在 2014 年初开始探索编制自然资源资产负债表工作,建立了部门间协调联系机制,省统计局、省国土资源厅、省林业厅、省水利厅等九个部门(单位)为协调机制成员单位,并确定了赤水市和荔波县作为试点。为了进一步充实研究队伍,省统计局与贵州财经大学联合开展课题研究,形成了《自然资源资产负债表编制思路与框架》。除了省统计局,贵州省国土厅、发改委、水利厅、审计厅、林业厅、环保厅等也开展了各自领域的自然资源

资产负债表的编制研究工作。如省国土厅正在制订《贵州省土地资源资产产权调查及资产负债表编制工作实施方案》,并与发改委共同制订了《贵州省自然资源资产产权制度和用途管制制度改革方案》。目前,贵州省已经初步形成了乡镇级的土地资源资产负债表。

表5-5 贵州省乡镇土地资源资产负债表样表　　单位:公顷、万元

			资产(增加)				负债(减少)			
			数量	生态价值	经济价值	社会价值	总值	数量	生态价值	经济价值	社会价值	总值
年初数											
年度变化量	耕地	水田									
		旱地									
		水浇地									
	园地	果园									
		茶园									
		其他园地									
	……	……									
	合计										
土地资源资产负债核算											
年末数											

表5-6 贵州省水资源资产负债表编制的基本框架和主要指标

	内容
编制原则	坚持用水总量控制、坚持供需协调、坚持高效利用、坚持生态保护、坚持重点用水保障、坚持最严格水资源管理等原则
报表框架	①界定水资源核算对象;②对水资源进行实物核算;③绘制水资源利用流向及流程图(明确水资源增减的原因、数量和利用结构情况,为建立水资源的账户服务);④对水资源进行估价;⑤对水资源进行分类核算;⑥对水资源进行综合核算;⑦水资源质量指数的核算
科目分类	①从来源方面,水资源大致可以分为地表水、地下水、非常规水源等类型;②从使用公用方面,可以分为农业用水、工业用水、生活用水和生态用水等
主要指标	主要指标分为3大项9个指标:①水总量控制指标(用水总量、生活和工业用水量、地下水开采量);②用水效率控制指标(万元GDP用水量、万元工业增加值用水量、农业灌溉水有效利用系数);③水功能区限制纳污指标(江河湖库水功能区水质达标率、城镇供水水源地水质达标率、跨地级以上市河流交界断面水质达标率)
数据来源	省水资源公报、统计年鉴、水文局监测统计、当地水行政主管部门统计数据

自然资源资产负债表的编制与应用

贵州省林业厅相关责任处室根据林业自然资源特点，结合贵州林业行业历年开展的各类调查和统计工作积累的组织体系、技术体系和基础数据，确定了《贵州省林业自然资源资产负债表（实物量表）》指标体系两个层次。第一层次包括7个一级指标，主要包括林地面积、林地质量、森林面积、森林蓄积、森林质量、湿地面积和湿地质量（见表5-7）；第二层次则在7个一级指标的基础上对每个指标进行细分，形成了与一级指标对应的23个二级指标（见表5-8、表5-9、表5-10、表5-11、表5-12）。

表5-7 贵州省林业自然资源资产实物量总表

统计单位： 市（州）或 县（市、区、特区）或 乡（镇）

资源种类	林地		森林			湿地	
指标名称	林地面积	林地质量	森林面积	森林蓄积	森林质量	湿地面积	湿地质量
单位	亩		亩	立方米/亩		亩	
期初数							
增加数							
减少数							
期末数							

表5-8 贵州省林地面积表

统计单位： 市（州）或 县（市、区、特区）或 乡（镇） 单位：亩

指标名称	林地总计	有林地	疏林地	灌木林地	未成林地	苗圃地	无立木林地	宜林地	林业辅助用地
期初数									
增加数									
减少数									
期末数									

表5-9 贵州省林地质量表

统计单位： 市（州）或 县（市、区、特区）或 乡（镇）

指标名称	林地总计	有林地	疏林地	灌木林地	未成林地	苗圃地	无立木林地	宜林地	林业辅助用地
期初数									
期末数									

表 5-10 贵州省森林面积表

统计单位： 市（州）或 县（市、区、特区）或 乡（镇） 单位：亩

指标名称	总计	乔木林	竹林	国家特别规定的灌木林	四旁树林木的覆盖面积
期初数					
增加数					
减少数					
期末数					

表 5-11 贵州省森林蓄积及质量表

统计单位： 市（州）或 县（市、区、特区）或 乡（镇）

单位：亩、立方米、立方米/亩

树种	合计			杉木		马尾松		云南松		华山松		柏木		软阔		硬阔	
	面积	蓄积	质量	面积	蓄积	面积	蓄积	面积	蓄积	面积	蓄积	面积	蓄积	面积	蓄积	面积	蓄积
期初数																	
增加数																	
减少数																	
期末数																	

表 5-12 贵州省湿地面积及质量表

统计单位： 市（州）或 县（市、区、特区）或 乡（镇） 单位：亩、分植

树种	合计		河流湿地		湖泊湿地		沼泽湿地		人工湿地	
	面积	质量	面积	蓄积	面积	蓄积	面积	蓄积	面积	蓄积
期初数										
增加数										
减少数										
期末数										

贵州省统计局与贵州财经大学于 2014 年 4 月开展了"自然资源资产负债表编制"的课题研究，并且提出了自然资源资产负债表的基本框架（见表 5-13）。

表 5–13 贵州省自然资源资产负债表

	资产存量和变化量	企业	政府	住户	负债的存量和变化量	企业	政府	住户
期初资产负债表	可再生资源				法定负债			
	森林资源				应缴排污费			
	水资源				应缴环保罚款			
	……				……			
					推定负债			
					"三废"治理义务			
					矿山修复义务			
					土壤改良义务			
					……			
					资产净值			
资产/负债变化合计可再生资源	可再生资源							
	森林资源							
	水资源							
	……							
	不可再生资源				推定负债			
	土地资源							
	矿产资源							
	……				资产净值的变化合计			
期末资产负债表	可再生资源				法定负债			
	森林资源							
	水资源							
	……							
	不可再生资源				推定负债			
	土地资源							
	矿产资源							
					资产净值			

根据贵州省政府发布的消息，贵州省已完成了自然资源资产负债表基本框架思路研究、自然资源资产负债表基础理论研究、自然资源价值评估方法研究三个

报告，初步形成了土地资源资产负债表编制方案、水资源资产负债表编制方案、森林资源资产负债表编制方案和自然资源资产负债表编制总方案四个方案。目前，贵州省正在各试点地区分类开展实编工作，并根据实编中的问题及时修改有关方案。

（三）广东省深圳市进展情况

深圳市将建立和完善自然资源资产核算体系与负债表列为深圳市2014年和2015年的重点改革任务。实编工作由深圳市人居环境委员会牵头负责，相关课题研究委托深圳市环境科学研究院进行。深圳市人居环境委员会联合相关厅局多次调研，征求相关领域专家意见，初步形成了深圳自然资源资产核算体系与负债表改革的框架思路。2014年，深圳市选择大鹏新区和宝安区为试点，大鹏新区侧重于生态环境保护，宝安区侧重于工业发展对资源环境的影响，分别探索编制区级自然资源资产负债表。市级政府侧重于核算全市的林地、林地和农用地的资源资产价值，2015年底，公布了初步核算结果。该研究成果获得环境保护部、中国科学院、中山大学等权威机构的高度肯定，深圳市编制自然资源资产负债表工作走在了全国领先水平。

截至2016年初，深圳市已经印发了《深圳市人居环境委员会关于深圳市各区自然资源资产负债表编写的指导意见》，并出台了自然资源资产负债表编织的"三年行动计划"，根据联合国环境与经济综合核算体系（SEEA）、联合国环境规划署所倡导的生态系统和生物多样性经济学（TEEB）等理论，初步建立了自然资源资产价值评估方法体系（包括核算指标、核算基准、核算方法和核算因子）。该体系提出了较为成熟的一套自然资源资产价值计量方法体系，特别提出了生态服务功能价值核算方法，参照绿色GDP核算中相似替代的计算方法，计算出森林自然资源资产的货币价值，向着编制出全市范围内的自然资源资产负债表迈出了重要一步。

深圳市自然资源资产负债表系统由自然资源资产实物量表、自然资源存量表、自然资源质量表、自然资源流向表、自然资源价值表、自然资源负债表和自然资源负债损益表七大类表体系构成，每大类报表下面又包括不同的子系统。子系统主要由城市绿地、林地、农用地等十大类指标体系构成。在开展编制自然资源资产负债表的同时，人居环境委员会联合市委组织部、市审计局、市发改委、市统计局、市政府发展研究中心等多家单位，共同开展了《深圳市自然资源资产任期审计制度》研究，将编制自然资源资产负债表的初步成果与干部审计制度改革有机结合起来。

但是，目前深圳市编制的自然资源资产负债表主要按照实物数量进行核算，

自然资源资产负债表的编制与应用

因此,并不是会计学意义上的自然资源资产负债表,而且实物量核算的自然资源资产相互间也难以比较,不能客观评价自然资源资产变化情况,难以与其他反映干部政绩指标进行对比。

(四) 湖北省鄂州市进展情况

2016年3月30日,湖北省委、省政府决定,在全省开展自然资源资产负债表编制和领导干部自然资源资产离任审计工作,鄂州被确定为唯一的地级市试点。作为全省唯一的全面深化改革示范区,鄂州承担了100多项全国、全省改革试点任务,其中有关生态文明的改革试点任务占1/5。开展自然资源资产负债表编制和领导干部自然资源资产离任审计试点,被列为鄂州2016年的"1号改革工程"。

鄂州市委书记亲自领衔改革,全程参与改革试点调研论证、方案设计、进展督查。由市委常委、市委秘书长具体负责改革的组织协调。同时组建了一个专门领导机构牵头推进改革,一个联席会议制度协调改革,一个督办机制督查改革。自试点工作启动以来,市委、市政府主要领导同志先后主持召开了5次市委常委会议和专题会议,3次政府常委会和专题会议,研究部署改革试点工作。领导小组建立每周碰头、扮演通报、定期督查工作机制,对重点工作实行清单化管理和递进式督办,目前已印发任务清单4期,开展督查8次。召开部门联席会议22次,协调督办,解决问题。由市改革办联合市环保局、市委督查室、市政府督查室、人大代表、政协委员和新闻媒体二十多人组成督查组,分成3个专班,到各责任单位现场督查,对重点随时督查、随时通报,确保按时落实落地。对工作推进不积极、协调配合不到位、问题整改不力的单位和个人,报送市全面深化改革领导小组进行通报并问责同时将督查结果纳入各单位全面深化改革年度考核范围。

鄂州市自然资源资产负债表试点包括土地资源、林木资源和水资源,结合实际在梁子湖区开展矿产资源和生物资源资产负债表编制工作,并核算自然资源资产生态服务价值。同时,进一步扩展该试点,制定《领导干部保护生态环境和自然资源警示手册》,编制《领导干部自然资源资产保护管理行为规范》,引导领导干部保护生态环境,加强自然资源资产管理。制定了经济发展负面清单,更有针对性地引导和约束产业发展。提出了自然资源环保和修复工程清单,加大生态文明建设项目投入。制定《损害自然资源违法行为举报奖励资金管理办法》,设立50万元奖励基金,发达社会公众参与生态环境保护的监督管理,并发放了首批两笔举报奖金。建立符合鄂州实际的绿色GDP核算体系,将资源消耗、环境损害、生态效益纳入国民经济核算,率先在梁子湖区开展生态文明考核评价。市政府设立2000万元生态风险补偿基金,在梁子湖区开展自然资源资产生态金融试点,各金融保险机构共设计绿色信贷产品39个、绿色保险产品15个。完成了鄂州市生态电子地图演示版的开发工作,取得数据成果、软件成果各7项,平台系统(正式版)目前正在进入设计评审阶段。

针对试点过程中数据缺失、部门统计口径不一致等问题,通过研究分析,在土地资源方面,以国土部门二调数据为基准,以事实为依据,解决了耕地、草地和林地数据不同部门之间存在差异的问题。林木资源方面,以2009年全国森林资源二类调查结果为基础,依据年度林地变更和森林资源动态监测数据,通过林木生长模块和档案更新,推算获得了非普查年份的数据。水资源方面,邀请水利部水资源研究所专家指导水资源账户填报,解决了河湖生态水量试填问题。依照湖北省水资源公报公布的鄂州市相关数据定额,结合相关统计数据,解决了灌溉水回归量填报难题。目前,已经基本完成实物量自然资源资产负债表的编制,工作进度比全省试点总体要求提前了一个月。资产负债表编制标准实现了由市级扩大到区级,延伸到乡镇、村级,编制年份由2013~2015年延伸至2011~2015年。土地、耕地、草地和林地相应指标编制到村级,水资源和水环境相应指标到乡镇、村级。梁子湖区生物资源账户编制到区级,矿产资源账户编表到乡镇级。国土、环保、水务、农委、林业等五个部门已完成了2011~2015年市、区、镇、村四级数据填报和对接工作。土地资源和水资源编制试点的技术报告初稿已经形成。

鄂州市学习借鉴浙江湖州改革试点经验,制定了《鄂州市自然资源资产负债表编制工作质量控制办法》。推行"数据下乡",对相关基础数据采取"自下而上、自上而下"双向采集,综合核定。各地及相关资源主管部门对编制报表的工作流程、数据采集、数据审核、数据核查、数据评估、资料管理等环节实行全过程、全方位的质量控制,对报表编制、填报说明和有关基础数据提交各级党委(党组)会议集体研究和评估,经主要领导签字、单位盖章后,逐级上报至市统计部门汇总。相关部门组织业务团队,在全市进行巡回指导服务,加强专业技术力量指导。邀请高校、科研院所和专家学者等第三方力量数据补充调查、统计口径平衡和数据审核评估等方面重点加强公关。在全国率先从合法性、逻辑性、完整性、关联性和价值量五个方面对数据进行审核。各部门依据行政记录、统计台账,对数据来源进行合法性审查,对补充性调查方案、方法和结果进行审核。梁子湖区根据委托第三方核算的价值量数据,分别对土地资源、林木资源、水资源、矿产资源和生物资源量核算表进行审核。

鄂州市审计部门同步参与自然资源资产负债表编制,全面掌握全市自然资源资产实物量变化和管理、保护、利用、治理等基本情况。结合报表编制,研究确定了审计方法和审计重点,初步制订了由 23 项红线考核指标、约束性指标和有关目标责任制指标组成的评价指标体系。率先在梁子镇开展土地资源管理和水资源管理审计试点,发现存在自然资源资产管理和生态环境保护法律法规、政策执行不够理想,有的自然资源资产开发利用和生态环境保护重点项目实施不规范,以及生态环境保护设施不完善等问题,提出审计整改报告。利用地理信息技术对全市土地、水、森林等自然资源变动情况进行遥感监测,发现了 16 个图斑疑点问题,督促相关单位核实整改。向各区以及环保、国土、农业、林业、水务等市直部门派驻审计组,对各单位前期自查的 56 个问题进行核实排除,并督促相关单位对照审计清单进行整改。

目前,鄂州市农委已组织省级专家对全市 2011~2015 年自然资源资产负债表中耕地、草地、质量等级及变动评价报告进行了评审,数据结果得到了省级部门及专家的确认。市林业局现已编制完成全市 2011~2015 年到村级林木资源资产账户报表,并完成了五个年度到村级湿地面积、林地面积和森林面积补充资料数据提供工作。市水务局拟定了水自然资源保护与修复工程清单、水资源资产负债表编制工作进度计划表,编制完成全市及三个行政区 2011~2015 年水资源存量及变动表。市国土局 2011~2015 年土地资源存量及变动市、区、乡镇、村数据已经形成并提交。2013~2015 年市、区、乡镇、村耕地等别存量及变动表已经完成并提交。市环保局制定印发《鄂州市损害自然资源违法行为举报奖励资金管理办法》,严格奖励资金的管理。市改革办会同改革试点牵头单位、市委督查室加强督办协调,对改革试点重点工作落实情况进行跟踪分析和督促检查,及时协助解决改革实施中遇到的问题,重大问题报告市委、市政府研究解决。

(五)浙江省湖州市进展情况

受浙江省湖州市政府委托,中科院地理科学与资源研究所负债探索编制湖州市自然资源资产负债表。2015 年 7 月,中国科学院地理科学与资源研究所完成了所承担的编制课题,并通过专家组的验收。湖州市自然资源资产负债表体系包括自然资源资产负债表总表,土地、矿产、能源、森林、水资源、环境资源 6 张主表以及各类自然资源的辅助报表和大量底表。总表分别列出资产、负债、资产负债差额三个部分,资产类主要包括土地、水资源、林木和矿产的资源资产存量情况;负债主要包括自然资源资产的使用情况以及资源耗减、环境损害和生态破坏情况;资产负债差额用资产总额减去负债总额表示。但是,相关成果并未公布,因此难以对湖州市的编制成果进行评价。

三、实践中存在的问题与困难

目前来看,很多地方提出了一些具有开创性的自然资源资产负债表编制方面的构想,并取得了阶段性成果。但是还面临不少困难,而且这些困难很多具有普遍意义,国内其他地区也可能存在类似问题。这些问题反映了编制自然资源资产负债表这一工作的复杂程度,也是今后研究需要解决的突出问题。

一是自然资源概念界定弹性大。自然资源种类繁多,划分方式不同,统计口径也不同,从大的类别上可以分为生物资源、森林资源、土地资源、矿产资源、海洋资源、气候资源、水资源、空间资源等,具体细分还可以分成很多种,而且有一些是根本无法核算的。从理论上说,各类自然资源都应该纳入自然资源资产负债表,但是实际操作中不可能办到,必须有选择地进行核算。但是,哪些资源可以核算,各地实践大不相同,这为将来不同地区间的比较增加了难度。

二是自然资源资产数据获取困难。从各地的进展情况看,多数数据来自于全国统一的普查或统计年鉴,也有一些数据来源于一些行业数据和统计。自然资源资统计程序复杂,数据采集困难,计价难度大,数据链经常出现断层,数据间缺乏关联和可比性,难以满足编表需求。此外,不同地区自然资源不尽相同,数据分散,难以集中收集。加之自然资源往往划归多个职能部门统计,部门分割、互不统属,更增大了数据获取难度。此外,某些自然资源变化非常缓慢,一年内的变得很难准确掌握,也为研究增加了不少困难。

三是实物量到价值量转换有一定难度。自然资源实物量数据的获取相对容易,但是编制自然资源资产负债表却要求进行价值量核算,如何克服这一技术难题虽然一些研究机构提出了不少可参考的方法,但是其可行性、适用性和实操性还有待评估,其结果能否在干部考核评价这么严肃的工作中使用还有待进一步研究。毕竟这一工作尚处于探索阶段,缺乏足够经验和理论支撑,需要理论界给予更多关注与支持。

四是理论准备明显不足。自然资源资产负债表的探索是一个典型的"实践进展在先、理论探索在后"的过程,目前多地已经开始探索实践,但是学术理论准备明显不足,理论进展与实践需要相比"短腿"严重。目前,国内外还没有形成比较统一、标准、成熟的统计核算体系,编制自然资源资产负债表的定义、标准、制度、方法等理论均亟待理论突破与指引。

五是部门间衔接难度大。自然资源资产负债表的编制涉及统计、国土、环保、发改、林业、水利、农业、工信、审计等多个部门，目前中央和地方多由统计部门牵头负责自然资源资产负债表指标，但是在实际工作中仅由一个部门协调众多部门负责如此高难度的工作，势必会影响整体工作的进展。

四、经验启示

梳理各地探索编制自然资源资产负债表实践的情况与问题，有以下几点启示：

首先，要尽量按照会计学的规范范式进行研究，自然资源资产负债表不仅要体现自然资源资产的变化情况，还要从资产、负债、所有者权益三个方面综合反映自然资源的变化情况，这样才能更科学合理地监测自然资源价值的变动情况和科学评价政府政绩。从目前来看，一些学者对自然资源资产负债表的内涵与作用的把握与认识并不完全到位，将自然资源资产负债表仅仅理解为自然资源资产变动表。编制自然资源资产负债表应该注重按照会计学基本范式，提出较为清晰全面的编制方法（特别是自然资源负债和自然资源所有者权益的编制方法）以为基层政府实践提供更好的指导。

其次，没有哪一种自然资源资产负债表的编制方法是放之四海而皆准的，再精确的研究也只能提供一个总体的思路框架，各地要根据实际情况，大胆创新，根据本地特色编制，让自然资源资产负债表更好地发挥作用。例如，内蒙古在编制自然资源资产负债表时候，将草原资源作为一项独立的资源单独进行核算。草原是内蒙古最具特色的自然资源，内蒙古将其单独进行核算，可以更加凸显草原在内蒙古生态建设中的重要地位，更好地保护草原。

最后，研究自然资源资产负债表的顶层设计时，编制方法要清晰可操作。从目前来看，各地的探索更多地局限在各管理部门负责监管的自然资源变化统计上，基本上处于调查摸底阶段，离分析核算进而提出自然资源资产负债的相关审计方法还有较大距离。很多地方都在等待中央的顶层设计方案，期待国家给予地方探索以指导，同时希望国家出台的方案应该不要过于烦冗，以方便地方操作实施。

目前，国内外还没有形成比较统一、标准、成熟的自然资源统计核算方法体系。以会计视角编制自然资源资产负债表还是采用国民经济核算体系或统计报表形式？还没有达成共识。从见诸媒体的报道和各地的实践来看，中央层面倾向于主要采用会计核算体系编制、而地方政府更倾向于统计报表体系，相对简单易操作。因此，结合这两方面的思路与需求，在编制过程中兼顾会计学基本原则与国民经济核算体系基本方法，让研究成果尽可能的有实际意义。

第六部分　我国自然资源的存量情况与计价方法

要编辑自然资源资产负债表，首先要摸清我国自然资源的家底。我国自然资源的基本现状是总量丰富但人均占有量少。从总量上看，我国陆域面积辽阔，自然资源丰富。水能资源居世界首位；土壤种类多样，各类土地资源都有分；动植物资源丰富，是世界上野生动物种类最多的国家之一，北半球的全部植被在我国几乎都有分布；矿产资源种类丰富，品种齐全。但是从人均资源占有量看，情况却不容乐观，我国人口总数占世界的22%，耕地面积只占世界的9%，水资源占世界的6%，森林占世界的4%，石油资源占世界的1.8%，天然气占世界的0.7%，铁矿石储量不到世界的9%，铜矿不足5%，铝土矿不足2%，绝大多数资源人均占有量不足世界平均水平的一半。长期以来我国走的是一条"三高一资"（高成本、高污染、高能耗、资源型）发展道路，随着人口和经济的增长，我国资源环境紧张问题日益显现。下面简要介绍一下我国四类主要自然资源的基本情况。

一、四类主要自然资源的存量情况

（一）水资源概况

我国水资源分为海洋水域资源、陆地水域资源和水产品资源。海洋水域资源方面，按照国际法和《联合国海洋公约》，我国的领海面积达299平方公里，海洋水域辽阔。南海、东海、黄海与渤海纵贯热带、亚热带和温带，总面积达100多万平方海里，其中大陆架面积43万多海里，约占世界大陆架总面积的23%。我国大陆架水浅底平，饵料丰富，是优良的天然渔场。陆域水资源方面，我国江河横贯，湖塘棋布。流域面积在100平方公里以上的河流有6万多条，面积超过1平方公里的天然湖泊达2800多个。淡水水域总面积约2000万公顷，其中可养殖水面约560万公顷。还有沼泽4.47亿公顷，稻田0.25亿公顷。我国淡水水域大部分水温适宜、水质较好、饵料丰富，适合多种水生生物生长，是世界上发展淡水养殖条件较为优越的国家之一。水产品资源方面，我国有海洋鱼类资源1500多种，淡水鱼类800多种。海洋鱼类中，年产量在千吨以上的约有40~50种，年产量在万吨以上的约有10多种。大黄鱼、小黄鱼、带鱼和乌贼是捕获量最多的四种。淡水鱼类中，青、草、鲢、鳙、鲤具有适应性强、生长快、个头大、食物链短等特点，是我国普遍养殖的五大淡水鱼。我国地势西高东低，跨越温、寒、热三大气候带，气候复杂多样，水资源特点鲜明。

（1）总量大，但人均占有量少。我国年降水量约6万亿立方米，其中地表水资源总量约3万亿立方米，河川径流量居世界第六位（少于巴西、俄罗斯、加拿大、美国和印度尼西亚），占全球总径流量的5.6%。但我国人均水资源拥有量不到2700立方米，仅为世界平均水平的1/4，因而，我国也是一个水资源极其匮乏的国家。全球耕地亩均水资源量为2300立方米，我国只有1700立方米/亩，水资源不足成为制约农业发展的最大因素之一。

（2）河川径流量大，但地区分布严重不均衡。我国每年的降水只有大约44%形成径流，其余被植物蒸腾、土壤和蒸发消耗。全国河川多年平均径流总量约为2.7万亿立方米，折合为年平均径流深仅284毫米，属世界较低水平。水资源地区分布很不均衡。长江流域及长江以南耕地只占全国总耕地的35%，拥有的径流量却占全国的80%，黄淮海三大流域地区的耕地占全国的40%，径流量却只占全国的6.6%。长江流域每亩耕地平均占有水量达2900立方米，黄河流域为220立方米，相差10倍以上。

（3）降水分布不均匀，旱涝灾害频发。我国多数地区受季风气候影响，降水各年分布变化大，可靠性小，旱涝灾害交替出现，灾害威胁较大。降水越少的地区，降水变化率越大，降水越多的地区，降水变化率越小。降水最大和最小的比值，在南方为1~2倍，在北方为3倍以上，其中以华北平原和黄土高原变化率最大。

（4）雨热组合同步，适宜农业生产。我国东部大部分地区处于温带季风区，夏季潮湿多雨，冬季干旱无雨，正好与农作物的生长规律相吻合。河川径流也基本与降水同步，夏季径流量较大，冬季较少，有利于农业灌溉。东北和华北地区，每年有春夏两个汛期，对于缓解这些地区的春旱具有很大作用。西北阿尔泰山、天山、祁连山地区河流主要靠冰雪融水补给，也是夏季较多冬季较少，适宜该地区的农业发展。

我国水资源本就人均占有量少，后备资源不足，多年来对水资源的不合理开发利用进一步加剧了水资源的生态破坏问题。

（1）水利工程对渔业资源破坏严重。兴修水利、修筑堤坝固然有利于农业生产，但是不经过科学合理的评估论证，盲目修筑坝会阻隔洄游性鱼进出的通道，破坏了鱼类原有的生存环境，导致鱼类资源受到严重损害。有关资料显示，梁子湖、洪湖、巢湖、泊湖、洪泽湖等湖泊20世纪50年底的平均鱼产量为4.5万吨，建闸后下降为1.4万吨，减少了70%。

（2）围湖造田破坏水资源。据不完全统计，1949年以来被围垦的湖泊面积约133.3万公顷，约占湖泊总面积的1/4。内蒙古的乌梁素海1967年前有水面6万公顷，现仅剩原面积的1/5，平均水深只有0.67米，几乎濒于消失。大面积围垦导致湖泊的生态调节功能受到严重干扰，破坏了水域生态系统，大大降低了湖泊抗御旱涝灾害能力，而且一旦围垦将难以恢复。

（3）水污染严重，影响生产生活。根据水利部门统计，目前我国每年的污废水排放量高达600亿吨，其中大部分未经处理直接排入江河或渗入地下，不但造成鱼类受到严重污染，甚至绝迹，还使人类的正常饮用受到严重影响，危及人类健康。每年大规模发生的赤潮就是因为大量排放废水，导致海水富营养化，任其发展下去，赤潮海域将没有底栖生物可以生存，造成近海海底"荒漠化"。

（4）水资源利用率低。我国的水资源大多是单一利用，利用率很低。我国水库还有66.67多万公顷的可养殖面积没有被利用，已利用的133.3万公顷的鱼产量也很低。目前，我国水域的利用率分别为池塘70.8%、湖泊26.3%、河沟34.2%、浅海滩涂10%，且它们大多数都是单一的渔业开发，综合利用程度低。

（5）水资源可持续利用程度低，政府监管缺位。渔业开发突出问题是酷渔滥捕，炸鱼、偷鱼、毒鱼、电鱼等严重破坏生态的捕捞方法屡禁不止，海洋鱼类只捕不养，捕捞效果逐年下降，如今渤海、东海近海等地已经很难再有大量捕获，渔民只能冒险赴远海捕鱼。淡水捕捞产量也从20世纪50年代末的66万吨下降到目前的40多万吨，减少了1/3。

（二）土地资源概况

我国土地总面积960万平方公里，占世界陆地面积约1/15，占亚洲面积的1/4，仅次于俄罗斯和加拿大，居世界第三位。我国幅员广阔，地形多样，山地占33%，高原占26%，盆地占19%，丘陵占10%，平原占12%，大部分地区位于中纬度地带，光热条件优越，为因地制宜全面发展农、林、牧、副、渔业生产提供了有利的物质基础。我国土地资源利用类型结构，耕地20.27亿亩，占国土总面积的将近15%，林地45.6亿亩，占31.6%；草地40.2亿亩，占28.1%；

自然资源资产负债表的编制与应用

城乡居民点及工矿用地1.7亿亩，占1.2%；道路1.2亿亩，占0.81%；河渠2.4亿亩，占1.7%；湖泊水库1.8亿亩，占1.24%；沙地9亿亩，占6.3%；冰川及永久积雪0.8亿亩，占0.56%；裸地1.3亿亩，占0.93%；石山17.7亿亩，占12.4%；戈壁11亿亩，占7.7%；沼泽0.5亿亩，占0.4%；沿海滩涂1699万亩，占0.15%；岛屿（不含台湾岛与海南岛）566万亩，占0.61%；其他4.8亿亩，占3.30%。

全国共有农用地64616.84万公顷，其中耕地13516.34万公顷（20.27亿亩），林地25325.39万公顷，牧草地21951.39万公顷。第二次全国土地调查的耕地质量等别成果显示，全国耕地平均质量总体偏低。优等地面积为385.24万公顷，占全国耕地评定总面积的2.9%；高等地面积为3586.22万公顷，占全国耕地评定总面积的26.5%；中等地面积为7149.32万公顷，占全国耕地评定总面积的52.9%；低等地面积为2386.47万公顷，占全国耕地评定总面积的17.7%。

总体来看，我国土地资源的特点如下：

（1）国土辽阔，居世界第三位，但是人均土地面积少，人均耕地面积处于世界最少国家行列。虽然国土面积广阔，但是平均人口密度约为每平方公里118人，是世界平均人口密度的3倍。东南沿海一些省市的人口密度甚至超过了每平方公里600多人。截至2012年底，我国耕地数量20.27亿亩，人均耕地面积1.52亩，只占世界人均耕地（3.75亩）水平的一半不到。

（2）土地种类多样，土壤类型齐全。我国东西横跨滨海湿润区、半湿润区、内陆半干旱区、内陆干旱区，干旱地区土壤到湿润地区的土壤类型齐全，南北跨热带、亚热带、温带、寒温带，地形由东向西呈三级阶梯分布，海拔从50米以下到8000米以上，地貌复杂，山地、林地、平原、盆地等地形地貌品种齐全。全部国土的2/3为山区，平地面积仅占1/3；全国1/3的农业人口和耕地位于山区。这种地形条件对我国农林牧业生产非常不利。

（3）土地资源地区分布不均匀，耕地质量差。以400毫米等降水量线为界，可将国土划分为面积大致相等的两大部分。这条等降水量线大致由黑龙江省漠河起，经黑蒙交界、蒙冀交界、蒙陕交界、陕甘交界、川陕交界到川滇交界止，习惯上称为"漠河—腾冲"线。受季风气候的影响，"漠河—腾冲"线两侧差异十分显著，东南部为湿润和半湿润区，靠近沿海，雨量相对充沛，年降水量变动大于400毫米，90%以上的耕地和内陆水域分布"漠河—腾冲"线在东南部区域。西北部远离海洋，降雨较少，多数地区小于400毫米，为干旱和半干旱区。两块区域面积大致相同，湿润区域占国土总面积的30%多，半湿润区占国土总面积将近20%；半干旱区域占国土总面积的20%，干旱区域占国土总面积的30%。季风气候的另一个重要影响是雨热同期，作物生长最活跃的时期也是全年降水量最丰富的时期，非常有利于农作物生长，"漠河—腾冲"线东南部地区历史上就是我国农业比较发达的地区。目前，这一地区也是我国经济较发达和人口密度较高的地区。"漠河—腾冲"线西北部地区，干燥少雨，生态脆弱，很多地区需要退耕还林还草。这一区域经济发展水平相对较低，历来是欠发达地区，生态环境保护与经济发展的矛盾较为尖锐。从耕地质量看，我国几乎所有的传统农垦区都面临土壤肥力下降的问题，目前除了黑龙江黑土区域、黄河中下游平原、江汉平原等少数区域还保持比较高的土壤肥力以外，其他多数传统农垦区耕地质量下降严重，土壤盐碱化、板结、酸化、化肥农药污染等问题非常严重，单产提高能力非常有限。

（4）大量土地开发利用难度较大，后备土地资源严重不足，尤其是可开垦的后备耕地已经很少。目前已利用的土地已经达到100亿亩左右，超过2/3的国土面积得到开发，剩下1/3基本都是难以利用的土地，如戈壁、沙漠、冰川、冻土、雪山、盐碱地等。我国自古以来就是农业社会，农耕文明发达，土地肥力很早就得到开发，能开垦的土地绝大多数已被开垦，尚未利用的可利用地资源已经非常有限，而且大多数处于地形复杂区域，开发成本过高。据农业部统计，我国目前具有开采价值的后备土地资源只有不到20亿亩，其中可用于种植农作物的只有大约2亿亩，其他多数只能用于牧业或林业等经济效益较低的产业。具有开垦为农用地的2亿亩未利用地主要分布在新疆、内蒙古、甘肃等地，远离经济发达地区，即使开垦为农用地，由于运费过高，开垦的经济效益也很难体现。而且在现有技术条件下，最多只能开垦出1亿多亩的耕地，人均面积不足0.1亩。此外，目前还有部分可复垦的工矿废弃地和农村废弃居民点，但可复垦为耕地的潜力不大。还有约1亿亩荒地在西南山区零星分布，开垦难度大，只适用于发展经济林木。今后十年内，我国能够开发利用的未利用地不超过2亿亩。

（5）土地资源产出效率低，低效用地现象非常普遍，人地矛盾十分尖锐。我国土地资源利用程度低主要表现在土地闲置、批而未供、供而未用、使用水平较低等方面。农业方面，我国农业的单产比发达国家平均低100公斤左右，一方面土地精工细作严重不足，另一方面大量使用化肥农药导致土壤板结、耕地退化严重。在非农建设方面，我国建设用地的使用效率也非常低下。目前我国很多地区单位面积工业用地的产出只有不到1亿元，中西部一些地方甚至更低；城镇建设用地闲置率达到40%以上，城市用地人均达到133平方米，超过我国人均控制面积100平方米的30%，远高于发达国家的水平；农村居民人均用地面积接近200平方米，比人均150平方米的控制面积高出30%以上；各地均不同程度地存在建设用地多征少用，闲置浪费的问题，据统计，2010~2015年，全国批而未供土地达1400万亩，共闲置土地110多万亩，占建设用地总面积的不到5%，其中耕地95万亩,占闲置土地总面积的一半以上,大约有一半以上的闲置耕地已无法耕种。近年来农业科技取得突破性进展的并不多,单产提高缓慢,稳定粮食产量主要还是依靠保持一定的耕作面积。从长远目标来看,土地资源是多用途的稀缺资源,最大限度地有效使用土地是我国的基本国策,为了保障人民基本生活,耕地保护是我国的一项重大国策。

(三) 森林资源

我国是森林资源大国,全国森林面积2.08亿公顷,森林覆盖率21.63%。活立木总蓄积164.33亿立方米,森林蓄积151.37亿立方米。天然林面积1.22亿公顷,蓄积122.96亿立方米;人工林面积0.69亿公顷,蓄积24.83亿立方米。森林面积和森林蓄积分别居世界第5位和第6位,人工林面积居世界首位。从权属结构看,按照土地权属划分的林业用地包括集体林地9944.37万公顷,占总林地57.55%;国有林地为7334.33万公顷,占总林地的42.45%。按照林木所有权划分,国有林权为7300万公顷,占42%左右;集体林权6500万公顷,约占38%;其余为个体所有,约为3500万公顷。现有的未成林造林地中,个体林权占比更高,约为40%以上。各类森林按照用途又可以分为用材林、防护林、薪炭林、特用林。用材林面积7000万公顷,蓄积量89亿立方米,防护林面积5500万公顷,蓄积量为55亿立方米,两者合计分别占总面积和总蓄积量的42.81%和53.97%;薪炭林面积300多万公顷,蓄积5627万立方米;用材林面积将近8000万公顷,蓄积551241.94万立方米。从龄组结构看,过熟林面积976.99万公顷,蓄积量238412.91万立方米;成熟林面积1714.79万公顷,蓄积301660.98万立方米;近熟林面积1998.73万公顷,蓄积224550.99万立方米;中龄林面积4964.37万公顷,蓄积342572.18万立方米;幼龄林面积4723.79万公顷,蓄积128496.6万立方米。幼中龄面积所占比重较大,幼龄林、中龄林面积占67.85%,占蓄积的38.94%。按树种结构看,马尾松、落叶松、桦木、栎类、杉木是我国传统的五大优势树种(组),面积和蓄积占比最大,面积合计7000余万公顷;蓄积量合计45亿立方米,达到总蓄积面积的38.15%。按树种比例划分,阔叶林、针叶林、针阔混交林的面积比为50:47:3。在我国将近全面停止天然林采伐之际,我国森林面积和蓄积量有了稳步提高,树木的年均生长量达到3.5立方米,平均郁闭度超过了0.5,平均胸径达到14厘米。

从分布状况来看,我国林业资源的自然分布范围大体以年均400毫米等降水量为界,从大兴安岭西坡沿太行山直到西藏东部为止,把全国分为两个区域。此线西北部主要是蒙新山区针叶林区,此区域内干旱少雨、地势较高,除一些高山地带常有垂直森林分布外,广大地区均为少林草原荒漠区。400毫米等降水量线的东南部主是青藏高原东部高山针叶林区，此区域由于气候温暖湿润，是我国主要的宜林区，古代曾到处是茂密的森林，经过几千年的垦殖及其他种种原因有的变为良田，有的成为荒山、秃岭，宜林区内森林资源已经很少。

从大兴安岭北部山地起向南到赤道热带的南沙群岛、中热带的海南岛、边缘热带的台湾、广东的雷州半岛和云南的西双版纳等地，依次划分为六个森林地带，即寒温带针叶林带、温带针叶林和落叶阔叶混交林带、暖温带落叶和阔叶林带、北亚热带常绿阔叶和落叶混交林带、中南亚热带常绿阔叶林带、南亚热带和热带季雨林及雨林带。

进入21世纪以来，生态文明建设受到社会各界的日益关注，林业保护与开发管理的水平明显提高，党和政府从生态文明建设的战略高度关注林业建设，在森林资源保护方面做了大量工作并取得了一定成绩，特别是2000年我国开始正式实施天然林保护工程以来，林业发展已初见成效：①植被得到了一定恢复与扩大。2000~2015年，全国森林面积增加了将近2000万公顷，森林覆盖率提高了3个百分点，达到了20%左右。②森林资源出现增大于消势头。林木每年的增长量接近5亿立方米，相比每年3.65亿立方米的采伐消耗量，年增长量超出采伐量1亿多立方米，连续多年保持了增大于消的势头。③森林蓄积水平有了明显增加。从2000~2015年，我国活立木总蓄积量每年增加约0.7亿立方米，15年间增加了超过11亿立方米，森林蓄积量每年增加约2亿立方米，15年间增加了超过9亿立方米。④森林结构趋于合理。2015年，防护林面积达到5744.36万公顷，特用林面积达到683.42万公顷，两者合计占总森林总面积的44.34%，比2010年上升了20个百分点；用材林面积7628.58万公顷，占森林总面积的55%。⑤树木质量不断改善。2015年每公顷株数比2010年增加了83株，每公顷蓄积量增加了2.94立方米。龄组结构、树种结构呈现可喜变化，近熟林和中龄林面积占比提高2.8个百分点，阔叶林和针阔叶混交林面积占比增加了3.3个百分点。⑥多种所有制经济在林业产业中都有所发展。2015年，非公有制林场面积占全国林场总面积的比重达到21%，非公有制森林蓄积比例达到7.27%，在未成林造林地中，非公有制造林地的比重已经接近50%。

虽然我国森林资源被过度采伐的现象得到了有效遏制，植被有所恢复，对保护生态多样性做了很多工作，但仍然有一些不容忽视的问题需要面对，主要表现在以下几方面：①人均森林资源占有量仍处于世界较低水平。我国森林覆盖率只有世界平均水平的60%多一点，人均占有森林面积只有不到0.15公顷，在世界排名100位以后，不到德国的1/8和日本的1/6，只有世界平均水平的1/4左右，处于全球第129位。2014年，人均森林蓄积量勉强到达10立方米，仅占世界平均水平的1/6，处于世界第120位。②森林质量不高。2014年，全国每公顷蓄积量只有89.79立方米,不足日本的1/2、德国的1/4,只占世界平时水平的83%,居世界第84位。由于林木龄组结构不合理,我国次生林和中幼林占比较大,将近一半树木的胸径不足10厘米。人工林经营水平较低,树种较为单一,抗病虫害能力差。③森林资源分布不均衡。我国森林多数分布于东北大兴安岭地区、西南山区,并在南方一些省份有零星分布,这些地区降雨充沛、气候湿润,森林覆盖率平均在40%以上,东部其他地区森林覆盖率总体也能达到30%以上,西北地区干旱少雨,森林覆盖率较低,平均不足14%,陕西、甘肃、宁夏、青海、新疆五省(区)占国土面积32.19%,森林覆盖率却不到5%。④林地流失问题依然严峻。近五年来,已有1010.68万公顷林地被征占为其他用地,已经有370万公顷的林地被征占为其他用地,每年有74万公顷的林地消失。⑤林业经营管理水平有待提高。总体来看,群众保护森林的意识还不够高,政府的保护手段也比较单一,针对乱砍滥伐等破坏森林的行为处罚较轻,林业企业经济效益普遍不佳,经营管理方式粗放,林业发展缺乏长远规划,林业科技水平较低,林木偷采乱采现象依然屡禁不止。一方面我国的可采资源严重不足,另一方面乱采滥伐现象仍未得到有效遏制,全国每年有超过7500万立方米的林地被超额采伐。⑥森林的自我修复和生态恢复功能较为脆弱。由于过去长年被乱砍滥伐,我国森林生态系统普遍处于失衡状态,野生动植物多样性受到了很大破坏,生态系统的自我恢复功能还非常脆弱,林木产品产量与社会需求之间的矛盾仍非常尖锐,保护和发展森林资源还有很多工作要做。因此,我国加大保护和培育森林资源的力度决不能减弱,植树造林的力度不能削减,加强林地保护的决心要进一步加强。

(四)矿产资源

我国地域辽阔,地质构造复杂,成矿环境优越,矿产种类齐全。目前在我国领土上发现的矿床和矿化点多达20多万个,勘查探明的矿区2万多处,其中规模达到大中型以上的7000余处。从已探明的矿产资源潜在价值看,我国居全球第三位,仅次于俄罗斯和美国,是世界上少数几个矿产资源丰富、种类齐全的国家之一。

1. 我国矿产资源储量状况

(1) 能源资源

我国既是能源消费大国也是生产大国和储量大国。能源资源种类齐全、资源丰富、分布广泛,特别是矿物质能源在我国一次能源中占绝对主导地位。煤、石油、天然气占世界的一次能源消费构成的90%以上,在我国能源消费构成的比例更高达95%。我国煤炭资源是能源矿产资源中最具优势的资源,已探明的保有储量约为2300亿吨,位于俄罗斯和美国之后,居世界第三位。我国的石油资源的储量也较为丰富,分布较为广泛,探明储量约为180多亿吨。我国的天然气前景储量丰富,在全国多个石油盆地和煤盆地都勘探出较为可观的天然气储量。据预测,我国天然气远景资源量约有70万亿立方米。我国原来是一个铀矿资源并不丰富的国家,但随着内蒙古大营铀矿等一批大型铀矿的发现,我国铀矿储量有了很大提升,为我国核能发展奠定了雄厚基础。

(2) 黑色金属矿产资源

我国黑色金属储量较多,种类也较为齐全,但是质量较差,品位较低,或伴生元素较多,综合利用难度较大。铁矿很多属于贫矿,锰矿也是贫矿多富矿少,碳酸矿较多,氧化矿较少,而且很多分别占西部边远山区,开采难度较大。

(3) 有色金属和贵金属矿产资源

我国很多有色金属的储量和产量均位居世界前列,有色金属资源品种齐全、资源丰富,是我国重要的优势资源。我国一国的钨储量是世界其他国家储量总和的3倍以上,锑的储量接近世界储量的45%,铜、铝、镍、铅等储量也较为丰富,开发利用前景广阔。我国贵金属探明储量总体较少,除金矿外,其他矿种多为伴生矿产,开发利用难度大。

(4) 稀有、稀土和分散元素矿产资源

我国稀有、稀土和分散元素种类十分齐全,很多资源已探明储量居世界前列,特别是稀土元素占世界的23%以上。不过我国此类元素多数品位不高,且多为伴生矿,选冶难度大。

(5) 化肥、化工原料等非金属矿产资源

我国磷、硫等化肥矿产资源较为丰富,磷储量居世界第二,不过分布很不均匀,南方要远远多于北方,且多是贫矿。硫矿的储量分布情况与磷矿大致相同,也是富矿比例较少,选冶难度大,开采不经济。因此,仍需大量从国外进口。我国的钠盐、芒硝等探明储量和潜在藏量都较为可观,开发利用的前景较为广阔。重晶石和化工石灰岩目前探明藏量不多,但远景储量很丰富。硼资源丰富,居世界首位,钾盐短缺,天然碱也不充足。

(6) 冶金辅助原料非金属矿产资源

萤石和菱镁矿储量丰富,居世界首位,但很多被出口,留在国内就地转换的不多。溶剂石灰岩和白云岩分布广泛,品位较高,质量也较优越。此外,耐火黏土和硅石等资源也较为可观。

(7) 建材及其他非金属矿产资源

我国丰富的建材及其他非金属资源为我国建筑业及相关产业的发展奠定了坚实的基础。石膏、滑石、膨润土、石墨、大理石、珍珠岩、蛭石、水泥原料等都很丰富,石棉和云母储量也较多。但是,金刚石资源非常稀缺,宝石资源不多。

总体看来，我国矿产资源的储量特征如下：

我国资源储量居于世界前列的主要有：稀土资源、钨、钼、钛、锡、钒、钽、石膏、芒硝、膨润土、菱镁石、石墨等。这些矿产资源我国的人均占有量均超过了世界人均占有量。汞、萤石、硫、磷、铌、石棉、铍、石棉等资源，我国的人均储量与世界平均水平大致相当，总储量在世界排名靠前。我国具有前景储量较大的矿种主要是铝土矿、高岭土、锌、耐火黏土等，虽然这些矿种目前储量较少，人均拥有量偏低，但是前景储量较大。储量和产量不足以补充国内需求的资源主要有铁、镍、锰、铜、铅、金、银、硼等。这些矿产资源已探明储量并不能满足国内需要，需要大量从国外进口，人均拥有量较低。储量短缺严重的矿种有：金刚石、铬、铂、天然碱、钾盐等资源，这些矿种我国储量严重不足，人均占有量处于国际的很低水平，资源缺口较大。

2. 我国矿产资源的分布情况

（1）黑色金属的分布

铁矿：全国目前探明的铁矿区有 1800 处左右，其中河北、辽宁、四川三省储量占总产量的 50% 以上，此外山西、内蒙古、湖北、安徽等省区铁矿资源储量也较丰富，但我国的铁矿以贫铁矿为主，贫铁矿占全部铁矿资源的 98% 以上。

锰矿：我国锰矿资源非常丰富，保有量位居世界第三，基本可以满足钢铁工业发展的需要。但是，我国锰矿总体质量偏低，多数属于贫矿，富矿占比不足 10%，选冶难度较大。锰矿主要分布在辽宁、四川、云南、贵州、湖南、广西等地。

铬铁矿：我国铬铁矿已探明的储量不多，但是已探明储量中富矿占比一半以上，矿产质量较好。主要在甘肃、西藏、内蒙古、新疆等西部地区分布，不过多数需求需要依靠进口解决。

钒矿：我国是全世界著名的富钒国，总产量占世界的 50% 以上，而且较为集中，主要分布在四川的攀枝花—昌西地区。

钛矿：我国钛资源较为丰富，为我国航空航天事业的发展提供了重要支撑。我国钛矿，主要以钒钛磁铁矿形式赋存，集中在四川的攀枝花—昌西地区。

（2）有色金属的分布

铜矿：我国铜矿探明储量仅次于智利和美国，储量居世界第三位，在除天津以外的全国各省区均有分布。虽然我国铜矿储量丰富，但仍不能满足国内经济发展需要，每年仍要进口大量的铜精矿和铜。

铝土矿：我国铝土矿储量非常丰富，铝产量位居世界第六，探明储量超过 10 亿吨，主要分布在山西、河南、贵州、广西等地，储量占全国的 85% 以上。

铅锌矿：我国铅锌矿储量十分丰富，保有量位居世界第一。在江西、广西、四川、甘肃、湖南、广东、内蒙古、云南等地均有分布。

金矿：我国金矿储量并不丰富，只有世界的6%左右，且一半以上处于伴生金矿。我国金矿主要分布在河北、江西、吉林、河南、黑龙江、山东等地。

（3）稀有、稀土金属的分布

我国稀有、稀土金属资源丰富，多种资源储量居世界前列，集中分布在北方的内蒙古、山东，南方的江西、贵州、湖南等地。

主要非金属矿产资源的分布状况如下：

磷矿：磷矿主要分布区在贵州、四川、湖北、云南、湖南等地，总储量占全国的70%以上。

硫铁矿和硫矿：硫铁矿和硫矿分布较为广泛，除了东北、西北储量较少外，其他省份储量均较为丰富。特别是广东、重庆、四川、河北、内蒙古等地储量尤其丰富。

钾盐：我国钾盐储量较为贫乏，探明储量远远不能满足于发展钾肥工业的需要，我国钾肥大量依赖进口。仅有的钾肥资源主要集中在柴达木盆地察尔汗的盐湖，储量占到全国的94%左右。

盐矿：我国目前有58处盐矿，总储量1000亿吨以上。特别是柴达木盆地的储量占全国总储量的65%左右，东部沿海的广阔滩涂也为晒制海盐提供了丰富资源。

硼矿：硼在现代工业中应用十分广泛，我国硼资源分布高度集中，辽宁、青海和西藏三省区的总量占到全国的95%以上。

砷矿：我国砷矿主要集中在广西、湖南和云南，三省合计占到全国总储量的72%。

水泥原料：我国水泥原料在全国均有分布，保有储量至少在280亿吨以上。

石棉资源：我国石棉资源主要分布在河北、河南、新疆、青海、四川等地。

云母矿：主要集中在内蒙古、新疆、四川等地。

石墨矿：石墨是我国重要的优势资源，主要分布在黑龙江、内蒙古、湖北等地。

滑石：我国滑石矿质良好，储量丰富，辽宁、山东、广西三省居全国前三。

金刚石：我国金刚石储量、产量都非常稀少，主要在湖南、辽宁、山东等地有所分布。

3. 我国矿产资源开发利用情况

改革开放以来，我国在矿产资源开发利用方面取得了显著成效，建立了比较完善的产业体系、齐全的产品门类，资源行业已成为国民经济的重要组成部分，为我国经济的高速增长提供了重要支撑与保障。目前，矿产资源为我国提供了95%的一次性能源、80%的工业原料、70%以上的农业生产资料。矿产资源采掘和加工行业一直是我国经济的重要支柱,我国电解铝、钢铁、水泥、煤炭等产量多年来居于世界第一。但是,仍存在很多不可忽视的问题:

(1) 矿产资源开发管理体制不健全

1982年,我国陆续颁布了《矿产资源法》、《煤炭法》、《矿山安全法》、《矿产资源实施细则》、《矿产资源勘查区块登记管理办法》、《探矿权采矿权转让管理办法》、《地质资料管理条例》等法律法规,虽然矿产资源管理方面的法律法规较多,在实际工作中,仍存在很多有法不依、执法不严的现象。不少地区矿产资源存在私挖乱采和资源浪费,加剧了矿产资源的消耗。一些地方政府为了片面追求经济发展,招商引资,不惜扭曲资源价格体系,低价或无偿转让资源,助长了企业只开发不保护的行为。

(2) 开采效率不高

首先是采选回采率偏低,共伴生矿的回采率只有30%~50%,个别的小矿山仅有百分之几。另外,我国资源综合利用率低,稀有金属矿产中大量非金属部分在开采过程中被舍弃。工业生产中矿石生产率低,单位GDP矿物原料消耗远高于世界平均水平,甚至高于印度、巴西等国。

尾矿、废石、废渣等二次资源回收利用率较低,总的回收利用率仅相当于世界平均水平的1/4~1/3。除了少数大型矿山外,多数矿山的围岩、尾矿、废渣等不但没有被有效利用而且被随意丢弃污染了环境。

(3) 资源规划和开发使用不当污染了环境

矿产资源规划和其他规划缺乏协调性,资源开发随意性大,许多有用矿产被当作"三废"丢弃,既浪费了资源又污染了环境。钨、锡、稀土等优势资源很多未经深加工,以原材料形式被大量出口到国外,导致我国这些优势资源下降迅速,稀土资源已经从占世界70%以上下降到目前的23%,同时大量资源被廉价卖到国外,其蕴含的经济价值被浪费。

二、自然资源的计价方法简介

核算自然资源的价值,除了要搞清楚自然资源的储量还需要对单位自然资源进行计价。即使在技术高度发达的今天,对一些自然资源的估价也是个棘手的问题。对于有明确市场价格的自然资源,首选的方法当然是按市场价格,但是很多自然资源没有明确的市场价格或者即使有价格,也不能代表该自然资源的全部价值,这就需要采用其他估价方法。

（一）不可再生资源的计量模型

以矿产资源为代表的不可再生资源，一般都有比较明确的市场价格和成熟的价格计算公式。根据不可再生资源的特点，主要有以下几种计价方法。

（1）直接市场法

因为多数矿产资源具有明确价格，矿产资源应用的比较多的是直接市场法。直接市场法是指将矿产资源的五种市场价格的直接加总，就是矿产资源的总价格。五种价格主要包括：一是矿产资源的权益价格，即获得某一种矿产资源的采矿权所付出的价格；二是资源消耗的生态补偿，矿产资源补偿费是采矿企业在采矿时必须缴纳的一笔费用支出；三是生态环境的补偿成本，矿业开采必然会对周边的生态环境造成影响，因此消除这些影响的开支就包括到了矿业价格中；四是勘探费用，指的是矿产资源在开采前，勘查该矿产资源所花费的成本；五是勘查矿产资源的相关权益，包括探矿权，以及需要经过一定条件获得的采矿权。用公式表述如下：

$$P_z = P_d + H_p + H_b + P_p + K_j$$

其中，P_z 为矿产资源的权益价格；P_d 为资源消耗的补偿；H_p 为生态环境的补偿成本；H_b 为勘探费用；P_p 为勘探耗费的费用支出；K_j 为获得探矿权与采矿权成本支出。

矿产资源的价格 P_d 按照下列公式计算得出：

$$P_d = \frac{1}{n} \sum_{i=1}^{n} (P_{y_i} - S_{g_i} - S_{k_i}) \times (C_{p_i} - C_{O_i}) Q_j$$

其中，n 为不同该矿产品级（品位）数；P_{y_i} 为该矿石不同品位的单价；S_{g_i} 为矿石的开采成本；C_{p_i} 为该矿体的矿石平均品位；S_{k_i} 为该矿石的勘查成本；Q_j 为该矿产探明的可采储量。

（2）收益现值法

这种方法与直接市场法法非常相似，区别是这种方法将超额收益纳入评估范畴。矿石品位各有不同，高品位矿石能够获得超出低品位矿石的超额级差收益。在收益现值法下，将级差收益折现，则矿产资源的净值 P_z 就可以用下式计算：

$$P_z = \frac{1}{n} \sum_{i=1}^{n} (E_{p_i} - S_{j_i} - Y_{s_i} - Y_{q_i}) \times (1 - \alpha) \times \frac{1}{(1+r)^i}$$

其中，E_{p_i} 为年销售总收入；Y_{s_i} 为资源税金；S_{j_i} 为年经营成本；Y_{q_i} 为其他税金；α 为部门平均收益率；r 为适用折现率；n 为计算年限。

（3）参照物价格法

参照物价格法就是以一种矿产为参照物，按照一定折算系数，将不同种类的矿产资源价格折算为该类矿产资源价格，然后按照不同的品味，将矿产资源进行一定的折算，将不同品位的矿石折算为某一标准品位的矿石，再按照这种资源价格来表示其他资源价格的方法。这种方法听起来比较简单，但合适的参照物往往很难寻找，并且倘若没有标准自然资源、没有交易市场时，要获取标准资源的市场价格也非常困难。用这种方法计算矿产资源的价格公式如下：

$$P_z = P_x \times \beta \times r$$

其中，P_x 为参照物资源资产价格，β 为规模调整系数，r 为品位调整系数。

（二）可再生资源的计价模式

可再生资源分两类：一种是自由取用资源，按照市场经济理论，自由取用资源没有价格；另一种是稀缺性资源，随着人们生活水平的提高、环境的破坏，一些曾经属于自由取用的资源变得稀缺了起来，资源一旦变得稀缺就有了计价的必要和可能。可再生资源主要包括大气资源、生物资源、水资源和土地资源等。可再生资源的估价方法主要有：

（1）收益现值法

即将今后若干期的一种资源的收益减去其获取的成本后的净值，按照贴现法，折算到当期。该方法主要适用于具有明确价格，而且可以直接进行市场交易的资源。其计算公式如下：

$$A_p = \left[\frac{B_t - C_t}{(1+r)^n} - P_h \right] + H_a$$

其中，A_p 为可再生资源的估价值；B_t 为时期 t 期中的销售价；C_t 为在时期 t 期中的生产成本；H_a 为保护性补偿费用；P_h 为初始时期的投资；t 为可再生资源的生长期或恢复期。

（2）种植轮作最高收益法

这种方法主要适用于农用地价值的核算，因为农用地最主要的作用就是种植农作物。但是土地一旦种植了一种作物，就不能再种植其他作物，这就是土地的机会成本。因此，种植轮作最高收益法就是将最高的机会成本作为土地的收益，再将若干年的土地收益用贴现法折算到当期，就是农用地的价格。计算公式如下：

$$B_b = \sum_{i=1}^{n} \frac{B_t - C_t}{(1+r)^n} - P_h + H_a + K_o$$

其中，B_b 为可再生资源的轮作总净值，K_o 为体现再生资源生长地中的资本化时期 o 的价值，$i = 1, 2, 3, \cdots, n$，n 为农用地种植作物的种类。

（3）成本加总法

指的是获得某一标准质量、标准数量的资源所需要付出的成本，然后将这个成本再加上一定的税费与利润,再将若干期的价值贴现就是它的价格。以林木资源为例,种植标准质量和数量的林木所需要的成本,再加上税金和利润,然后进行贴现,就是林木估价。其计算公式如下:

$$T_n = K \times \sum_{i=1}^{n} \frac{[(F_i - R_i)(1 + L)^{n-i+1}] \times (1 - P)}{(1 + C)} + L_r \times \left[\frac{(1 + L)^n - 1}{L}\right]$$

其中,T_n 为人工用材林的资产估价值;K 为修正系数;P 为营林成本利润率;L 为利率;R_i 为第 i 年的收支差额;F_i 为在被估价林木上第 i 年的投入费用;C 为税率;L_r 为年林地使用费;i 为年龄序列,i = 1, 2, 3, …, n 为估价时的经营总年数。

运用上述方法对可再生资源进行估价时,可以根据不同的估价对象采用不同的估价方法。譬如,人工用材林就可以采用成本法、收益现值法。

(三) 生态环境资产的计量

生态环境本身没有明确的体积、质量,难以进行市场交易,价格计量缺乏数据支持,只能间接地对其价格进行衡量。目前,比较常用的方法主要有市场价值法、替代市场法和假想市场法三种。

(1) 市场价值法

市场价值法就是为了修复生态环境,或者让生态环境达到某一水平,所需要付出的成本。这种成本可以直接度量,能够比较直观地衡量生态环境的价值。缺点是这种方法不能全面衡量生态环境价值,只能反映其增值部分,准确性不强。该方法具体包括:

生产率变动法。环境状况的恶化必然会引起人们生产生活水平的降低,特别是生产率水平的降低,可以通过观察环境变化前后某一领域生产率的变化来核算资源环境价格。这种方法把环境质量也看作是一种生产要素,用生产率这一可观测的指标来衡量生态环境的变化。

预防支出法。人们为了防止生态环境受到破坏,必然会采取预防性措施,而这些预防性措施也要付出成本,这些成本也可以用于衡量生态环境的价值。例如,人们害怕水里有细菌病毒,就对其进行高温消毒,我们虽然不知道没有细菌的纯净水的价格,但是可以用高温消毒过程所需要的成本来作为其替代指标。

重置成本法。它是指因环境危害而损害的生产性物质的重新购置费来估算消除这一危害所带来的成本。采用重置成本法对环境资产进行评估时,必须首先确定环境资产的重置成本。但在利用重置成本法对环境损失进行评估时,通常很少对环境资产本身进行重置,而是将环境服务功能的重置作为评估的依据。如韩国对冲刷造成的土壤损失的恢复费用作为土壤价值的代表(如表 6-1 所示)。

表6-1 冲刷造成土壤损失的恢复费用

项目	单价（元/kg）	数量（kg）	费用（元）
土壤覆盖和扩充恢复养分			80700
氮	480	15.72	7546
磷	345	3.58	1235
钾	105	14.59	1532
有机物质	175	75.35	13186
钙	60	10.61	637
镁	1400	1.62	2268
使用费用	40	121.5	4860
合计			111964

市场价值法的宗旨在于通过核算生态环境价值的一部分（如生态环境的保护性支出等）来衡量其价格，因为在很多情况下，这一部分生态环境价值是明确、可计量的，所以，该方法的可操作性相对较强。

（2）替代市场法

一些资源与环境并没有事实上的交易行为，更没有价格，这些资源产品或服务的替代品具有价格。通过估算替代品的价格而评估某些资源产品或服务的经济价值，即通过模拟一种情景或还原一个相似的过程以让某种生态环境达到同样的效果需要付出的成本支出，这种方法就是替代市场法。例如，清洁的水源、清新的空气、未经污染的环境并没有直接的市场价格，必须要通过计量某种替代产品或服务的价格才能衡量其价值。该方法具体有以下几种：

1）旅行费用法。这种方法比较适用于风景名胜区的生态环境价值评价。因为，生态环境本身没有明确价值，但是却可以吸引人们付出一定成本来游玩。这时，环境资源价值的高度由旅行者愿意付出的成本所决定，用公式表示则为：

$Q = f(TC)$

其中，Q为环境资源的价值，TC为旅行费用。

2）工资差额法。在同等条件下，人们一般愿意选择在生态环境较好的地方工作，人们之所以会选择生态环境较差的地方，一般都是因为这里可以获得更高的收入，而生态环境较差地方的收入高出生态环境较好地方的部分就是对人们到环境较差地方工作的一种补偿，这种补偿一定程度上可以看作是生态环境价值的一种替代。

（3）假想市场法

对没有市场交易的产品和市场价格不能反映其全部价值的产品（如纯公共

品），还可以通过人为的设定某种场景来调查不同人对相同情况的不同价值评价，然后测算该种生态系统产品和服务的价值所获得的主观价值的平均数，这种方法的代表性方法有投标博弈法、比价博弈法、优先性评价法等。

（1）投标博弈法。顾名思义，这种方法类似于请若干个受访者对某种状态的生态环境做出估价，说出它在自己心目中的最大价值与最小价值，然后根据回答情况，建立消费者的支付意愿函数。通过这一意愿函数计算得出不同情境下，生态环境的价格。

（2）比价博弈法，就是请不同的受访者对某一生态环境做出主观的价格估计，然后告诉他们当生态环境发生变化后愿意支付的生态环境代价（或补偿），然后做出一个替代函数。根据替代函数确定某种场景下的生态环境价格。

（3）优先性评价法。让被调查者在不同的生活环境组合中进行选择，默认被调查者选择的是给自己带来最大的效用的组合，然后重新设计组合请被调查者进行选择，直至构成出被调查者的效用函数，再根据其他约束条件，确定消费者效益最大化的均衡值，这个均衡值上的生态环境价格就是均衡价格。

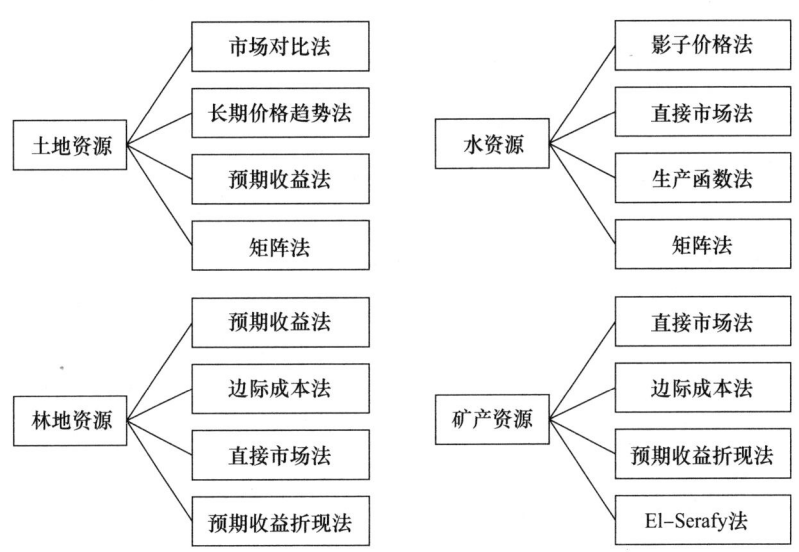

图6-1　几种有代表性资源的估价方法

第七部分 国家自然资源资产负债表的试编探索

一、自然资源资产、负债与所有者权益确认方法

(一) 自然资源资产

资产是会计学中最为基本的一个概念,根据经济学理论,一切具有稀缺性的资源都是资产,但是如果要将自然资源资产纳入会计核算,还必须要对自然资源资产的概念进行进一步细分与明确。会计学上的资产,本质上是一种经济资源,并且能够为所有者所掌握和控制,给所有者带来经济利益。会计学资产从产权方面讲,主要是会计主体对该项资产能否自主地支配和处置,而非法律意义上的所有。有些资产虽然不被会计主体所拥有,但是可以被其控制和使用,也属于该会计主体的资产。从这个意义上讲,多数自然资源从法律上属于国家所有,实际上是由政府对其进行管理和控制,因此要将这些自然资源归为政府的资产。

自然资源资产是自然资源资产负债表的一个基本会计要素,它有广义和狭义之分。广义的自然资源资产是指一个国家或地区范围内的所有自然资源和环境资源,包括已经被探明的和潜在的未发现的。狭义的自然资源资产是所有主体和管理主体已经明确,并能对其进行有效掌控,通过对其进行持有、使用、治理或处置,可以给所有者或者管理者带来直接或间接的经济利益的自然资源和环境资源。自然资源资产与自然资源的区别:一是自然资源具有法律上明确的所有权,但是自然资源资产只需要有明确的控制权就可以。二是环境资源主要采用实物计量,而自然资源资产则主要采用货币计量。三是自然资源资产是自然资源的一个组成部分,自然资源中那些没有经济价值的部分就不能成为资产,比如尚未达到

可利用状态的自然资源、没有利用价值的自然资源和现有条件下难以用价值计量的自然资源就不能构成自然资源资产。

我国法律规定，一切耕地、森林、河流、矿产等均为国家财产，属于全民所有。政府代表国家对国有自然资源进行管理和规划。我国自然资源资产的产权构成如下：一是所有权上实行分类多重所有，多数自然资源属于国家所有，还有一些属于社会、集体和团体所有；二是使用权上实行有偿使用和无偿使用相结合的方式；三是收益权实行依法多次分配的方式。政府作为自然资源的管理者，负有合理开发自然资源、保护自然资源的责任，同时向自然资源的使用者收取相关费用作为所有者收益。自然资源的使用者必须向所有者或管理者缴纳相关的费用，以作为所有者或管理者让渡自然资源使用权的报酬。

自然资源资产首先要符合资产的基本内涵才能进行确认。首先，自然资源资产也可以像普通资产一样给所有者或管理者带来潜在的经济收益，并且根据劳动价值论，构成自然资源价值的并不是以天然存在的自然资源本身，而是人们为获得自然资源或发挥自然资源的使用价值所进行的开发与投资；其次，如上文所述，自然资源资产有明确的所有者主体或管理者主体；最后，政府、企业、居民等的各项自然环境支出，比如污染防治、资源开发、排污费、资源补偿费、罚金等都是可以用货币明确反映的。综上所述，自然资源资产满足会计学资产的三个基本确认标准，可以确认为一种会计学资产。

在符合资产的一般定义下，自然资源资产还有自身的确认标准：一是现实性。自然资源必须是通过一定经济活动而实实在在产生的，如已勘探发现的矿山。二是控制性。自然资源必须有明确的控制主体，可以直接使用和处置，并能获得直接受益。在现有技术条件下，不能开发使用的自然资源不属于自然资源资产范畴。三是地域性。自然资源资产一般有明显的地域特征，会计主体只能对某一地域内的资源确认会计资产。比如一条河流流经多个省份，每个省份只能将流经本身河段作为自然资源资产，而不能将整条河流确认为资产。四是未来效用的可能性。很多自然资源资产并不是一经开发就能给当地带来收益，能否带来收益存在较大的不确定性，需要将来才能明确。随着科学技术的不断进步，一些原来不被看作资源的，后来成为资源并被开发利用；而原来作为资源的，被其他资源所取代，不再是资源，也就不是资源资产。五是计量的可靠性。由于自然资源种类多样、自然资源资产的复杂性、会计计量方法和统计资料的局限性，对其进行精确计量是不现实的，会产生或多或少的误差，但只有会计资料没有重要差错，仍可认为计量结果可靠。如果自然资源是花费代价取得的，其价值就可以用所花费的代价进行计量（暂不考虑所花费代价是否合理）；当自然资源是通过不付费取得的，可以进行合理的估算进行计量。但如果自然资源无法做出合理估算其价值，如未探明储量的自然资源，就能作为自然资源资产确认。

自然资源计价的基本方法前面已经进行了介绍，这里不再赘述。自然资源资产的会计核算，可以设置"土地资源"、"林地资源"、"水资源"等账户，由于获得自然资源的方式不同，其账务处理也不同。

新发现自然资源：政府为了获得自然资源所进行的投资形成国家的自然资源净资产。例如新发现一片价值1000亿元的矿产，初次确认编制会计分录为：

  借：土地资源资产——矿产   1000
    贷：自然资源净资产   1000

这里需要指出的是土地资源资产，从国家的角度讲，土地的总面积一般不会减少，但不同种类的土地价值存在很大差异。荒地变为耕地，耕地变为建设用地，往往会带来土地价值的增加。因此在进行核算时，除了设置土地资源资产的总账户外，还需设置明细账户，进一步明细分类。与此相类似，不同种类的其他自然资源价值也会有很大不同。如生活用水、工业用水和养殖用水的价值会有很大差异。

政府采取购买或租赁的方式，从企业、国外购进自然资源，在增加政府自然资源资产的同时，所产生的购买费用计入自然资源负债。如我国政府从国外进口价值200亿元的1亿吨煤炭，其账务处理如下：

  借：矿产资源资产——煤炭   200
    贷：自然资源负债   200

随着经济的发展，自然资源有些会增值或贬值。如果是增值的，比如政府持有的1亿吨煤炭由于煤炭价格上升，价值由200亿元变为300亿元，增值100亿元。其账务处理的方式为：

  借：矿产资源资产——煤炭   100
    贷：自然资源净资产   100

如果发生贬值，比如1亿吨煤炭价值由300亿元变为200亿元，贬值100亿元。其账务处理的方式为：

  借：自然资源净资产   100
    贷：矿产资源资产——煤炭   100

对于发生自然资源损耗的，应该进行分自然资源被破坏和自然资源被出售两种情况处理。对于自然资源被破坏的，如由于水体污染水资源价值从5000万元变为3000万元，减少2000万元。其账务处理的方式为：

  借：自然资源净资产   2000
    贷：自然资源负债   2000

下面，举一个较为完整的例子来介绍自然资源资产的计量：某地区有2000公顷耕地、3000公顷林地、300公顷鱼塘、1200公顷果园，这一地区的自然资源

资产价值核算如下:

采用机会成本法计算。按全国平均产值计算,耕地和果园的净产值为936元/公顷,鱼塘的净产值为1994元/公顷,林地的净产值为29元/公顷,贴现率为12%,贴现期为20年,且净产值按每年4%的比例递增,该地区土地和生物资源量价值为3555.5万元。

借:自然资源资产　　　　　　　　　　　　　　3555.5
　　贷:自然资源净资产　　　　　　　　　　　　3555.5

(二) 自然资源负债

负债是资产之外的又一个重要的会计要素。根据美国财务会计准则委员会的定义,负债是将来可能要放弃的经济利益,它是特定个体由于已经发生的交易或事项,将来要向其他个体转交资产或提供劳务的现有义务。负债的基本特征是:必须是现时存在的义务;是一种强制性的义务;必须要以债权人所能接受的经济资源来清偿;必须可以用货币进行计量或估计。具体到自然资源负债,联合国国际会计和报告标准政府间专家组曾给出过明确的定义,自然资源负债是指已经发生的、符合负债确认标准、并与自然资源成本相关的义务。环境负债有宏观和微观两个层面的内涵,宏观上讲,环境负债是当地人对未来人类在资源利用方面的"代际负债"。微观上讲,如果会计主体发生了与资源环境费用相关的支付义务,且符合负债的定义,就可以被视为一种负债。

自然资源负债的确认通常有较大的主观性,为了保证会计信息的可靠,在确认自然资源负债时除了要满足负债的一般特征外,还要满足两个原则:一是导致自然资源负债的交易或事项很可能已经发生,因为导致自然资源负债的形式很多,有的很难进行准确取证,但是根据逻辑推理可以进行合理判定的,就可以视作自然资源负债进行核算;二是自然资源负债的金额能够合理估计,只有能够进行合理估计才能确保所得的会计信息准确可靠。通常情况下,自然资源负债的形成有以下两种情形:一是需要承担自然资源治理、修复的支出义务;二是自然资源的破坏。

因此,自然资源负债主要指由于资源开发或破坏而减少的价值。而自然资源所有者权益就是自然资源资产减去自然资源负债后的净值资产。

如某地区矿山企业开发了价值4000万元的矿产,那么会计处理如下:

借:自然资源净资产　　　　　　　　　　　　　4000
　　贷:自然资源负债　　　　　　　　　　　　4000

政府向该企业追缴资源补偿费100万元,会计处理如下:

借:自然资源净资产　　　　　　　　　　　　　100
　　贷:自然资源净资产　　　　　　　　　　　100

政府出资400万元用于修复破坏的生态，会计处理如下：
借：自然资源负债　　　　　　　　　　　　　　400
　　贷：自然资源净资产　　　　　　　　　　　　400

（三）编制原则

为了与会计学相关理论尽量吻合，确保编制成果的严肃性和准确性，在编制自然资源资产负债表的过程中要遵循如下基本原则：

（1）数据的可得性原则

自然资源资产负债表的编制必须要依据现有统计数据为基础，缺乏统计资料或统计资料获取难度较大的，不可以编制自然资源资产负债表。当然所有自然资源核算都面临数据不足的问题，要尽量克服数据难题，但是如果实在无法找到合适的数据支撑，那么宁可将该类自然资源排除在报表之外，也不能影响报表的严肃性。

（2）编制的可操作性原则

为了统计与核算方便，在保证尽量科学合理测算自然资源存量的基础上，力求简化设计方法与操作流程，尽量保证研究成果进入实操阶段的可操作性。

（3）内容的代表性原则

自然资源种类繁多，不可能一一列举，下面只选择土地、水资源、林地资源、矿产资源四种主要自然资源纳入国家自然资源资产负债表进行核算。这四种自然资源是最主要的自然资源，也是价值最大的自然资源资产，构成了自然资源资产的主体。

（4）分步推进，先易后难的原则

自然资源资产负债表的核算应在实物计量的基础上进行价值计量，计价方式也是先用现价，再用可比价，循序渐进地开展。

自然资源资产负债表的编制采用自然周期与管理周期相结合的方式进行，前者按照自然年度进行，反映自然资源资产的变化情况，后者以领导干部的任期为分期，反映其任期内自然资源资产的变动情况，为自然资源资产纳入领导干部离任审计提供依据。但是限于时间和精力，下面只介绍了按照自然周期编制的结果，按管理周期编制的自然资源资产负债表只能留待于以后的研究。

（四）数据来源与核算对象

本研究的相关数据主要来自中国科学院人地系统主题数据库、"中国统计年鉴"、"中国农村统计年鉴"、"广东农村统计年鉴"、"湖北农村统计年鉴"、"河北农村统计年鉴"、"中国林业统计年鉴"、"中国农垦统计年鉴"、"中国分县农村经济概要"、"改革开放30年农业统计资料汇编"、"中国粮食年鉴"、"中国能源统计年鉴"、"中国国土资源年鉴"、"中国矿产资源年鉴"、"中国水利年鉴"、

"中国环境统计年鉴"、"国土资源部统计公报"、"中国有色工业60年"、"中国钢铁工业年鉴"、"中国煤炭工业统计年鉴"、"中国房地产统计年鉴"、"中国价格及城镇居民家庭收支调查统计年鉴"、"中国价格统计年鉴"、"中国物价统计年鉴"、"中国物价年鉴"等。所用数据均为公开资料。

《中国环境资源手册》将自然资源资产分为土地资源资产、森林资源资产、草地资源资产等九大类资产。考虑到资料的可得性和统计的方便,本书只选择矿产资源、能源资源、土地资源、林业资源、水资源作为核算对象。具体分类方法如下:

(1) 矿产资源

根据《矿产资源法实施细则》的分类,矿产资源可以分为金属矿产和非金属矿产。基于数据可得性原则和代表性原则,选取其中有代表性的28种进行核算。

(2) 能源资源

根据《矿产资源法实施细则》的分类,能源资源共有煤、煤层气、油页岩等11种,为了核算方便,选择煤炭、石油、天然气3种主要能源作为核算对象。

(3) 土地资源

土地资源的分类按照2007年8月颁布实行的《土地利用分类》国家标准(GB/T 21010—2007)进行划分,采用二级分类体系。一级类12个,二级类57个。一级类根据土地利用用途和利用方式,分为耕地、园地、林地、草地、水域、交通运输用地;根据土地利用方式和经营特点,分为商服用地、工矿仓储用地、住宅用地、公共管理与公共服务用地。二级类根据自然属性、覆盖特征、用途和经营目的等对一级类进一步细化。

(4) 林业资源

根据《林业资源分类与代码·森林类型》,林业资源可以划分为森林、林木、林地。关于林业资产价值,国家每年都对营林经济产值进行统计,本书将营林经济产值作为林业资源资产的替代指标。

(5) 水资源

根据《中华人民共和国水法》水资源分为地表水和地下水,具体包括全国江河、湖泊、运河、渠道、水库等。

对自然资源负债的核算,这里将自然资源负债分为生态破坏负债与环境污染负债两类。生态破坏指的是人类为了谋取发展利益而付出的必要资源环境代价,比如每年耗用的能源价值,其中生态破坏负债又分为不可再生资源耗减负债(包括能源和矿产资源耗减负债)和可再生资源耗减负债(包括水、土地、森林资源耗减负债)。环境污染负债主要指经济社会发展带来的生活环境副产品的价值,包括污水的价值、固体废弃物的价值以及废气的价值。它们作为一种负资产被列入负债。

表7-1 自然资源资产负债表中的资源分类

一级分类	二级分类	三级分类
1. 矿产资源	1.1 金属矿产	铁矿
		锰矿
		铬矿
		钒矿
		铜矿
		铅矿
		锌矿
		铝土矿
		镍矿
		钨矿
		锡矿
		钼矿
		锑矿
		稀土
		金矿
	1.2 非金属矿产资源	银矿
		菱镁矿
		普通萤石
		硫铁矿
		磷矿
		钾盐
		盐矿
		芒硝
		重晶石
		玻璃硅质原料
		石墨
		滑石
2. 能源矿产	2.1 煤炭	
	2.2 石油	
	2.3 天然气	
3. 土地资源	3.1 农用地	
	3.2 建设用地	
	3.3 未利用地	

续表

一级分类	二级分类	三级分类
4. 林业资源	4.1 林业经济价值	
	4.2 林业生态价值	
5. 水资源	5.1 地表水	江河
		湖泊
		运河
		渠道
		水库
		……
	5.2 地下水	

二、自然资源资产、负债的核算方法

编制自然资源资产负债表需要对自然资源进行价值核算，本书借鉴了第三部分中的一些编制方法，但是如果要具体编制自然资源资产负债表就需要对这些方法进行一些补充与完善。自然资源价值核算主要包括资产核算和负债核算两部分，自然资源资产主要指年末自然资源的结余量，是存量概念，自然资源负债主要指自然资源的损失损害，包括自然资源耗减和环境污染两部分，是流量概念。自然资源耗减主要有自然和人为因素两种，自然因素有挥发、腐蚀、自然灾害损失等，人为因素有开采、价格变化、浪费等，严格地讲自然资源资产负债表应该将两者区分开来，重点分析人为因素导致的自然资源耗减，以便追究相关人员责任，但是实际操作中这样做难度极大，难以将两者分开进行讨论。

（一）矿产资源资产核算方法

目前，多数矿产资源都可以进行交易，存在明确的市场价格，可以直接用市场价格估算。矿产资源资产价值核算的难点在于储量的核算。SNA采用探明储量作为衡量矿产资源储量的指标，SEEA用探明储量和可能的储量总和作为储量指标。探明储量是指经过了地质勘查普查、详查、勘探三个阶段，确定的矿产资源储量，可能储量是指未来可能存在的或未来可以开采的资源量。这两个指标不是绝对的，随着人们对成矿规律认识的不断深化，经济、技术、设备条件的改善，可能储量可能会转换为探明储量。如果要编制自然资源资产负债表，采用探明储量比可能储量更加可行，因为可能储量只是一种或然性的可能，不具有现实意义，并且相关数据也较难获得。

矿产资源种类繁多，难以一一测算，这里选取 27 类主要的矿产资源进行核实，这些矿产资源都是储量多或价值高的矿产资源，基本可以代表矿产资源资产的全部价值。例如，铁矿资源资产占矿产资源总资产的比重为 12%，铜矿资源资产占 11%，铅矿资源资产占 9.5%，金矿资源资产占 9.5%，四种矿产资源合计占到矿产资源总价值的 40% 以上，占金属矿产资源总价值的 80% 以上。而未纳入核算的天然沥青，其价值仅占矿产资源总价值的 5.676×10^{-6}，铬铁矿价值仅占矿产资源总价值的 0.00022。因此，通过核算几种主要矿产资源的价值，基本可以代表全部矿产资源的价值。

能源资源价值的核算方法与矿产资源相一致。能源资源资产由煤炭自然资源资产、石油资源资产、天然气资源资产构成。能源资源资产价值的计算方式为以上三种资源资产价值的加总。

（二）土地资源资产核算方法

按照用途划分，土地资源可以分为三类：建设用地、农用地和未利用地。土地资源资产价值核算的主要方法有直接市场法、预期收益法和长期价格趋势法等。直接市场法主要用在建设用地价格核算中，因为越来越多的建设用地通过交易双方公开拍卖的方式获得，交易价格是市场供求的真实反映，因此可以将该年土地拍卖成交价格作为建设用地价格。但是，农用地和未利用地一般没有公开交易获得的公平市场价格，因此不能用直接市场法进行核算，只能用预期收益法或长期趋势法。

预期收益法在实践中主要用征地补偿费单价乘以相应的土地面积来估算农用地价值（值得注意的是农用地价值除了土地本身的价值还有地上产出物的价值，有关地上产出物的价值下文将做详细介绍）。我国征地补偿费的计算方法主要有两种：一种是统一年产值倍数法，即直接用土地平均年产值乘以一个倍数来计算；另一种是片区综合补偿法，根据地理位置的不同对土地进行分片补偿。

长期趋势法是用贴现法将未来的耕地净收益还原为现值，然后将所有年份的现值相加作为耕地的存量价值，即：

$$V_L = \sum_{t=1}^{\infty} \frac{R}{(1+r)^t} = \frac{R}{r}$$

其中，V_L 为土地价值，R 为年土地净收益，r 为贴现率。可见，长期趋势法所要求的一些条件在现实中是很难具备的，因此这一方法主要用于理论分析，在实践中较少采用。

计算农用地和未利用地资源价值可以根据政府建设项目征地补偿费来估算。

按照征地补偿规定，征用耕地一般按照其被征用前三年平均年产值的 6~10 倍补偿，考虑到与土地收益相比政府补偿价较低，本书取最高倍数来计算；征用耕地以外的其他农用地的，各地一般按照其被征用前三年平均年产值的 4 倍补偿，本书也用 4 倍核算；征用未利用地的，各地按照当地耕地补偿费的 50% 补偿，本书也按照 50% 倍数核算。

（三）水资源资产核算方法

由于水循环的存在，水资源的主要分在大气中、陆地上和海洋里。其中海洋是地球上最大的水体，我国海域辽阔，海洋水资源丰富，但是因为其体量过于庞大，所以难以纳入自然资源资产负债表中进行核算研究，同样，大气中的水资源的总量难以计算，这里所指的水资源主要是我国陆地上的水资源。陆地上水资源又分为地表水资源和地下水资源两种，两者有时候会有重复，因为地表水可能会渗入地下形成地下水，地下水也会渗出变成地表水，不过重复计算的部分跟水资源总量相比几乎可以忽略不计。从全国来看，水资源总量年度变化并不大，大体保持在 28000 亿立方米左右①。

水资源资产的估计最常用的方法是直接市场法与生产函数法。直接市场法是最简便的方法，即将现有水资源存量减去水资源使用量和水资源污染量，再乘以单位水资源价格。这里使用的也是直接市场法。水价按照工业用水价格与居民用水价格的平均数计算。

（四）林业资源资产核算方法

林业资源资产的价值主要由三部分组成：林木价值、林产品价值和林业的生态服务价值。

1. 林木价值

林木价值采用立木价值法（即净价格法）计算林木的存量价值，即用一年的年末林木蓄积量乘以各年的林木净价格，得到各年的年末林木存量价值。以 2010 年为例，林木价格采用《中国林业年鉴》上公布的年平均收购价 317 元/立方米乘以当年活立木总蓄积 164.33 亿立方米，得出林木存量价值为 52092 亿元。

2. 林产品价值

林业资源的经济价值除了林木本身的价值外还有与林木相关的各种非林木产品，包括各种林上、林间及林下产品。主要包括以下类别：①食物（林下养殖动物、林果、蘑菇、蜂蜜等）；②中药材（本书以当年中药材产值进行核算）；

---

① 通过与其他统计年鉴对照，该数据应该较为可信。

③牧业（本书以当年牧业产值进行核算）；④林木加工产业，主要有木材加工、木家具制造、橡胶产业、树脂产业、林业旅游与休闲服务等。这里通过概算方法将以上各类林产品价值进行加总得到林产品总价值。

3. 林业生态服务价值

提供经济产品只是森林功能的一个方面，其实，森林最重要的功能是其生态功能，它可以涵养水土、固碳供氧、调节气候、提供野生动物栖息场所。因此，林业自然资源价值核算的主要部分是其生态服务价值。

但是林业生态价值很多，且核算困难，不确定性较强。本书只研究森林的固碳价值。从理论上说，用各种树种的活立木蓄积乘以该树种的固碳系数，就可以算出林木的固碳量。但是由于树木种类繁多，并且每种树木的活立木蓄积难以准确测算，因此本书选择几种有代表性的树木，计算其平均固碳系数。如针叶林类固碳系数为 0.3091，阔叶林类是 0.3715[①]，所以林木的平均固碳系数为 0.3403（（0.3091 + 0.3715）÷2）。将林木每年的固碳量乘以每吨碳的价值（关于碳价值的核算下面将专门论述），即可以得出林业资源的生态服务价值。

三、自然资源耗减负债核算方法

自然资源负债分为自然资源耗减与污染两大类。自然资源耗减主要指消耗的自然资源量，既包括有效利用量也包括被浪费、弃置、变质的资源量。本书在核算自然资源耗减时，按可再生资源和不可再生资源分别进行核算。不可再生资源有能源和矿产资源，可再生资源有水资源、土地资源和森林资源。以能源资源为例，衡量矿产资源（含能源）利用情况主要有两项指标——选矿回采率和采矿回采率。选矿回采率指选矿产品（一般为精矿）中某一有用成分的质量与入选原矿中同一有用成分质量的比例，比例越高说明原矿被利用的水平越高，比例越低说明矿产资源浪费越严重，资源利用水平较低。采矿回采率指在现有技术水平下从某采场或采区内实际采出的资源总量与该采区拥有的矿石总储量的百分比。采矿回收率越高，则损失率越低。采矿回采率与选矿回采率的乘积就是矿产资源的综合利用率，综合利用率越高，说明矿产资源的浪费越少，资源耗减负债主要来自资源有效利用，综合利用率越低，说明矿产资源浪费越多，资源耗减负债主要来自资源浪费。用每年矿产资源的实际产量除以该年矿产资源的综合利用率，

---

① 摘自《森林资源核算》，中国科学技术出版社，2005.

就得到当年耗减的资源量,再乘以相应的资源价格就得出矿产资源耗减负债值。以 2004 年能源资源负债为例,当年煤炭产量 17.73 亿吨,选矿率为 78%,回采率为 39%,综合利用率为 30%,煤炭资源耗减负债为 34287.13 亿元,其中被有效利用的煤炭资源价值 10286.14 亿元,浪费的煤炭资源价值 24000.99 亿元;当年石油资源的产量为 1.07 亿吨,资源综合利用率为 40%,耗减的石油资源资产为 27054.38 亿元,其中被有效利用的石油资源价值 10821.76 亿元,被浪费掉的价值 16232.63 亿元;当年天然气产量为 65.06 亿立方米,天然气的综合利用率为 70%,天然气的加权平均价格为 2.93 元/立方米,天然气资源的耗减负债为 92.94 亿元,其中被有效利用的天然气价值 65.06 亿元,被浪费的天然气价值 27.88 亿元。将煤炭资源耗减负债价值、石油资源耗减负债价值与天然气资源耗减负债价值相加,得到能源资源耗减负债价值 61614.23 亿元,其中消耗的能源资源价值 21172.95 亿元,占能源资产耗减负债的 34.36%,浪费的自然资源资产价值 40261.51 亿元,占能源资产耗减负债的 65.34%。

自然资源耗减负债 = 期初自然资源资产 – 期末自然资源资产 + 自然资源资产增加量

四、自然资源污染负债核算方法

环境污染负债主要由水污染负债、大气污染负债与固体废弃物污染负债构成,下面分别介绍其核算方法。

1. 水污染负债

水污染指有害物质进入水体造成环境污染。水污染分为工业废水污染和生活污水污染,两类相加得到总的污水量。《污水综合排放标准 GB 8978—1996》中对各种污染物作了排放规定。本书选择水污染物中最主要的五种进行核算,包括挥发酚、氰化物、化学需氧量(COD)、石油类和氨氮,这五种污染物的排放标准本书以最高允许排放浓度的二级标准作为排放标准,分别取 0.5mg/L、0.5mg/L、150mg/L、10mg/L 和 30mg/L。以 2010 年数据为例。根据《中国环境统计年鉴》,我国工业废水排放总量为 675.86 亿吨,生活污水排放量为 551.51 亿吨,两者合计 1227.38 亿吨;挥发酚、氰化物、化学需氧量(COD)、石油类和氨氮单位治理成本为 7.27 万元/吨、3.8 万元/吨、0.18 万元/吨、0.24 万元/吨和 1.47 万元/吨。用各类污染物排放量乘以单位治理成本,就得到污染的治理成本。因此,水污染的价格等于平均水价再加上污染治理成本。

2. 大气污染负债

大气污染通常是指由于人类活动或自然过程使有害物质进入大气中，从而造成环境污染。会对大气造成污染的有害物质很多，我国目前实施的《大气污染物综合排放标准 GB 16279—1996》中对两种污染物作了排放规定，以最高允许排放浓度作为排放标准。本书选择大气污染中最主要的二氧化硫（SO_2）和氮氧化物（NO_x）进行核算，两种污染物的排放标准取 550 毫克/立方米和 100 毫克/立方米。

SO_2 的排放主要存在于燃料燃烧、矿产资源加工和生活取暖的过程中。首先，燃料燃烧的 SO_2 的排放量 = 燃料煤使用量×燃料煤含硫量×燃料煤 SO_2 转换系数 + 燃料油使用量×燃料油含硫量×燃料油 SO_2 转换系数。其中，燃料煤和燃料油含硫量暂取 1%，燃料煤 SO_2 转换系数 1.6，燃料油 SO_2 转换系数 1.8[1]。其次，工业生产过程中产生的 SO_2 = 行业产品产量×产品排污系数。生活 SO_2 排放量在《中国环境统计年鉴》中都有统计，可以直接调取。

表 7-2　矿产资源生产过程中的单位产品排污系数[2]　　单位：kg/t

行业名称	产品	SO_2	粉尘
石油加工及炼焦业	炼焦	2.75	1.00
化工原料、化学制品制造业	硫酸	5.90	4.80
非金属矿物制造业	水泥	0.98	6.80
黑色金属冶炼及压延加工业	钢	2.40	5.00
有色金属冶炼及压延加工业	10 种金属	36.00	15.00

氮氧化物 NO_x 根据能源消耗计算，即 $NO_x = \sum (Q_i \times r_i)$，$Q_i$ 表示各种能源消耗量，r_i 表示排放因子。本书 NO_x 排放因子采用清华大学郝吉明等的研究结果（如表 7-3 所示）。

表 7-3　NO_x 排放因子表　　单位：kg/t，10^{-4}kg/m^3

来源		燃煤	焦炭	焦炉煤气	其他煤气	原油	汽油	煤油	柴油	燃料油	炼厂干气	天然气
能源加工与转换	火力发电	8.85	—	13.64	1.79	7.24	16.7	21.2	7.4	10.06	0.75	40.96
	供热	7.25	9	9.58	1.26	5.09	16.7	7.46	7.4	5.84	0.53	20.85
	炼焦	0.37	—									
	炼油					0.24						
	制气	0.75	0.9	0.96						5.84		

---

[1] 该数据来自於方等. 中国环境经济核算计算指南 [M]. 北京：中国环境科学出版社，2009：30-31.

[2] 该数据来自於方等. 中国环境经济核算计算指南 [M]. 北京：中国环境科学出版社，2009：34-35.

续表

来源		燃煤	焦炭	焦炉煤气	其他煤气	原油	汽油	煤油	柴油	燃料油	炼厂干气	天然气
终端能源消费	农业	3.75	4.5	6.69	1.26	3.05	16.7	4.48	5.77	3.5	0.32	14.62
	工业	7.25	9	9.58	1.26	5.09	16.7	7.46	9.62	5.84	0.53	20.85
	建筑业	7.25	9	—	1.26	—	16.7	7.46	9.62	5.84	—	20.85
	交通运输业	7.5	9	—	—	5.09	16.7	27.4	54.1	54.1	—	20.85
	服务业	3.75	4.5	6.69	0.89	3.05	16.7	4.48	5.77	3.5	0.32	14.62
生活	城市	1.88	2.25	6.69	0.89	1.7	16.7	2.49	3.21	1.95	0.18	14.62
	农村	1.88	2.25	—	0.89	1.7	16.7	2.49	3.21	1.95	0.18	14.62

废气排放量指标取自《中国环境统计年鉴》数据,2010年我国排放的废气为519168亿立方米。为了核算方便,将SO_2和氮氧化物以碳为单位进行核算,那么519168亿立方米相当于排放了1010.45亿吨碳。碳价格在专门的碳交易网站上可以查询,大气污染负债为碳价格32.95元/吨与全年废气排放量折算成碳排放(1010.45亿吨)的乘积33300.77亿元。

3. 固体废弃物污染负债

固体废弃物污染是指人类活动或自然影响带来的固体废物进入环境,引起环境质量下降,对人类和其他生物正常生存造成不利影响现象。固体废物按来源大致可分为一般工业固体废物和生活垃圾。固体废弃物与废水、废气有所不同,废水、废气的统计都是当年实际发生的流量,固体废弃物除了当年实际发生的流量以外,还有以往年份的留存量,两者相加即累计产生的固体废弃物量(除去已经处理的固体废弃物)。固体废弃物一般可分为工业固体废弃物和生活垃圾两类,两者的单位成本略有不同,在核算时分别予以核算。以2010年数据为例,全国累计尚待处理的累计产生的固体废弃物为240.94亿吨,乘以每吨垃圾平均处理成本581.8元,得到当年固定废弃物污染负债140191.2亿元。

表7-4 工业固体废弃物单位治理成本 单位:元/吨

类别	处置单位治理成本		储存单位治理成本	
	一般工业固体废弃物	危险废物	一般工业固体废弃物	危险废物
单位治理成本	380	1500	45	180

表7-5 生活垃圾单位治理成本 单位:元/吨

类别	清运	卫生填埋	无害化焚烧	堆肥	简易填埋
单位治理成本	120	350	600	1200	80

自然资源资产负债表的编制与应用

五、自然资源资产负债表的编制结果

按照以上的自然资源核算方法，本书试编了1985～2012年的全国自然资源资产负债表，将矿产资源、能源资源、土地资源、水资源、林业资源纳入资产负债表进行核算，核算结果如下：

（一）1985～2012年全国自然资源资产负债表编制结果

根据收集的数据资料，按照前面的核算方法，本书编制了1985～2012年的自然资源资产负债表，编制结果如下：

表7-6　1985年自然资源资产负债表　　　单位：亿元

自然资源资产		自然资源负债	
1. 能源	40763	1. 不可再生资源耗减负债	1800
1.1 煤	24537	1.1 能源耗减负债	815
1.2 石油	13640	1.2 矿产耗减负债	985
1.3 天然气	2586	2. 可再生资源耗减负债	4237
2. 矿产	82773	2.1 土地耗减	1160
2.1 金属矿产	58082	2.2 森林耗减	2538
2.2 非金属矿产	24691	2.3 水耗减	538
3. 土地	23955	3. 环境污染负债	3630
3.1 农用地及未利用地	14284	3.1 水污染负债	341
3.2 建设用地	9670	3.2 大气污染负债	384
4. 林业资源	14640	3.3 固体废弃物负债	2904
4.1 活立木蓄积量	14640	自然资源负债合计	9668
5. 水	21000	自然资源净资产	173463
自然资源资产合计	183132	自然资源负债和净资产合计	183132

表7-7　1986年自然资源资产负债表　　　　　　　　　　　　　单位：亿元

自然资源资产		自然资源负债	
1. 能源	47530	1. 不可再生资源耗减负债	2328
1.1 煤	28903	1.1 能源耗减负债	1140
1.2 石油	15600	1.2 矿产耗减负债	1187
1.3 天然气	3027	2. 可再生资源耗减负债	4370
2. 矿产	95001	2.1 土地耗减	1255
2.1 金属矿产	63890	2.2 森林耗减	2448
2.2 非金属矿产	31110	2.3 水耗减	665
3. 土地	27061	3. 环境污染负债	4705
3.1 农用地及未利用地	15456	3.1 水污染负债	371
3.2 建设用地	11604	3.2 大气污染负债	362
4. 林业资源	14120	3.3 固体废弃物负债	3971
4.1 活立木蓄积量	14120	自然资源负债合计	11403
5. 水	25959	自然资源净资产	198269
自然资源资产合计	209672	自然资源负债和净资产合计	209672

表7-8　1987年自然资源资产负债表　　　　　　　　　　　　　单位：亿元

自然资源资产		自然资源负债	
1. 能源	49950	1. 不可再生资源耗减负债	2746
1.1 煤	31459	1.1 能源耗减负债	1398
1.2 石油	14740	1.2 矿产耗减负债	1347
1.3 天然气	3751	2. 可再生资源耗减负债	4509
2. 矿产	109479	2.1 土地耗减	1298
2.1 金属矿产	70279	2.2 森林耗减	2441
2.2 非金属矿产	39199	2.3 水耗减	769
3. 土地	31451	3. 环境污染负债	4697
3.1 农用地及未利用地	15978	3.1 水污染负债	417
3.2 建设用地	15472	3.2 大气污染负债	417
4. 林业资源	14080	3.3 固体废弃物负债	3862
4.1 活立木蓄积量	14080	自然资源负债合计	11952
5. 水	30000	自然资源净资产	223008
自然资源资产合计	234961	自然资源负债和净资产合计	234961

自然资源资产负债表的编制与应用

表7-9　1988年自然资源资产负债表　　　　　　　　　单位：亿元

自然资源资产		自然资源负债	
1. 能源	59066	1.1 不可再生资源耗减负债	3625
1.1 煤	39170	1.1.1 能源耗减负债	1712
1.2 石油	18769	1.1.2 矿产耗减负债	1912
1.3 天然气	1126	1.2 可再生资源耗减负债	4736
2. 矿产	120819	1.2.1 土地耗减	1264
2.1 金属矿产	77307	1.2.2 森林耗减	2498
2.2 非金属矿产	43511	1.2.3 水耗减	973
3. 土地	34897	环境污染负债	5414
3.1 农用地及未利用地	15556	水污染负债	513
3.2 建设用地	19340	大气污染负债	461
4. 林业资源	14411	固体废弃物负债	4439
4.1 活立木蓄积量	14411	自然资源负债合计	13777
5. 水	37961	自然资源净资产	253378
自然资源资产合计	267155	自然资源负债和净资产合计	267155

表7-10　1989年自然资源资产负债表　　　　　　　　　单位：亿元

自然资源资产		自然资源负债	
1. 能源	80220	1. 不可再生资源耗减负债	5128
1.1 煤	56441	1.1 能源耗减负债	2358
1.2 石油	19264	1.2 矿产耗减负债	2770
1.3 天然气	4514	2. 可再生资源耗减负债	5764
2. 矿产	153583	2.1 土地耗减	1361
2.1 金属矿产	100499	2.2 森林耗减	3234
2.2 非金属矿产	53084	2.3 水耗减	1168
3. 土地	48297	3. 环境污染负债	5950
3.1 农用地及未利用地	19286	3.1 水污染负债	494
3.2 建设用地	29011	3.2 大气污染负债	498
4. 林业资源	14462	3.3 固体废弃物负债	4958
4.1 活立木蓄积量	14462	自然资源负债合计	16844
5. 水	45581	自然资源净资产	325300
自然资源资产合计	342144	自然资源负债和净资产合计	342144

表7-11　1990年自然资源资产负债表　　　　　　　　　　单位：亿元

自然资源资产		自然资源负债	
1. 能源	95417	1. 不可再生资源耗减负债	6746
1.1 煤	66603	1.1 能源耗减负债	2957
1.2 石油	23460	1.2 矿产耗减负债	3788
1.3 天然气	5354	2. 可再生资源耗减负债	9335
2. 矿产	164561	2.1 土地耗减	2237
2.1 金属矿产	103514	2.2 森林耗减	5870
2.2 非金属矿产	61046	2.3 水耗减	1227
3. 土地	32700	3. 环境污染负债	6584
3.1 农用地及未利用地	28832	3.1 水污染负债	516
3.2 建设用地	3868	3.2 大气污染负债	552
4. 林业资源	33027	3.3 固体废弃物负债	5515
4.1 活立木蓄积量	33027	自然资源负债合计	22666
5. 水	47868	自然资源净资产	350909
自然资源资产合计	373575	自然资源负债和净资产合计	373575

表7-12　1991年自然资源资产负债表　　　　　　　　　　单位：亿元

自然资源资产		自然资源负债	
1. 能源	128827	1. 不可再生资源耗减负债	8883
1.1 煤	77129	1.1 能源耗减负债	4058
1.2 石油	45500	1.2 矿产耗减负债	4825
1.3 天然气	6197	2. 可再生资源耗减负债	10541
2. 矿产	177593	2.1 土地耗减	1776
2.1 金属矿产	115936	2.2 森林耗减	7262
2.2 非金属矿产	61657	2.3 水耗减	1502
3. 土地	71245	3. 环境污染负债	7324
3.1 农用地及未利用地	22893	3.1 水污染负债	604
3.2 建设用地	48352	3.2 大气污染负债	592
4. 林业资源	40855	3.3 固体废弃物负债	6126
4.1 活立木蓄积量	40855	自然资源负债合计	26749
5. 水	58604	自然资源净资产	450376
自然资源资产合计	477126	自然资源负债和净资产合计	477126

表7-13 1992年自然资源资产负债表　　　　　单位：亿元

自然资源资产		自然资源负债	
1. 能源	156346	1. 不可再生资源耗减负债	11836
1.1 煤	95037	1.1 能源耗减负债	5941
1.2 石油	52625	1.2 矿产耗减负债	5895
1.3 天然气	8683	2. 可再生资源耗减负债	11568
2. 矿产	170489	2.1 土地耗减	1853
2.1 金属矿产	111299	2.2 森林耗减	7627
2.2 非金属矿产	59190	2.3 水耗减	2087
3. 土地	80838	3. 环境污染负债	8843
3.1 农用地及未利用地	22815	3.1 水污染负债	915
3.2 建设用地	58022	3.2 大气污染负债	840
4. 林业资源	43989	3.3 固体废弃物负债	7088
4.1 活立木蓄积量	43989	自然资源负债合计	32248
5. 水	81395	自然资源净资产	500810
自然资源资产合计	533058	自然资源负债和净资产合计	533058

表7-14 1993年自然资源资产负债表　　　　　单位：亿元

自然资源资产		自然资源负债	
1. 能源	225290	1. 不可再生资源耗减负债	15224
1.1 煤	130773	1.1 能源耗减负债	9011
1.2 石油	82781	1.2 矿产耗减负债	6213
1.3 天然气	11735	2. 可再生资源耗减负债	12936
2. 矿产	194596	2.1 土地耗减	2441
2.1 金属矿产	132445	2.2 森林耗减	8241
2.2 非金属矿产	62150	2.3 水耗减	2254
3. 土地	126750	3. 环境污染负债	9787
3.1 农用地及未利用地	30045	3.1 水污染负债	958
3.2 建设用地	96704	3.2 大气污染负债	1093
4. 林业资源	47526	3.3 固体废弃物负债	7735
4.1 活立木蓄积量	47526	自然资源负债合计	37948
5. 水	87906	自然资源净资产	644121
自然资源资产合计	682069	自然资源负债和净资产合计	682069

第七部分 国家自然资源资产负债表的试编探索

表 7-15　1994 年自然资源资产负债表　　　　　　　单位：亿元

自然资源资产		自然资源负债	
1. 能源	256845	1. 不可再生资源耗减负债	20423
1.1 煤	157522	1.1 能源耗减负债	10915
1.2 石油	81760	1.2 矿产耗减负债	9507
1.3 天然气	17563	2. 可再生资源耗减负债	16715
2. 矿产	273819	2.1 土地耗减	3541
2.1 金属矿产	207940	2.2 森林耗减	8970
2.2 非金属矿产	65879	2.3 水耗减	4203
3. 土地	15469	3. 环境污染负债	11573
3.1 农用地及未利用地	43586	3.1 水污染负债	1825
3.2 建设用地	111111	3.2 大气污染负债	1267
4. 林业资源	51733	3.3 固体废弃物负债	8481
4.1 活立木蓄积量	51733	自然资源负债合计	48712
5. 水	163934	自然资源净资产	852317
自然资源资产合计	901029	自然资源负债和净资产合计	901029

表 7-16　1995 年自然资源资产负债表　　　　　　　单位：亿元

自然资源资产		自然资源负债	
1. 能源	295260	1. 不可再生资源耗减负债	25148
1.1 煤	191100	1.1 能源耗减负债	15589
1.2 石油	83700	1.2 矿产耗减负债	9558
1.3 天然气	20459	2. 可再生资源耗减负债	21159
2. 矿产	261144	2.1 土地耗减	4991
2.1 金属矿产	175501	2.2 森林耗减	10657
2.2 非金属矿产	85643	2.3 水耗减	5509
3. 土地	134491	3. 环境污染负债	13709
3.1 农用地及未利用地	61432	3.1 水污染负债	2455
3.2 建设用地	73059	3.2 大气污染负债	1536
4. 林业资源	61460	3.3 固体废弃物负债	9717
4.1 活立木蓄积量	61460	自然资源负债合计	60016
5. 水	214883	自然资源净资产	907223
自然资源资产合计	967240	自然资源负债和净资产合计	967240

表 7-17　1996 年自然资源资产负债表　　　　　　单位：亿元

自然资源资产		自然资源负债	
1. 能源	329401	1. 不可再生资源耗减负债	29863
1.1 煤	222647	1.1 能源耗减负债	19105
1.2 石油	81811	1.2 矿产耗减负债	10758
1.3 天然气	24941	2. 可再生资源耗减负债	24431
2. 矿产	266809	2.1 土地耗减	5802
2.1 金属矿产	176027	2.2 森林耗减	13500
2.2 非金属矿产	90781	2.3 水耗减	5128
3. 土地	142943	3. 环境污染负债	14456
3.1 农用地及未利用地	71406	3.1 水污染负债	2501
3.2 建设用地	71537	3.2 大气污染负债	2023
4. 林业资源	77859	3.3 固体废弃物负债	9931
4.1 活立木蓄积量	77859	自然资源负债合计	68751
5. 水	200000	自然资源净资产	948261
自然资源资产合计	1017013	自然资源负债和净资产合计	1017013

表 7-18　1997 年自然资源资产负债表　　　　　　单位：亿元

自然资源资产		自然资源负债	
1. 能源	354990	1. 不可再生资源耗减负债	31810
1.1 煤	228711	1.1 能源耗减负债	21299
1.2 石油	90634	1.2 矿产耗减负债	10511
1.3 天然气	35643	2. 可再生资源耗减负债	26183
2. 矿产	252265	2.1 土地耗减	5671
2.1 金属矿产	173739	2.2 森林耗减	14375
2.2 非金属矿产	78526	2.3 水耗减	6137
3. 土地	189644	3. 环境污染负债	16383
3.1 农用地及未利用地	69798	3.1 水污染负债	3314
3.2 建设用地	119846	3.2 大气污染负债	2573
4. 林业资源	82900	3.3 固体废弃物负债	10495
4.1 活立木蓄积量	82900	自然资源负债合计	74377
5. 水	239344	自然资源净资产	1044768
自然资源资产合计	1119145	自然资源负债和净资产合计	1119145

表7-19　1998年自然资源资产负债表　　　　　　　　　　单位：亿元

自然资源资产		自然资源负债	
1. 能源	314776	1. 不可再生资源耗减负债	34929
1.1 煤	200250	1.1 能源耗减负债	23608
1.2 石油	77280	1.2 矿产耗减负债	11321
1.3 天然气	37246	2. 可再生资源耗减负债	38738
2. 矿产	237296	2.1 土地耗减	5691
2.1 金属矿产	165052	2.2 森林耗减	25732
2.2 非金属矿产	72244	2.3 水耗减	7313
3. 土地	174914	3. 环境污染负债	14917
3.1 农用地及未利用地	70043	3.1 水污染负债	3376
3.2 建设用地	104870	3.2 大气污染负债	2836
4. 林业资源	148400	3.3 固体废弃物负债	8704
4.1 活立木蓄积量	148400	自然资源负债合计	88586
5. 水	285245	自然资源净资产	1072048
自然资源资产合计	1160634	自然资源负债和净资产合计	1160634

表7-20　1999年自然资源资产负债表　　　　　　　　　　单位：亿元

自然资源资产		自然资源负债	
1. 能源	283475	1. 不可再生资源耗减负债	36894
1.1 煤	150459	1.1 能源耗减负债	23528
1.2 石油	86400	1.2 矿产耗减负债	13365
1.3 天然气	46616	2. 可再生资源耗减负债	43833
2. 矿产	273196	2.1 土地耗减	5444
2.1 金属矿产	198063	2.2 森林耗减	31732
2.2 非金属矿产	75133	2.3 水耗减	6656
3. 土地	160933	3. 环境污染负债	15804
3.1 农用地及未利用地	97007	3.1 水污染负债	3979
3.2 建设用地	63926	3.2 大气污染负债	3296
4. 林业资源	183000	3.3 固体废弃物负债	8528
4.1 活立木蓄积量	183000	自然资源负债合计	96532
5. 水	259591	自然资源净资产	1033665
自然资源资产合计	1130198	自然资源负债和净资产合计	1130198

表 7-21　2000 年自然资源资产负债表　　　　单位：亿元

自然资源资产		自然资源负债	
1. 能源	313515	1. 不可再生资源耗减负债	51550
1.1 煤	149986	1.1 能源耗减负债	29783
1.2 石油	120013	1.2 矿产耗减负债	21767
1.3 天然气	43515	2. 可再生资源耗减负债	43846
2. 矿产	475391	2.1 土地耗减	4459
2.1 金属矿产	318293	2.2 森林耗减	34680
2.2 非金属矿产	157098	2.3 水耗减	4706
3. 土地	153820	3. 环境污染负债	17559
3.1 农用地及未利用地	124885	3.1 水污染负债	3880
3.2 建设用地	98934	3.2 大气污染负债	3950
4. 林业资源	200000	3.3 固体废弃物负债	9728
4.1 活立木蓄积量	200000	自然资源负债合计	112956
5. 水	257021	自然资源净资产	1286792
自然资源资产合计	1399748	自然资源负债和净资产合计	1399748

表 7-22　2001 年自然资源资产负债表　　　　单位：亿元

自然资源资产		自然资源负债	
1. 能源	354000	1. 不可再生资源耗减负债	57414
1.1 煤	182063	1.1 能源耗减负债	31860
1.2 石油	116738	1.2 矿产耗减负债	25554
1.3 天然气	55198	2. 可再生资源耗减负债	49964
2. 矿产	511080	2.1 土地耗减	4367
2.1 金属矿产	358080	2.2 森林耗减	40420
2.2 非金属矿产	153000	2.3 水耗减	5176
3. 土地	374450	3. 环境污染负债	21293
3.1 农用地及未利用地	153752	3.1 水污染负债	4466
3.2 建设用地	220700	3.2 大气污染负债	5228
4. 林业资源	233100	3.3 固体废弃物负债	11599
4.1 活立木蓄积量	233100	自然资源负债合计	128672
5. 水	282723	自然资源净资产	1526682
自然资源资产合计	1655355	自然资源负债和净资产合计	1655355

表7-23　2002年自然资源资产负债表　　　　　　　　　　单位：亿元

自然资源资产		自然资源负债	
1. 能源	359574	1. 不可再生资源耗减负债	65510
1.1 煤	231577	1.1 能源耗减负债	34087
1.2 石油	122286	1.2 矿产耗减负债	31423
1.3 天然气	5710	2. 可再生资源耗减负债	73763
2. 矿产	544250	2.1 土地耗减	4349
2.1 金属矿产	176250	2.2 森林耗减	56442
2.2 非金属矿产	368000	2.3 水耗减	12971
3. 土地	610570	3. 环境污染负债	24970
3.1 农用地及未利用地	160570	3.1 水污染负债	5274
3.2 建设用地	450000	3.2 大气污染负债	6151
4. 林业资源	325500	3.3 固体废弃物负债	13544
4.1 活立木蓄积量	325500	自然资源负债合计	164244
5. 水	300702	自然资源净资产	1976353
自然资源资产合计	2140598	自然资源负债和净资产合计	2140598

表7-24　2003年自然资源资产负债表　　　　　　　　　　单位：亿元

自然资源资产		自然资源负债	
1. 能源	484606	1. 不可再生资源耗减负债	84254
1.1 煤	289291	1.1 能源耗减负债	46086
1.2 石油	132287	1.2 矿产耗减负债	38168
1.3 天然气	63027	2. 可再生资源耗减负债	78020
2. 矿产	616800	2.1 土地耗减	4187
2.1 金属矿产	168600	2.2 森林耗减	5543
2.2 非金属矿产	448200	2.3 水耗减	18395
3. 土地	696711	3. 环境污染负债	28824
3.1 农用地及未利用地	154611	3.1 水污染负债	5970
3.2 建设用地	542100	3.2 大气污染负债	7757
4. 林业资源	319700	3.3 固体废弃物负债	15097
4.1 活立木蓄积量	319700	自然资源负债合计	191099.7
5. 水	325761	自然资源净资产	2252478
自然资源资产合计	2443578	自然资源负债和净资产合计	2443578

表 7-25　2004 年自然资源资产负债表　　　　　单位：亿元

自然资源资产		自然资源负债	
1. 能源	641814	1. 不可再生资源耗减负债	124360
1.1 煤	410760	1.1 能源耗减负债	61614
1.2 石油	154768	1.2 矿产耗减负债	62745
1.3 天然气	76286	2. 可再生资源耗减负债	58956
2. 矿产	938680	2.1 土地耗减	5017
2.1 金属矿产	623980	2.2 森林耗减	39570
2.2 非金属矿产	314700	2.3 水耗减	14369
3. 土地	774626	3. 环境污染负债	37551
3.1 农用地及未利用地	185226	3.1 水污染负债	8200
3.2 建设用地	589400	3.2 大气污染负债	9888
4. 林业资源	228200	3.3 固体废弃物负债	19461
4.1 活立木蓄积量	228200	自然资源负债合计	220868
5. 水	263927	自然资源净资产	2626380
自然资源资产合计	2847248	自然资源负债和净资产合计	2847248

表 7-26　2005 年自然资源资产负债表　　　　　单位：亿元

自然资源资产		自然资源负债	
1. 能源	796618	1. 不可再生资源耗减负债	178553
1.1 煤	525600	1.1 能源耗减负债	76873
1.2 石油	184981	1.2 矿产耗减负债	101680
1.3 天然气	86037	2. 可再生资源耗减负债	71647
2. 矿产	1423520	2.1 土地耗减	5244
2.1 金属矿产	1066620	2.2 森林耗减	52367
2.2 非金属矿产	356900	2.3 水耗减	14035
3. 土地	744136	3. 环境污染负债	42153
3.1 农用地及未利用地	193636	3.1 水污染负债	6294
3.2 建设用地	550500	3.2 大气污染负债	12238
4. 林业资源	302000	3.3 固体废弃物负债	23620
4.1 活立木蓄积量	302000	自然资源负债合计	292354
5. 水	297892	自然资源净资产	3271812
自然资源资产合计	3564166	自然资源负债和净资产合计	3564166

表 7-27　2006 年自然资源资产负债表　　　　　　　单位：亿元

自然资源资产		自然资源负债	
1. 能源	1000936	1. 不可再生资源耗减负债	230667
1.1 煤	642600	1.1 能源耗减负债	97090
1.2 石油	219856	1.2 矿产耗减负债	133576
1.3 天然气	138480	2. 可再生资源耗减负债	75413
2. 矿产	1667040	2.1 土地耗减	5525
2.1 金属矿产	983890	2.2 森林耗减	59199
2.2 非金属矿产	683150	2.3 水耗减	10688
3. 土地	971682	3. 环境污染负债	66398
3.1 农用地及未利用地	203992	3.1 水污染负债	7515
3.2 建设用地	767690	3.2 大气污染负债	19642
4. 林业资源	341400	3.3 固体废弃物负债	39241
4.1 活立木蓄积量	341400	自然资源负债合计	372480
5. 水	293934	自然资源净资产	3902512
自然资源资产合计	4274993	自然资源负债和净资产合计	4274993

表 7-28　2007 年自然资源资产负债表　　　　　　　单位：亿元

自然资源资产		自然资源负债	
1. 能源	1149438	1. 不可再生资源耗减负债	367813
1.1 煤	772998	1.1 能源耗减负债	112644
1.2 石油	231035	1.2 矿产耗减负债	255168
1.3 天然气	145404	2. 可再生资源耗减负债	80634
2. 矿产	3184503	2.1 土地耗减	6255
2.1 金属矿产	1472203	2.2 森林耗减	58297
2.2 非金属矿产	1712300	2.3 水耗减	16081
3. 土地	1452544	3. 环境污染负债	67743
3.1 农用地及未利用地	230944	3.1 水污染负债	11433
3.2 建设用地	1221600	3.2 大气污染负债	20184
4. 林业资源	336200	3.3 固体废弃物负债	36124
4.1 活立木蓄积量	336200	自然资源负债合计	516191
5. 水	419906	自然资源净资产	6026400
自然资源资产合计	6542591	自然资源负债和净资产合计	6542591

表7-29 2008年自然资源资产负债表　　　　　　　　单位：亿元

自然资源资产		自然资源负债	
1. 能源	1601215	1. 不可再生资源耗减负债	410473
1.1 煤	1169010	1.1 能源耗减负债	174532
1.2 石油	241895	1.2 矿产耗减负债	235940
1.3 天然气	190308	2. 可再生资源耗减负债	74803
2. 矿产	1972465	2.1 土地耗减	7053
2.1 金属矿产	1049505	2.2 森林耗减	54331
2.2 非金属矿产	922960	2.3 水耗减	13418
3. 土地	1286414	3. 环境污染负债	105184
3.1 农用地及未利用地	260414	3.1 水污染负债	9604
3.2 建设用地	1026000	3.2 大气污染负债	18600
4. 林业资源	313325	3.3 固体废弃物负债	76979
4.1 活立木蓄积量	313325	自然资源负债合计	590461
5. 水	472131	自然资源净资产	5055089
自然资源资产合计	5645550	自然资源负债和净资产合计	5645550

表7-30 2009年自然资源资产负债表　　　　　　　　单位：亿元

自然资源资产		自然资源负债	
1. 能源	1655171	1. 不可再生资源耗减负债	407068
1.1 煤	1202768	1.1 能源耗减负债	182068
1.2 石油	234967	1.2 矿产耗减负债	225000
1.3 天然气	217436	2. 可再生资源耗减负债	97611
2. 矿产	1818000	2.1 土地耗减	7481
2.1 金属矿产	1324800	2.2 森林耗减	62450
2.2 非金属矿产	493200	2.3 水耗减	27679
3. 土地	1994104	3. 环境污染负债	127436
3.1 农用地及未利用地	276204	3.1 水污染负债	12325
3.2 建设用地	1717900	3.2 大气污染负债	21495
4. 林业资源	360150	3.3 固体废弃物负债	93615
4.1 活立木蓄积量	360150	自然资源负债合计	632116
5. 水	660421	自然资源净资产	5855730
自然资源资产合计	6487847	自然资源负债和净资产合计	6487847

第七部分　国家自然资源资产负债表的试编探索

表7-31　2010年自然资源资产负债表　　　　　　　　　单位：亿元

自然资源资产		自然资源负债	
1. 能源	2026074	1. 不可再生资源耗减负债	469152
1.1 煤	1468724	1.1 能源耗减负债	243128
1.2 石油	312641	1.2 矿产耗减负债	226023
1.3 天然气	244707	2. 可再生资源耗减负债	102712
2. 矿产	1744900	2.1 土地耗减	8364
2.1 金属矿产	1306900	2.2 森林耗减	75833
2.2 非金属矿产	438000	2.3 水耗减	18514
3. 土地	3055196	3. 环境污染负债	18611
3.1 农用地及未利用地	308796	3.1 水污染负债	12519
3.2 建设用地	2746400	3.2 大气污染负债	33300
4. 林业资源	437325	3.3 固体废弃物负债	140191
4.1 活立木蓄积量	437325	自然资源负债合计	757875
5. 水	730679	自然资源净资产	7236299
自然资源资产合计	7994175	自然资源负债和净资产合计	7994175

表7-32　2011年自然资源资产负债表　　　　　　　　　单位：亿元

自然资源资产		自然资源负债	
1. 能源	2411387	1. 不可再生资源耗减负债	501501
1.1 煤	1754474	1.1 能源耗减负债	296841
1.2 石油	357061	1.2 矿产耗减负债	204659
1.3 天然气	299851	2. 可再生资源耗减负债	118905
2. 矿产	2284000	2.1 土地耗减	10010
2.1 金属矿产	1705500	2.2 森林耗减	78998
2.2 非金属矿产	578500	2.3 水耗减	29896
3. 土地	3059576	3. 环境污染负债	196178
3.1 农用地及未利用地	369576	3.1 水污染负债	12636
3.2 建设用地	2690000	3.2 大气污染负债	29522
4. 林业资源	455580	3.3 固体废弃物负债	154020
4.1 活立木蓄积量	455580	自然资源负债合计	816585
5. 水	739534	自然资源净资产	8133493
自然资源资产合计	8950078	自然资源负债和净资产合计	8950078

表7-33　2012年自然资源资产负债表　　　　　　　　单位：亿元

自然资源资产		自然资源负债	
1. 能源资产	2259020	1. 不可再生资源耗减负债	215068
1.1 煤	1569500	1.1 能源耗减负债	283507
1.2 石油	373419	1.2 矿产耗减负债	215068
1.3 天然气	316101	2. 可再生资源耗减负债	121325
2. 矿产	2520600	2.1 土地耗减	10745
2.1 金属矿产	1770600	2.2 森林耗减	87533
2.2 非金属矿产	750000	2.3 水耗减	23046
3. 土地	4436714	3. 环境污染负债	231960
3.1 农用地及未利用地	396714	3.1 水污染负债	17442
3.2 建设用地	4040000	3.2 大气污染负债	32988
4. 林业资源	504800	3.3 固体废弃物负债	181529
4.1 活立木蓄积量	504800	自然资源负债合计	851860
5. 水	1015276	自然资源净资产	9884549
自然资源资产合计	10736410	自然资源负债和净资产合计	10736410

（二）指标分析与讨论

1. 自然资源资产变化情况

如图7-1可见，1985年以来，我国的自然资源资产总体处于上升态势（2007年自然资源资产下降的原因可能是国际金融危机期间资源价格大幅下降，自然资源资产缩水）。造成自然资源资产增值主要是资源产品价格多数年份处于上涨，即使有个别年份出现回落但是总体上价格上涨幅度远大于价格下降幅度。另外，随着科技的进步，越来越多的资源被开发利用，资源储量不断丰富，种类日益多元，也使得自然资源资产不断增加。总体来看，自然资源资产与GDP的变化方向相同。经济的增长带来资源需求的增加，资源价格上升，自然资源资产增值。从自然资源资产与GDP的比值看，28年来一直在10~25波动，说明自然资源资产增速与GDP增速基本相同。

从自然资源资产结构看，2008年以前，构成自然资源资产最大比重的是能源资产与矿产资源资产，以1990年为例，当年矿产资源资产占自然资源资产比重达到44%，能源资源资产占比25%，而其他三类资产总计占比只有31%。从自然资源资产结构的变化趋势看,市场化较高的资源产品——矿产资源和能源价格波动较大,资产价值变化也较大。2008年以后,随着土地价格迅速攀升与国内外能源、矿产价格增速放缓,土地资产超过能源与矿产成为自然资源资产大头。这也从一个侧面印证了"土地财政"在这一时期对地方经济的重要地位,因为土地已经成为地方政府掌握的最有价值的自然资源资产。与之相比,林业资产与水资源资产变化相对缓慢,1985~2012年,林业资产增加了33倍,水资源资产增加了47倍,而能源资产增加了91倍,土地资产增加了173倍。

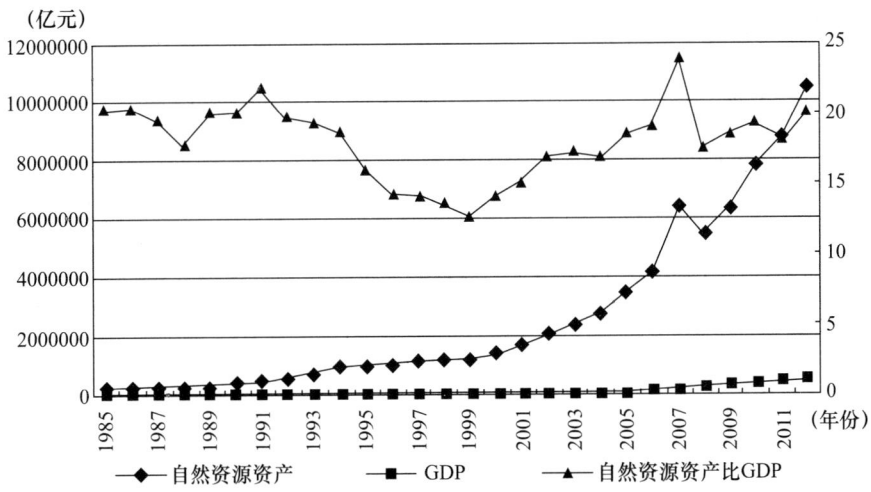

图7-1 自然资源资产与GDP的变化情况

能源资源资产中,煤炭资源资产一直是能源资产的最大构成,占比基本稳定在50%~60%,这也与我国是世界第一煤炭消费大国,煤炭占我国一次能源中处于绝对优势地位以及我国"富煤少油"的基本国情相一致。但是,近年来,以天然气为代表的较为清洁的能源,在自然资源资产中的比重呈上升趋势。矿产资源资产中,金属资产占主要部分,占比基本在2/3上下波动,总体来说金属矿产较为稀有、在经济社会中应用较为广泛、单位价值更高,因此,金属矿产资产在矿产资源资产中占比更高。土地资产中,2000年以前,建设用地资产与农用地资产相差不大,1985年、1986年农用地资产甚至超过了建设用地资产,随着土地市场化程度的不断提升,土地附加值不断挖掘,建设用地资产不断攀升,特别是房地产业的发展带动了建设用地的不断增值,2007年以后建设用地价格更是呈井喷式增长,到2012年建设用地资产占到了土地资产总值的90%以上。由于林业资产与水资源资产没有进一步分类,因此不分析两类资源资产的结构。

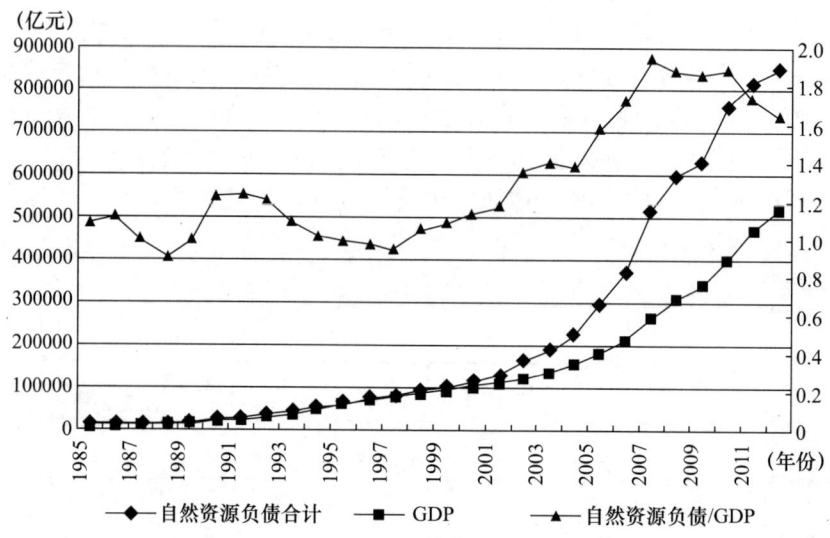

图 7-2　自然资源负债与 GDP 的变化情况

2. 自然资源负债变化情况

总体来看,自然资源负债呈逐年上升的趋势,进入 2000 年以后自然资源负债的增长更为迅速,由年均增长 15% 左右变为年均增长 20% 以上,说明人们的经济活动带来的生态环境问题呈加速恶化趋势。从自然资源负债与 GDP 比值看,20 世纪 90 年代以前平均为 1 左右,每 1 元 GDP 的生态环境代价大概也是 1 元,进入 2000~2007 年,自然资源负债与 GDP 比值较快增加,均值为 1.5 以上,经济增长带来的生态环境问题进一步加剧。2007 年以后,单位经济增长带来生态环境快速破坏的势头有所缓解,自然资源负债与 GDP 比值缓慢回落。

从负债结构看,不可再生资源负债（主要是矿产资源和能源资源）比重波动上升,特别是 2003 年以后成为自然资源负债最主要的构成部分,说明我国能源矿产消耗过快,而这些不可再生资源一旦耗尽将无法恢复。可再生资源负债（主要是水资源、土地资源、林地资源）在 2005 年以后占比有所下降,说明我国经济增长效率有所提升,单位 GDP 的地耗、水耗与林木耗用有所降低。可再生资源负债在总的自然资源负债中的占比在 2007 年以前主要呈下降趋势,2007 年以后开始上升,主要来自 2007 年以后土地资源的过快消耗。环境污染负债在自然资源负债中的占比在 2000 年以前较为稳定,2000 年以后占比下降。在环境污染负债的构成中,水污染占比最高,并且近年来呈加速恶化之势。

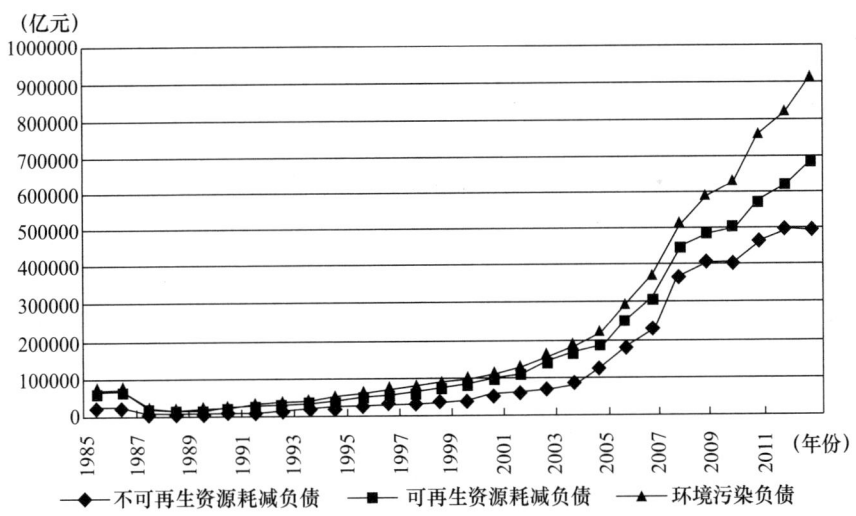

图 7-3 自然资源负债各部分变化情况

3. 主要会计指标分析

自然资源资产负债率即自然资源负债与资产的比率,主要反映遭到生态破坏或污染的自然资源资产占总资产的比重。自然资源资产负债率越低,说明受到破坏的资源资产比重越低,经济社会发展对生态环境的影响较轻,反之说明经济社会发展已经使较多自然资源资产受到侵害,资源环境问题较为严重。如图 7-4 所示,1995~2012 年,自然资源资产负债率占比基本在 10% 以内。虽然看似占比不高,但意味着自然资源环境的破坏并不严重,因为不是所有的自然资源资产都被破坏(即自然资源资产负债率达到 100%)时,人类才开始尝到恶果。事实上,因为人类活动过度排放温室气体,地球温度即便上升 1℃都会让人类付出极其惨重的代价。因此,即便自然资源资产负债率只有 0.1,生态环境问题也到了一个不得不关注的程度,况且 1985~2012 年自然资源资产负债率总体呈上升趋势,不过近年来略有下降。

自然资源产权比率是自然资源负债与自然资源净资产的比率,反映了自然资源资产所有者拥有的自然资源资产的稳健程度。产权比率越高,说明自然资源环境越恶化,人类发生资源环境危机的风险就越高,产权比率低,说明人们所掌握的自然资源净资产比重高,自然资源状况较为安全,人类可以用更多资源用于满足自身需求,实现经济社会发展。总的来看,我国自然资源产权比率的变化状况不容乐观,从 20 世纪 80 年代末的 95% 左右降低到 2007 年的接近 89%,近几年虽有所好转,但仍有向下的风险。

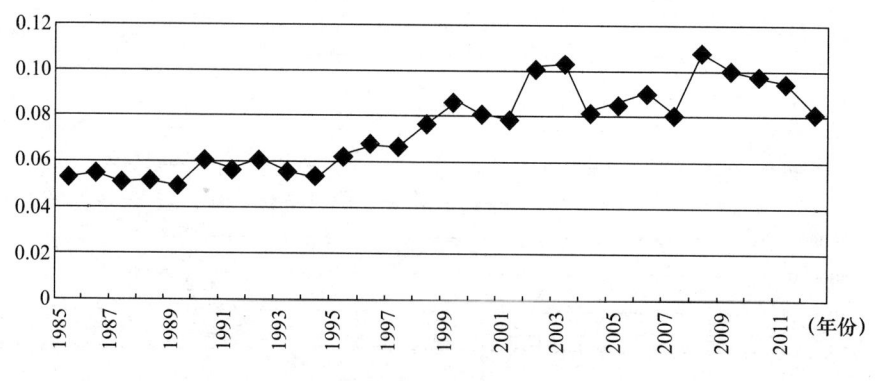

图7-4 自然资源资产负债率变化情况

(三) 回归结果分析

1. 自然资源资产的主要影响因素

从图7-1可以看出,自然资源资产与GDP变化高度相关,因此可以考虑建立函数模型,进一步研究两者关系。应用Eviews8.0软件得出的估计结果为:

RA = -17207.84 + 1.96GDP

 (-1.75)　　(40.28)

$R^2 = 0.984$　$\bar{R}^2 = 0.983$　S = 37172.89　DW = 1.8

对表7-34的残差值进行分析,可以发现2001年以前基本都在10000以内,2001年以后,波动幅度变大,2007年甚至达到100000以上,这说明单一GDP并不能对自然资源资产的变化给出有效解释,必须要修正模型。DW = 1.8接近于2说明误差序列间自相关并不严重。

表7-34　模型实际值、估计值与残差值　　　　单位:亿元

年份	实际值	估计值	残差值
1985	18313.21005	475.3681307	17837.84192
1986	20967.26814	2945.055159	18022.21298
1987	23496.1084	6442.863169	17053.24523
1988	26715.51262	12295.81745	14419.69517
1989	34214.4883	16119.39977	18095.08853
1990	37357.57472	19405.58196	17951.99276
1991	47712.627	25512.52645	22200.10055

续表

年份	实际值	估计值	残差值
1992	53305.84766	35597.60483	17708.24283
1993	68206.96016	52093.04303	16113.91713
1994	90102.98535	77323.39082	12779.59453
1995	96724.03675	102027.7141	-5303.677343
1996	101701.3339	122391.8448	-20690.51095
1997	111914.5132	137683.036	-25768.52284
1998	116063.3517	148331.6	-32268.24833
1999	113019.776	158677.141	-45657.36496
2000	139974.8449	177383.1766	-37408.33166
2001	165535.4642	197860.4752	-32325.01095
2002	203355.1058	218802.4091	-15447.30331
2003	234050.4299	249183.3645	-15132.93461
2004	272376.4394	296363.7618	-23987.32243
2005	343507.5957	345512.5342	-2004.938527
2006	413899.8427	407052.6946	6847.148148
2007	638862.8809	504129.7134	134733.1675
2008	547194.0554	598733.9072	-51539.85178
2009	630371.0875	651409.7112	-21038.62368
2010	778831.0293	770284.9739	8546.055436
2011	870369.4333	910697.8217	-40328.38838
2012	1047193.472	1000600.745	46592.72707

从图 7-1 可以看出我国自然资源资产在 2007 年以前较为平直,增长势头较为平缓,2007 年以后斜率变陡,增长变快。为了验证这一点,本书采用邹氏参数稳定性检验 2001 年我国自然资源资产增速是否有明显变化。

首先进行 1985~2012 年的回归,然后由邹氏检验断点结果,结果如下：

表 7-35 邹氏检验结果

Chow Breakpoint Test: 2001			
Null Hypothesis: No breaks at specified breakpoints			
Varying regressors: All equation variables			
Equation Sample: 1985 - 2012			
F - statistic	4.28695174	Prob. F (2, 24)	0.02559158
Log likelihood ratio	8.5528136	Prob. Chi - Square (2)	0.01389249
Wald Statistic	8.57390348	Prob. Chi - Square (2)	0.01374676

在5%的显著性水平下,应该拒绝零假设,说明2007年以后我国自然资源资产的增速确实发生了变化。

在统计过程分析中,可以将2007年数据看成异常值,由于2007年国际金融危机的爆发,国内外矿产资源价格出现较大波动,经济增长受到严重影响,使得原来较为稳定的经济关系出现较大偏离。因此,通过引入虚拟变量的方式加以解决,考虑如下模型:

虚拟变量DV在2007年时取1,其余年份取0,回归估计得:

$$RA = -18001.01 + 143724.8DV + 1.93GDP$$
$$\quad\quad\quad\quad\quad (5.4) \quad\quad (56.46)$$

$R^2 = 0.992 \quad \bar{R}^2 = 0.992 \quad S = 25739.41 \quad DW = 0.95$

R^2 从 0.984 提高到 0.992 说明由于虚拟变量的引进,回归方程的解释能力有了进一步的提高。

表7-36 模型修正后的实际值、估计值、残差值

年份	实际值	估计值	残差值
1985	18313.21005	-595.886675	18909.09672
1986	20967.26814	1834.962459	19132.30568
1987	23496.1084	5277.764512	18218.34389
1988	26715.51262	11038.67619	15676.83643
1989	34214.4883	14802.12948	19412.35882
1990	37357.57472	18036.63371	19320.94101
1991	47712.627	24047.54139	23665.08561
1992	53305.84766	33974.02348	19331.82418
1993	68206.96016	50210.05711	17996.90305
1994	90102.98535	75043.63657	15059.34878
1995	96724.03675	99359.4637	-2635.426949
1996	101701.3339	119403.3515	-17702.01756
1997	111914.5132	134454.0759	-22539.56268
1998	116063.3517	144935.1823	-28871.8306
1999	113019.776	155118.0309	-42098.25494
2000	139974.8449	173529.8985	-33555.05359
2001	165535.4642	193685.1744	-28149.71023
2002	203355.1058	214297.779	-10942.67316
2003	234050.4299	244200.9684	-10150.53852

续表

年份	实际值	估计值	残差值
2004	272376.4394	290639.4145	-18262.97512
2005	343507.5957	339015.2814	4492.314336
2006	413899.8427	399587.6712	14312.17151
2007	638862.8809	638862.8809	-4.36557E-11
2008	547194.0554	588254.5364	-41060.48101
2009	630371.0875	640101.9693	-9730.881826
2010	778831.0293	757107.8191	21723.21023
2011	870369.4333	895312.5574	-24943.1241
2012	1047193.472	983801.682	63391.79002

但是，残差值的变化仍然较大，需要进一步增加解释变量个数。为了分析的全面，尝试引入产业结构、物价水平、人口、人均收入水平、城镇化率等指标，产业结构指标分别用工业占GDP比重和第三产业占GDP比重代替，物价水平用历年CPI代替，人口数用全国总人口数表示，人均收入水平用恩格尔系数代替，城镇化率用城镇人口占总人口比重表示。考虑线性回归模型：

$$RA = \beta_1 + \beta_2 GDP + \beta_3 EN + \beta_4 IND + \beta_5 IND_2 + \beta_6 NP + \beta_7 CPI + \beta_8 CR + \beta_9 DV + u$$

其中：EN 为恩格尔系数，IND 为工业占比，IND_2 为第三产业占比，NP 为总人口数。

估计结果为：

$RA = 211415.2 + 1.98GDP + 2115.98EN - 5376.53IND + 2233.02IND_2 -$
    (0.91)   (10.2)   (0.5)   (0.45)   (-0.75)

$3.48NP + 1087.62CPI + 2875.86CR + 153616DV$
(-0.85)   (1.13)   (0.37)   (6.59)

$R^2 = 0.996$ $\bar{R}^2 = 0.994$ $F = 617.48$ $DW = 1.85$

观察各解释变量的t值，除了GDP和虚拟变量DV之外，其他解释变量都不显著，说明自然资源资产的变化主要受经济总量的影响较大，而与产业结构、人口数量、物价总水平等因素关系不大。

剔除其他变量，保留GDP与DV，这时估计的回归结果还是：

$RA = -18001.01 + 143724.8DV + 1.93GDP$
              (5.4)   (56.46)

$R^2 = 0.992$ $\bar{R}^2 = 0.992$ $S = 25739.41$ $DW = 0.95$

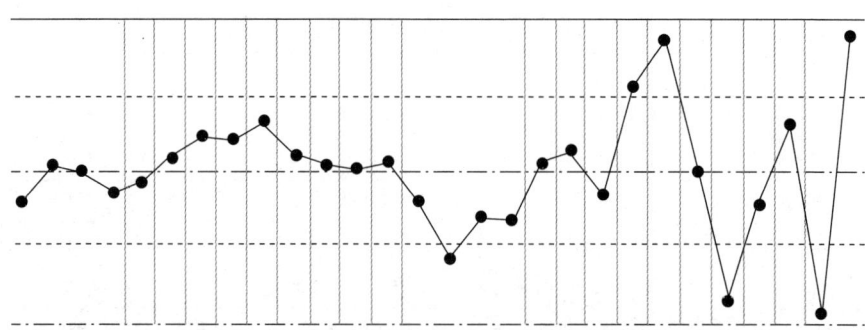

图 7-5 模型残差分布图

但是从残差的散点图可以看出，残差的绝对值呈逐年变大的趋势，上述模型的误差项可能存在异方差。下面用 Breusch-Pagan 方法，对异方差的存在性进行检验，为此考虑对残差平方 e_t^2 对 GDP 做回归，得到：

$$e_t^2 = -42948901 + 2521.06\text{GDP}$$
$$(-0.42) \quad (5.01)$$

$$R^2 = 0.49 \quad \bar{R}^2 = 0.47 \quad F = 25.12 \quad DW = 2.4$$

从上述回归结果可见，GDP 的系数非常显著，异方差判定系数 $LM = nR^2 = 28 \times 0.49 = 13.72$，自由度为 1，显著性水平为 0.05 的 χ^2 分布临界值为 $\chi^2_{0.05} = 3.84$，LM 的值超过了临界值，可以认为误差项存在异方差。

由于存在异方差，故对研究对象取对数后，再进行回归分析，得到如下估计方程式：

$$\ln RA = -0.9 + 0.97 \ln GDP + 0.34 DV$$
$$(3.52) \quad (42.41) \quad (2.34)$$

$$R^2 = 0.987 \quad \bar{R}^2 = 0.986 \quad F = 960.19 \quad DW = 1.81$$

根据 $e_t^2 = -42948901 + 2521.06\text{GDP}$ 的估计值对模型进行变换得到 $RA_t/\hat{\sigma}_t = \beta_1/\hat{\sigma}_t + GDP_t/\hat{\sigma}_t + u_t/\hat{\sigma}_t$，然后对变换后的模型应用最小二乘法估计得出：

$$RA_t = -12.67 + 2.4\text{GDP}_t$$
$$(-3.67) \quad (6.02 \times 10^{14})$$

$$R^2 = 1.0000 \quad \bar{R}^2 = 1.0000 \quad F = 3.62 \times 10^{29} \quad DW = 1.36$$

模型的残差值列表如下：

表 7-37 模型残差值

年份	残差值
1985	0.078746193
1986	0.087326156
1987	0.04601674
1988	-0.03997593
1989	0.089270967
1990	0.085975205
1991	0.181062175
1992	0.086413689
1993	0.069331317
1994	0.046699584
1995	-0.107507617
1996	-0.210215798
1997	-0.215304384
1998	-0.243371782
1999	-0.328723879
2000	-0.212822542
2001	-0.14211518
2002	-0.026442902
2003	-0.003271198
2004	-0.009729644
2005	0.081114433
2006	0.115575756
2007	-3.33E-16
2008	0.033278833
2009	0.095217688
2010	0.148033626
2011	0.100067144
2012	0.195351348

为了比较的方便,将残差值放大 10 倍,残差分布图如下:

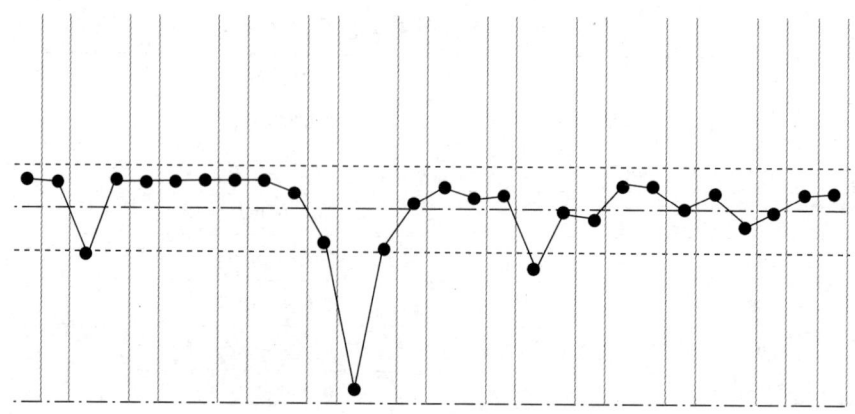

图7-6 模型修正后的残差分布图

可见,随着GDP的增长,残差绝对值变大的现象已不再明显,说明误差项之间的异方差性得到较好的规避。

综上所述,影响自然资源资产变化的因素可以概括如下:

lnRA = -0.9 + 0.97lnGDP + 0.34DV,即自然资源资产主要受到经济总量的影响,随着经济总量的增加,自然资源资产也在不断增值。除2007年以外,GDP每增长一个百分点,自然资源资产平均增加0.97个百分点,2007年金融危机使资源产品价格波动,使自然资源资产出现较大波动。

2. 自然资源负债的主要影响因素

根据自然资源资产与GDP的变化图可以看出,自然资源负债与GDP可能存在一定的正相关关系。

考虑建立函数模型,探索两者关系。应用Eviews8.0软件得出的估计结果为:

RD = -3363.45 + 0.18GDP

　　(-3.75)　(41.22)

$R^2 = 0.984$　$\bar{R}^2 = 0.984$　F = 1699.05　DW = 0.44

从回归结果可以看出,决定系数R^2、调整以后的$\bar{R}^2$都很大,F统计量也很显著,说明模型对自然资源负债的变化解释能力较强,但是DW统计量接近于0,存在较为严重的序列相关,可能遗漏了其他重要的解释变量。

根据一般经济理论,除了经济总量,产业结构、物价水平、人口、人均收入水平、城镇化水平等都可能对自然资源负债构成影响,因此各取一个有代表性的指标纳入回归方程,研究其对自然资源负债的影响。其中,产业结构指标分别用工业占GDP比重和第三产业占GDP比重代替,物价水平用历年CPI代替,人口数用全国总人口数表示,人均收入水平用恩格尔系数代替,城镇化率用城镇人口占总人口比重表示。考虑线性回归模型:

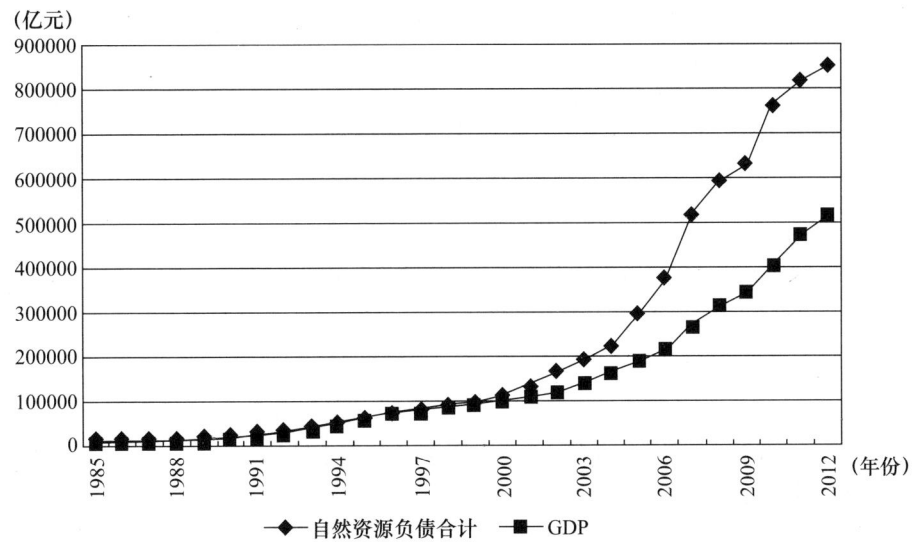

图 7-7 自然资源负债与 GDP 变化图

$$RD = \beta_1 + \beta_2 GDP + \beta_3 EN + \beta_4 IND + \beta_5 IND_2 + \beta_6 NP + \beta_7 CPI + \beta_8 CR + u$$

其中：EN 为恩格尔系数，IND 为工业增加值占 GDP 比重，IND_2 为第三产业增加值占 GDP 比重，NP 为总人口数。

估计结果为：

$RD = -11340.29 + 0.14 GDP + 845.72 EN + 27.11 IND + 182.8 IND_2 + 1.2 NP +$
       (0.28)   (5.36)   (1.43)   (0.02)   (0.18)   (2.12)
$132.6 CPI + 2153.63 CR$
(0.98)   (2.03)

$R^2 = 0.99 \quad \bar{R}^2 = 0.98 \quad F = 306.2 \quad DW = 0.74$

决定系数 R^2、调整以后的 $\bar{R}^2$ 都有所提升，说明模型的解释力更强了，但是有些变量很不显著，先去掉最不显著的工业占比 IND，重新进行回归。结果如下：

$RD = 9556.39 + 0.14 GDP + 844.94 EN + 162.29 IND_2 + 1.19 NP + 134.29 CPI +$
      (0.31)   (7.14)   (1.47)   (0.25)   (2.66)   (1.15)
$2165.16 CR$
(2.28)

$R^2 = 0.99 \quad \bar{R}^2 = 0.98 \quad F = 375.08 \quad DW = 0.75$

决定系数 R^2、调整以后的 $\bar{R}^2$、F 统计量都无很大变化，说明去掉工业占比 IND

对模型的影响不大,进一步证明工业占 GDP 的比重对自然资源负债影响不大。同时,第三产业占 GDP 比重的回归系数 IND_2 也不显著,将其从模型去掉,重新回归。方法和结论与工业占 GDP 比重 IND 一致,同理,解释变量 CPI、EN 也因为对模型影响不大、自身回归系数不显著,被从模型中剔除,具体方法与 IND 类似,这里不再赘述。

重新估计,得到的模型解释结果如下:
$$RD = 27546.01 + 0.15GDP + 0.66NP + 1985.84CR$$
$$\quad\quad (1.07) \quad\quad (7.9) \quad\quad (2.87) \quad\quad (1.94)$$

$$R^2 = 0.99 \quad \bar{R}^2 = 0.98 \quad F = 734.93 \quad DW = 0.78$$

这时,各解释变量均较显著,说明经济发展水平、总人口数、城镇化水平确实是影响自然资源负债的主要因素。但是,DW 统计量仍接近于 0,说明序列相关问题仍未消除,需要对模型进行修正。

根据计量经济学理论,一般来讲产生序列相关的原因主要有两种,一种是遗漏了重要解释变量,但是上面我们已经对可能解释自然资源负债的重要影响因素进行了分析与筛选,遗漏变量的可能性不大,另一种可能的原因就是经济行为较为普遍的惯性,使得自然资源负债的变化具有某种趋势性,导致模型存在较为严重的正的序列相关。

同时,white 统计量 $nR^2 = 15.27$,在 $\alpha = 0.05$ 显著性水平下,存在异方差。因此,模型的完善,需要既能有效解决序列相关问题又能较好解决异方差问题。

当序列相关问题与异方差问题同时存在时,选择用两阶段最小二乘法(TSLS)是比较常用的方法。其原理是引入工具变量,这个变量与随机扰动项不相关,因而用该工具变量在内生变量中寻找与它有关的变量。顾名思义,两阶段最小二乘法就是包含两个阶段的回归,第一阶段是找到工具变量,用最小二乘法对模型中的每一个解释变量与工具变量做回归,第二阶段是用第一阶段的拟合值代替内生变量,对原方程进行第二次回归,这次回归得到的系数就是最终估计值。

本书拟采用两阶段最小二乘法,先将解释变量与被解释变量(除了城镇化率以外)做对数变换,再引入工具变量时间 t,并将解释变量的滞后变量也作为工具变量。方程回归结果如下:

$$\ln RD = 69136.55 + 0.16\ln GDP + 0.86\ln NP + 1059.23CR$$
$$\quad\quad (3.12) \quad\quad (10.83) \quad\quad (3.23) \quad\quad (2.55)$$

$$R^2 = 0.98 \quad \bar{R}^2 = 0.98 \quad F = 682.01 \quad DW = 1.56$$

DW 统计量虽然仍不十分接近 2,但是与原来的方程相比,序列相关问题有了很大改善。white 统计量 $nR^2 = 4.37$,在 $\alpha = 0.05$ 显著性水平下,可以认为不存在异方差。此外，模型的拟合程度较好。综上所述，影响自然资源负债变化的因素可以概括如下：

经济发展水平、人口数和城镇化率是自然资源负债的主要影响因素。GDP每提高一个百分点，自然资源负债增加0.16个百分点；人口每增加1%，自然资源负债增加0.86%；城镇化率每提高一个百分点，自然资源负债增加1059.23亿元。

3. 自然资源资产负债率主要影响因素

先探索各种可能的影响因素与自然资源资产负债率的相关关系，初步建立以下函数模型，探索两者关系。由于量级相差悬殊，故先对GDP、人口数np取对数，再纳入如下模型。

$$RD = \beta_1 + \beta_2 \ln GDP + \beta_3 EN + \beta_4 IND + \beta_5 IND_2 + \beta_6 \ln NP + \beta_7 CPI + \beta_8 CR + u$$

应用Eviews8.0软件得出的估计结果为：

$$DR = 0.56 + 0.002\ln GDP + 0.0002 EN + 0.002 IND + 0.0005 IND_2 + 0.005\ln NP -$$
$$\quad (0.2) \quad (0.16) \quad (0.21) \quad (1.27) \quad (0.27) \quad (0.2)$$
$$0.0006 CPI + 0.001 CR$$
$$(-2.6) \quad (0.66)$$

$$R^2 = 0.89 \quad \bar{R}^2 = 0.85 \quad F = 23.9 \quad DW = 1.87$$

从回归结果可以看出，决定系数R^2、调整以后的$\bar{R}^2$都较大，F统计量也很显著，说明模型对自然资源资产负债率的变化解释能力较强，并且DW统计量接近于2，序列相关问题并不严重，不存在遗漏重要解释变量的问题。但是，一些解释变量没有通过显著性检验，先将最不显著的$\ln GDP$剔除，重新估计方程，如果一些变量仍不显著，继续从最不显著的变量开始，依次剔除，最终得到如下回归方程：

$$DR = 0.02 + 0.002 IND - 0.0006 CPI + 0.001 CR$$
$$\quad (0.49) \quad (2.3) \quad (-3.26) \quad (8.07)$$

$$R^2 = 0.89 \quad \bar{R}^2 = 0.87 \quad F = 66.2 \quad DW = 1.86$$

决定系数R^2、调整以后的$\bar{R}^2$进一步提高，F统计量也较为显著，模型的拟合优度较高，并且从DW统计量看，模型基本不存在序列相关问题。但是，方程的white统计量的P小于既定的显著性水平，说明方程存在异方差问题。对于序列相关不显著，异方差较为严重的情况，本书选择用加权最小二乘法（WLS）进行解决。其基本思路是赋予每一个观测值不同的权数，从而使回归模型的随机误差项具有同方差性。具体方法是首先用普通最小二乘法（OLS）估计方程，得到残差序列，再根据残差序列计算出加权序列，再对方程做如下变换：

$Y_t/\hat{\sigma}_t = \beta_1/\hat{\sigma}_t + \beta_2 X_{2t}/\hat{\sigma}_t + \cdots + \beta_k X_{kt}/\hat{\sigma}_t + u_t/\hat{\sigma}_t$

然后对变换得到的上述模型运用普通最小二乘法，即可以较为有效地解决异方差问题的方法。根据加权最小二乘的回归结果，得到新的估计方程如下：

$DR = 0.002IND - 0.0006CPI + 0.001CR$
　　　(97.09)　　(-94.5)　　　(103.85)

$R^2 = 0.99 \quad \bar{R}^2 = 0.99 \quad F = 167.4 \quad DW = 1.85$

消除异方差后的方程拟合优度有了进一步提高，而且解释变量的估计参数均通过 t 检验，变得更加显著。

回归结果的直观经济含义是：自然资源资产负债率主要受工业化水平、价格总水平、城镇化率影响，其中价格总水平是负影响，其他两项为正影响。可以解释为：随着工业化推进，污染水平加剧，资源消耗加速，自然资源资产负债率会提高，工业占 GDP 比重平均每提高一个百分点，自然资源资产负债率提高 0.002 个百分点；价格总水平的上升会带动资源类产品价格的上升，自然资源资产升值，自然资源负债占比相对减少，自然资源资产负债率变低，价格总水平每上涨 1 个百分点，自然资源资产负债率就降低 0.0006 个百分点；一般而言，城市人口所需要的资源远远高于农村人口，城市地区的污染问题也更严重，因此，随着城镇化的推进，自然资源资产负债率会提高，平均城镇化率每提高 1 个百分点，自然资源资产负债率就提高 0.001 个百分点。

（四）主要结论

通过分析 1985～2012 年自然资源资产负债表主要指标的变化情况，并做回归分析，根据回归结果可以得出以下几条结论：

一是总体而言，随着人类活动的不断加剧，我国的自然资源资产与负债，呈现出逐年上升的势头。经济增长在带来自然资源资产溢价的同时，也增加了自然环境消耗，增加了生态环境负担。经济发展水平是影响自然资源资产最主要的因素，这也在一定程度上解释了我国一些与资源环境有关的社会现象。比如近年来越来越严重的耕地破坏以及土地被非法侵占问题，其背后的驱动力之一是建设用地价格不断攀升，建设用地资源资产的价值远远超出农用地资源资产的价值，为了获取巨大的利益，地方政府只能选择将越来越多的耕地变为建设用地。

二是虽然我国的自然资源资产与自然资源负债均有增长，但是自然资源负债的上升速度要快于自然资源资产，自然资源资产负债率总体呈上升趋势（近年来略有下降）。说明与经济的发展带来的自然资源资产升值相比，自然资源负债的增速更快，片面追求经济增长的发展思路导致资源环境问题在短期内呈现加速恶化，好在近年来随着人们环保意识的提高，经济发展方式的转变，政府将更多财力用于生态环境保护,生态环境过快恶化的势头有所缓解。这种变化趋势与环境库兹涅茨曲线的理论比较吻合,即随着经济增长,环境生态问题会经历先恶化后好转的过程,资源环境状况曲线呈倒U形。

三是以1985年为基期,根据历年通货膨胀水平,按照1985年价格,将1985~2012年的自然资源资产与GDP折算为1985年水平,扣除价格因素进行分析。1986~1990年,真实自然资源资产和真实GDP水平均有所下降,说明这一时期,自然资源资产的增长主要来自资源价格的快速增加,而资源数量本身却有所下降,1990年以后,自然资源资产基本处于量价齐增状态,只有个别年份自然资源数量有所下降。从自然资源资产与GDP的比值看,28年来一直在8~10波动,扣除价格以后的真实自然资源资产存量与真实GDP增长同步,说明1990年以后自然资源储量稳步增加。

四是1985年以来自然资源资产的平均增长率为17%,自然资源负债的平均增长率为18.3%,自然资源负债增速快于自然资源资产增速。说明我们国家获得单位GDP增长的代价正在越来越大,转变经济发展方式势在必行。近年来,生态文明建设越来越受到高度重视,从自然资源负债的变化情况看,曲线斜率有变小趋势,照此发展下去,到2030~2040年我国自然资源负债有望到达拐点。与此相对应,近年来,我国自然资源资产负债率也有一定水平的下降,如果能继续保持这一势头,未来十年内自然资源资产负债率有望重回20世纪80年代中期水平。

五是经济增长和自然资源资产与负债都高度相关。经济发展是一把"双刃剑",有些观点认为"经济发展与生态保护"是非此即彼的对立关系,这种观点有失偏颇,GDP每增加一个百分点可以带来自然资源资产增长0.97个百分点,也可以带来自然资源负债增长0.16个百分点。关键是选择什么样的发展方式。资源节约型、环境友好型的经济发展可以在尽量减少生态环境破坏的前提下,实现较高水平的经济发展。合理的经济发展方式,可以让经济发展的同时取得生态效益的最佳。

六是相比于经济增长,人口数量的膨胀与城镇化水平的提高会带来更大的资源环境代价。人口增长和城镇化并不能直接带来自然资源资产的增值,却可以大幅提高自然资源负债水平。因此,虽然人口增速放缓可能使我国丧失"人口红利"优势,带来老龄化问题,但从保护生态环境角度将较为严格的人口控制政策是必需的,毫无疑问,多生一个人就会多一张嘴消耗资源。城镇化快速提升是我国将来经济社会发展的一大趋势,它将极大改变我国的经济发展模式与人们生活方式。一般而言,维持城市人口的生产生活所付出的资源环境代价要远远大于农村人口,所以城镇化可以在人口数量不增加的情况下带来自然资源负债的快速增长。因此，我们要积极推进绿色集约的新型城镇化，尽量降低城镇化过程中的资源消耗，合理把控城镇化节奏，使城镇化速度与资源环境承载能力相契合。

七是价格水平对自然资源资产负债的影响是综合性的，它虽然不直接增加自然资源资产，但是通货膨胀率较高的年份，GDP 增速也较快，而 GDP 是影响自然资源资产的最主要因素。因此，一般价格水平的上涨能带来能源资产、矿产资源资产、土地资产等价格上涨幅度，带来自然资源资产的升值。因此，价格水平对自然资源资产负债率的变化会产生重要影响，价格水平上升，资源产品价格上涨，在不放大自然资源负债和不增加实际自然资源存量的前提下，让自然资源资产迅速膨胀，形成资源产品价格泡沫。因此，在考核经济环境绩效的同时，要扣除物价影响因素，否则容易虚增自然资源资产，高估经济发展绩效。

六、做好全国自然资源资产负债表编制工作的对策建议

（一）加强编制工作的组织领导

湖北鄂州市、内蒙古鄂尔多斯市等都成立了高规格的领导小组，组建了一个专门的领导机构牵头推进改革，一个联席会议制度协调改革，一个督办机制督察改革，形成了领导重视、部门配合、上下联动、合力探索的工作格局。开展自然资源资产负债表的试编工作，必须明确各级各部门责任，层层传导压力，加强领导，精心组织，完善机制，严格督察。赋予各级各部门自然资源资产管理和生态环境建设的权限，保障正确行使权力。建立规范化、常态化工作考核机制，将考核结果作为党政领导班子工作实绩的重要内容。对各责任单位及各地开展检查、监督、督办、协调和考评，及时通报相关情况。加强引导，以改革试点为抓手，唤起人们对自然环境的关注，增强人民群众生态文明意识，培育绿色生活方式。

（二）加强对试编工作的管理与控制

根据各地的编制实际，适时制定出台自然资源资产负债表质量控制办法，对编制工作进行全过程、全方位的质量控制，对数据采集、数据申报、数据录入、数据评估等环节，建立分析制度。开展好试编工作，必须强化质量控制，切实提高试编工作的科学性、精准性、操作性，确保自然资源资产负债表编制工作做到"两个基"、"两个不"（即基础要打好、基数要定准，不留后遗症、不给发展捆

住手脚)。针对目前比较严重的数据偏差、部分年度资料缺失等问题，需要进一步研究补漏措施和方法。对试编工作中存在的问题，积极邀请社会各界有关专家进行会诊把脉，共同研究解决措施。

(三) 加快环境会计学科建设

对自然资源资产负债表的理论基础、研究框架、研究内容、编制方法、测算结果和影响因素，目前已经有了一些零散的研究，但总体都处于起步阶段，尚待进一步深入。环境会计的基本准则、确认、计量和信息披露依据要不断完善，将自然资源资产负债表纳入环境会计核算体系中，展开系统研究。

在环境会计准则体系中，国家会计师学会要加强研究并适时推出几种比较有代表性的自然资源的会计准则，发布相关会计政策指南，为自然资源核算工作提供规范和操作依据。国家编制自然资源资产负债表的项目团队除了要求研究团队掌握较为复杂的会计、审计等财务会计相关业务知识外，还要掌握包括土地、矿产、森林等自然专业技术知识，不仅要了解各种资源存量状况，还能掌握这些资源的基本特征，必须要构建跨学科的技术攻关平台，集中力量攻克核算技术难关。

理论界在深入研究有关会计理论的同时要加强对实践工作的指导，更要注重吸收实践工作取得的宝贵成果，加快人才培养和研究队伍建设，深化环境会计的理论研究。做好联合国综合环境与经济核算体系(SEEA)的中国化应用，加强绿色国民经济核算体系与环境会计学的融合研究。加强自然资源基础信息整合，建立和完善自然资源台账系统，对自然资源进行账户管理，提高数据的准确性和可靠性。加强自然资源基础数据收集，弥补自然资源数据空白。改进数据收集和信息监测技术与方法，充分利用大数据、互联网＋、物联网等新一代信息技术做好自然资源的动态监测，提高监测频度和效率。

(四) 提升自然资源统计与信息披露水平

目前，我国编制自然资源资产负债表工作基础并不完备，现有基础统计资料不够全面有些甚至干脆没有纳入统计范畴，由于我国长期以来缺乏对自然资源管理的统一规划，导致对于同一种资源常有多个部门混同管理、各行其是，各部门编制的自然资源核算表格零碎、片面。建立和完善统计核算体系应该坚持实用的原则，按照"计价什么统计什么"、"考核什么统计什么"、"审计什么统计什么"，根据自然资源保护和利用的重点，确定统计对象、统计指标和统计方法。在统计自然资源过程中还要考虑可计价原则，原则上还没有建立计价方法体系的自然资源或者计价难度过高的自然资源就可暂不纳入自然资源统计体系，等条件成熟再纳入。同时，统计制度要着眼于建立自然资源会计报表体系而不仅仅是自然资源资产负债表。自然资源统计核算内容非常庞杂，既要核算自然资源的存量，也要核算流量，同时要兼顾自然资源的数量与质量。仅仅依靠自然资源资产负债表还不能反映自然资源变化的全貌，也难以胜任领导干部绩效考核和离任审计等工作要求。要围绕"自然资源状况预警监测与管理、自然资源状况审计与考核"等编制多张报表，建立报表体系，才能综合反映自然资源变化情况，让统计数据更有实际意义。

我国的自然资源与环境统计及信息披露工作已经具备了一定的基础。这项工作目前主要建立在政府部门职能分工的基础上，统计和信息披露范围主要包括矿产资源、土地资源、水资源、森林资源、海洋资源、草地资源、野生动物资源、再生资源和环境统计九大类。2004年国家环保总局提出了《绿色国民经济核算体系框架研究》，同年国家统计局颁布的《中国国民经济核算体系》（2002年中文版）也新增了附属账户——自然资源实物量核算表，并试编了2000年全国的土地、森林、矿产、水资源实物量表。本质上，自然资源资产负债表是绿色国民经济核算体系的一个组成部分，也是环境会计的一项重要课题，属于环境会计的一种信息披露与报告。因此，自然资源资产负债表的数据统计应该符合绿色国民经济核算体系与环境会计的要求，加强相关成果对接，尽量保证所搜集、整理的数据符合绿色国民经济核算体系与环境会计的基本范式。

此外，要加强自然资源信息整合，建立和完善自然资源台账系统。重点需要做好两方面的工作，一要加强自然资源基础数据收集，弥补自然资源数据空白；二是改进数据收集和信息监测技术与方法，充分利用信息技术的快速发展，加强对自然资源的动态监测，提高原始数据的精度和可信度。

（五）各有关部门要紧密配合、相互支持

编制自然资源资产负债表是一项复杂的系统性工作，仅靠统计局一家的努力是难以完成的，必须要取得相关部门的支持。因此，需要各部门紧密配合、相互支持。当务之急首先要明确自然资源管理的权责，杜绝多头管理、各行其是的乱象。国家层面可以设立部际联席会议制度，由国家统计局牵头，国家发改委、中央银行、财政部、国土资源部、环境保护部、水利部、农业部、国家林业局、商业银行总行等部门参加。国家统计局可下设专门负责编制自然资源资产负债表的机构，各地统计局也要下设专门机构，主管自然资源资产负债表编制工作，在编制报表的过程中，国家统计局应当制定报表编制规范、设置自然资源资产账户、确定需要收集的数据项目，各相关部门按照统一的格式要求收集相关数据报国家统计局汇总，国家统计局根据报表编制规范，按需取用数据，形成国家层面的自

然资源资产负债表。各地可根据中央做法，结合本地实际情况，制定切实可行的自然资源资产负债表编制办法，但主要指标必须与中央相统一，同时要与其他地区做比较。

（六）坚持统一规范与特色鲜明相结合

推动自然资源资产负债表的目的之一就是摸清自然资源资产的"家底"，通过对领导干部的离任审计、损害赔偿和责任追究，完善领导干部政绩考核机制，倒逼各地区、各部门全面推进生态文明制度建设。在试点过程中，各地既要按照中央的部署要求，圆满完成改革试点各项"规定动作"的同时，也要把握本地区生态文明建设的特点，创新"自选动作"，凸显特色。开展自然资源资产负债表编制工作，既要编制好自然资源资产负债表，形成一套务实管用、可操作、可推广的报表编制方法和审计办法，又要积极探索审计评价、审计责任、审定和审计结果运用，建立领导干部自然资源资产离任审计制度，构建离任审计党政同责、权责一致、责罚相当的生态环境损害责任追究机制。在此基础上，探索使用资产管理的方式保护自然资源的新途径，健全生态文明建设领导体制，完善绿色财税金融政策，让自然资源资产负债表的编制体现出实实在在的成效。

（七）建立自然资源资产绩效考核体系

经济效益与环境效益是一对矛盾的统一体，从一定程度上讲只要人类存在发展就必然要消耗资源，因此有一些环境损害和资源消耗是不可避免的。但以牺牲环境为代价取得的经济发展必然是不可持续的，要想实现可持续发展必须使经济效益与环境效益保持在一个合理的平衡点上。作为自然资源保护的责任主体，政府的行为对于自然资源保护具有重要作用。干部是政府工作的决定因素，政绩考核是引导干部行为的指挥棒，将自然资源资产负债表的有关指标列入政府考核体系和领导干部离任审计体系，辅之以必要的组织措施，建立环境保护的行政问责制，有助于强化各级领导干部的生态意识和责任，逐步树立社会经济可持续发展的观念，能促使各级领导干部树立正确的政绩观，让广大干部真正对资源环境重视起来，在政府的宣传带动下形成人人参与、人人关心环境保护的社会风尚。在实绩考核内容的设置上，要紧密围绕国家的大政方针和区域整体发展思路，领导实绩考核除了经济建设指标、精神文明建设和社会发展方面指标和政治文明建设指标以外，将自然资源环境方面的指标（主要有自然资源资产变化情况、自然资源负债变化情况、自然资源资产负债率变化情况等）列入绩效考核体系。在干部考核选拔任用工作中，对在生态环境和资源方面造成严重破坏负有责任的干部不得提拔或重用。

指标1：自然资源资产。前面已经谈到一般自然资源资产与地区经济发展水平正相关，考核自然资源资产可以反映干部任内自然资源资产的增值情况，更全面地反映其经济建设方面取得的成就，同时自然资源作为全民所有的资产，其保值增值情况也是考核政府国有资产保值增值情况的一项重要内容。

指标2：自然资源负债。由于人类开发而消耗和浪费的自然资源形成了一笔笔的环境负债。自然资源负债如果过高说明当地政府在资源环境管理方面存在较大问题，而相关领导干部将负有重要责任。自然资源负债的变化是衡量干部任期内自然环境保护工作绩效的核心指标，也是决定干部升迁、奖惩的一项重要依据。

指标3：自然资源资产负债率。该项指标作为领导干部自然资源环境保护评价的综合指标，同时兼顾了自然资源资产和负债两方面的变化情况，有利于全面评价领导干部任内的自然资源环境保护工作。

指标4：GDP与自然资源负债之比。识别和评价干部的政绩，要尽量全面客观、真实、科学，防止片面性和简单化。既要看经济发展工作的成绩，又要看资源环境保护的成果，如果只强调其中一个方面而忽视另一个方面都是不可取的。GDP与自然资源负债之比是综合反映干部任内经济效益和环境效益情况的一个理想指标。

(八) 建立健全领导干部生态环境损害责任追究制度

在领导干部生态环境损害责任追究制度引入自然资源资产负债表的编制成果，各级政府对本地区自然资源资产、自然资源负债、自然资源所有者权益的变化负责，追究当地政府和部门责任，相关领导干部在职责范围内承担相应责任。凡是制定的政策措施以及重大工程项目引起自然资源资产负债表出现较大波动的，致使经济发展成就严重抵不上经济发展的生态环境负债的；做出与生态环境保护法律法规相违背的决策，致使自然资源负债有较大增加的，或者自然资源资产负债率有明显提高的；不顾本地区自然资源资产负债红线、盲目追求经济增速、不顾资源环境承载能力盲目决策造成严重后果的；对破坏生态环境行为不闻不问、制止不力或者默许纵容，导致自然资源负债有较大增加的，或者自然资源资产负债率有明显提高的；出现自然资源负债较快增加，或者发生严重的生态环境破坏事件，责任主体相互推诿扯皮，不担当、不作为，造成自然资源负债大幅增加或自然资源资产增长与自然资源负债增长明显不相称的；本地区发生严重环境污染和生态破坏事件，或者领导干部对严重环境污染和生态破坏（灾害）事件处置不力的；对不按规定公布本地区自然资源资产负债表及相关指标的；对篡改、伪造自然资源资产负债表数据的；多次对上级下达的自然资源资产负债表指标完成不力等行为，均应严肃追究相关地方和部门相关领导干部责任。

（九）进一步完善自然资源生态补偿和修复制度

在建立和完善自然资源资产绩效考核体系的同时还要建立自然资源生态补偿和修复制度，对于造成重大生态环境破坏的，对相关责任人和责任主体不能一罚了之，还要建立自然资源生态补偿和修复制度，将责任主体的不当行为造成的环境污染或生态破坏损失减少到最低程度。但由于缺乏完整科学的核算体系，难以准确评估环境损失代价，有时甚至找不到生态环境事故责任主体，最后往往成了政府埋单。例如一条河流流经A、B两省，两省拼命攫取河流的资源换取经济利益却不愿意分担河流污染的成本，中央政府试图明确两个省政府的河流生态补偿和修复责任，并分别予以处置的时候，往往由于找不到依据而作罢。同样道理，两省政府在试图追究污染企业的补偿修复责任的时候也因为没有依据和抓手而难以开展。如果将自然资源资产负债表引入自然资源生态补偿和修复制度，同时对企业的会计核算体系加以改进，结合政府的自然资源资产负债表，建立企业的自然资源资产负债核算体系，这就为中央政府合理划分地方政府自然资源生态补偿和修复责任、地方政府有效追究污染企业自然资源生态补偿和修复责任，并使该账户的确认为企业奠定了基础。

在完善自然资源生态补偿和修复制度过程中，各地要结合本地实际设定补偿标准和方案。虽然《决定》要求，将与人类生产生活方式相关的自然资源均应列入自然资源资产负债表，但是也应该因地制宜地考虑不同情况。有些地区不具备某种自然资源的编制条件，或者干脆没有某种资源，就不需要将其纳入当地的自然资源资产负债表进行考虑，以保证根据自然资源资产负债表测算的自然资源生态补偿和修复制度的严肃性和科学性。同时，考虑到自然资源资产负债表的编制还处于探索阶段，加之自然资源品类繁多，各地编制自然资源资产负债表要根据本地的特色优势资源，按照先易后难的原则逐步推进。例如，贵州省目前主要从基础数据好的森林、土地、水资源作为突破口进行试编，并以此为基础探索核算森林、土地、水资源的生态补偿标准，内蒙古自治区则侧重于核算其特色优势资源森林和草原，并探索出台《内蒙古自治区草原生态补偿标准》和《内蒙古自治区森林补偿标准》。

第八部分 地区自然资源资产负债表研究
——以内蒙古为例

一、地方编制自然资源资产负债表的重要意义

2013年11月,中共十八届三中全会提出"探索编制自然资源资产负债表,对领导干部实行自然资源资产离任审计"。随后,国家发改委、财政部等几部委联合发文要求各地申报国家生态文明先行示范区。未来成为示范区的地区,将率先探索编制自然资源资产负债表,实行领导干部自然资源资产和资源环境离任审计。自然资源资产负债表是一个完整的体系,不仅包括全国的自然资源资产负债表,也包括各地区的自然资源资产负债表。在探索编制自然资源资产负债表的过程中,一些地区大胆先行先试,走在了全国前列,内蒙古就是一个突出代表。2014年初,习近平总书记到内蒙古考察时,提出内蒙古要探索编制自然资源资产负债表,希望内蒙古大胆先行先试,探索建立可持续的生态环境保护制度。2014年6月,国家发改委、国土资源部、财政部、水利部、国家林业局联合印发了《关于开展生态文明先行示范区建设(第一批)的通知》,内蒙古鄂尔多斯市、巴彦淖尔市被列入全国第一批生态文明先行示范区。这意味着两市将与其他列入第一批生态文明示范区的城市一道在全国率先探索编制自然资源资产负债表。为了推进此项工作的顺利实施,自治区党委政府做出重要部署,强调要大胆先行先试,以编制自然资源资产负债表、建立生态环境损害责任追究制为重点,积极探索建立可持续的生态环境保护制度。

内蒙古面积辽阔,是全国重要的自然资源大区。截至2013年,全区共有82种矿产的保有储量居全国前十位,其中居前三位的有37种,煤、铅、锌、银等

16种矿产的保有储量居全国首位①。全区草原面积13.2亿亩,占全国草原的22%;全区森林总面积3.73亿亩,居全国第一位;全区现有耕地1.08亿亩,是全国唯一一个耕地面积增长的省区,人均占有耕地4.3亩,是全国平均水平的3倍,居全国第一位。因此,做好内蒙古的自然资源和环境保护工作对于全国的生态文明建设具有重要意义。为此,自治区党委书记王君多次强调加强生态文明建设的重要性,提出"两个屏障"和"三个守好"重要思路,从中国北方重要的生态安全屏障高度定位全区生态文明建设。自治区政府主席巴特尔进一步明确指出,编制自然资源资产负债表是探索建立可持续的生态环境保护制度和打造祖国北部边疆亮丽风景线的一项重点工作。

具体来看,编制自然资源资产负债表对于内蒙古落实生态文明体制改革,推进生态文明建设,划定生态红线,科学确定政府绩效考评体系具有重要意义。

第一,有利于经济效益与生态效益双赢。改革开放30多年来,特别是西部大开发战略实施以来,内蒙古经济发展突飞猛进,地区生产总值达到了空前的高度,2015年实现生产总值1.8万亿元,经济社会发展取得巨大成就。但是在经济快速发展的同时,一些地方抓环境、抓生态的手松了下来,导致生态环境问题日益凸显。2014年,媒体热炒并引起中央高度重视的"腾格里工业园区"污染事件便是一个典型的案例。发展经济必须以合理利用自然资源资产,保护生态环境为前提,以前那种"先污染后治理"的模式已经难以为继。内蒙古自治区党委、政府提出探索编制自然资源资产负债表,正是顺应这一历史趋势,为内蒙古今后的科学发展与可持续发展指明了方向。

第二,有利于考核与管理领导干部。长期以来,GDP的增长率被作为评估官员政绩的一项重要指标,造成一些干部不顾本地经济发展实际和资源、环境的承载能力,大搞形象工程、政绩工程。"边污染边治理,先污染后治理"在一些地区成了常态。不少领导干部在推动本地区经济腾飞过程中,敢闯敢干,带领当地经济发展、民生改善,成了引领发展的带头人,却也在不知不觉中当上了环境污染和生态破坏的"急先锋"。将自然资源资产负债表纳入干部审计与考核体系有助于完善干部考核评价制度,让干部评价更加多元化,不单以GDP来论英雄,引导干部逐渐树立正确的政绩观,更加注重生态建设。

第三,推动资源资产由"管理"转向"治理"。内蒙古资源藏量丰富、覆盖面广。自治区政府统筹兼顾,协调监督各盟市政府对资源环境进行管理。然而,自然资源管理是一项复杂的系统工程,涉及利益主体多元,各种利益博弈调处难度大,必须要不断转变管理理念,创新管理方式。编制自然资源资产负债表可以

---

① 数据来源于2013年内蒙古国土资源统计手册。

加快促进不动产登记与自然资源确权工作开展，进一步完善责任追究、损害赔偿制度，让"谁开发谁保护，谁受益谁补偿，谁污染谁治理，谁破坏谁修复"的原则真正落到实处。把政绩与生态保护挂钩，让资源环境资产由"管理"转向"治理"。

第四，编制自然资源资产负债表可以让自然资源的消耗与利用过程更加公开、透明，引导资源有序开发、高效利用，有助于随时掌握自然资源总量的动态变化，提升政府管理水平。通过社会经济组织编制自然资源资产负债表分表，各级政府进行统计汇总，编制自然资源资产负债表总表，有助于统筹谋划资源开发与保护，明确权责主体，便于社会监督，建立绿色会计核算制度，促进经济增长与环境保护相得益彰。

第五，为国家相关工作提供试验和借鉴。目前国内外还没有一个国家或地区真正开始实行自然资源资产负债表，以内蒙古为代表的一些地区如果能大胆探索在这一领域取得突破进而应用到实践中，无论是理论上还是实践上都具有重要意义。因此，内蒙古加快开展资源资产负债表研究和编制工作，对国家的相关工作将提供有益经验。

二、内蒙古自然资源情况概述

美丽富饶的内蒙古，资源环境储量极为丰富，有丰富的草场、茂密的森林、肥沃的耕地、众多的野生动植物和富集的地下宝藏，素有"东林西煤、南粮北牧、遍地矿藏"的美誉。

（一）矿产资源简介

1. 矿产资源的储量概况

内蒙古地域辽阔，地处世界三大成矿域中的古亚洲成矿域和环太平洋成矿域。各时代地层发育齐全，成矿地质条件优越，矿产资源丰富，具有发现矿产种类多，分布地域广，能源及重要矿产优势明显的特点，是我国21世纪重要的能源及原材料战略基地。到目前为止，在世界已探明的140多种矿产中，内蒙古已发现135种。探明储量的有70多种，矿产地860处，其中包括黑色金属矿产，有色金属及贵金属矿产，稀有金属、稀土和分散元素矿产，冶金辅助原料矿产，燃料矿产，化工原料矿产，建筑材料及其他非金属矿产。在已探明的矿产中，储量在中国前五位的有41种，居首位的有6种，特别是分布于西部的铁、稀土、铌、锆、煤等，储量大，品位高，易开采。其中稀土储量为世界第一，约占全国的90%以上，世界的70%以上。煤炭保有储量居全国第二位，且具有煤转电的良好条件，是保证中国首都北京和华北、东北地区电力供应的理想之地。鄂尔多斯天然气田是迄今中国发现的陆上最大的天然气田。内蒙古众多的内陆湖泊是碱盐、芒硝等化工原料的产地。此外，碱的储量居全国首位，芒硝的储量也很大。还有丰富的石灰石、云母、石英、硅砂、耐火黏土、石膏、石墨等30多种非金属矿产。据估算，内蒙古矿产储量潜在价值达13万亿元，居全国第三位。内蒙古从东到西，含煤面积达10万多平方公里，煤炭产地遍及全区，累计探明储量达2174亿吨，占全国煤炭探明储量的32%，仅次于山西省，居全国第二位；远景储量达1.2万亿吨以上，仅次于新疆，位居全国第二位。有色金属是内蒙古重要的优势矿产，现已探明储量的有铜、铝、锌、铅、镍、钴、钨、锡、铋、钼等18种。其中，铜、铅、锌、钨、铋、铂和银等，居全国前十位。稀有金属及稀土矿在自然界中十分稀少。内蒙古的稀土与铌蕴藏丰富，稀土探明储量占全国的97%，为世界罕见的富饶矿区。在现代冶金、航天、电子工业上有重要用途的稀有金属铌的储量居全国首位。主要集中分布于包头市的白云鄂博矿区。内蒙古的非金属矿产资源十分丰富，具有矿产规模大、矿石品位高、产地集中、矿种齐全、伴生矿多等特点。主要有：硫铁矿、盐类矿物、石膏、石墨、宝石等。

2. 内蒙古矿产资源的特点

(1) 资源储量非常丰富

经过地质工作者多年的努力，内蒙古发现的矿种达135种，查明有一定储量的上表矿产93种，其中有68种矿产的保有储量居全国前十位，29种矿产的保有储量居全国前三位。发现各类矿产地1081处，其中大中型矿产地362处。据统计，内蒙古已查明资源储量价值达3.22万亿元，占全国的18.6%，居全国第二位。人均矿产资源潜在总值为全国的7.6倍，是我国的矿产资源大省（区）之一。

(2) 内蒙古的矿产资源优势明显

举世闻名的白云鄂博稀土矿床的发现，使内蒙古的稀土矿储量在全国乃至全世界具有绝对优势，已查明的资源储量占全国查明储量的96%，占世界稀土查明储量的76%；煤炭资源优势也十分明显，是内蒙古最重要的矿产资源，储量居全国第二，著名的"乌兰煤"、"太西煤"是内蒙古优质煤的代表，前者为著名的绿色环保煤，具有特低灰、特低硫磷的特点，后者是世界上发热量最高的煤，是内蒙古出口的名牌产品；具有优势的矿种还有锌、铅、银、锗、铌钽、天然气、芒硝、石膏、萤石、天然碱、膨润土等。这些矿产分布较为集中，具有建设大型能源、化工、冶金、建材基地的资源基础。

(3) 内蒙古矿产资源具有"三多"的特征

一是矿产贫矿多,富矿少,多数需选矿才能利用,例如贫铁矿占99.6%,贫磷矿占98%。二是共伴生矿多是内蒙古矿产的显著特点。铁、钼、稀土等主要金属矿床共伴生矿的比例很大,大型矿占51.8%,小型矿的比例超过30%,如朝不楞铁锌多金属矿床中可计价的金属元素达14种,有的价值甚至大于主矿种。某些大型矿床中共生价值极大的其他矿种,如锡林郭勒盟特大型胜利煤田中伴生我国最大的锗矿,准格尔煤田共生大型优质高岭土矿,白音诺尔铅锌矿共生内蒙古最大的硅灰石矿。这些共伴生矿有益成分多,综合利用价值大是好事,但也给采、选、冶增加了技术难题。三是难选矿多是内蒙古矿产资源的又一特点。几乎所有的共伴生金属矿均为难选矿石,例如白云鄂博铁—铌—稀土矿,"八〇一"铌—钽—铍—锆—稀土矿,黄岗梁铁—锡矿,霍乞气铜—铅—锌—铁矿等,此外难选矿还有温都尔庙式铁矿、布龙图磷矿、额仁陶勒盖银矿床的氧化银矿石等。这些矿石成分复杂,粒度细小,选矿难度大,造成综合利用水平低,或者在当前技术水平下还不能开发利用,成为"呆矿"。只有经过选冶技术攻关研究,才能使其提高综合利用水平成为可能。

3. 内蒙古矿产资源开发利用方面存在的主要问题

(1) 内蒙古矿业发展水平低,与资源大区的地位不相称

据2003年底统计资料,全区有存储量的1018处矿产地中,已开发利用的有761处,尚有约25%的尚未开发利用。已开发利用矿种66种,占查明资源储量的矿种的71%。有开采矿山企业4019家,其中绝大多数为小型矿山,大中型矿山企业不到1%;矿山从业人员27.5万人。设计采矿能力2.83亿吨,实际采矿量2.47亿吨。全区矿业年产值超过10亿元的矿种有煤、石油、稀土,其中煤的产值超过全区矿业总产值的一半,产值在1亿元以上的矿种有铁、铜、锌、铅、湖盐、水泥等。全区矿业总产值201亿元,占全国矿业总产值的2.46%,位居第11位;人均矿业产值5.33万元,低于全国平均水平,属于矿业欠发达省区之一。

(2) 内蒙古优势矿产资源综合利用水平较低,亟待加强

矿山企业众多,规模过小,生产技术及设备落后,小煤矿回采率低于40%,最低仅15%,采富弃贫浪费严重,资源利用率很低,而且造成的破坏也难以弥补,令人心痛。

共伴生矿床采矿时,对共生矿产综合利用差。如准格尔煤田中共生的优质高岭土,仅黑岱沟露天矿共生的高岭土资源就达亿吨以上,目前年产煤1200万吨的大型露天煤矿已达产,而高岭土矿综合利用很少;又如白音诺尔铅锌矿共生的硅灰石矿储量很大,用途很广,但至今尚未与铅锌矿同时开发利用。

共伴生矿石和难选矿石选矿工艺不过关,资源转换技术含量低,投入少,造

成共伴生矿综合回收能力差,尾矿中残留的有用成分多;有的由于选矿工艺不过关,造成资源呆滞目前暂时难以开发。例如:温都尔庙式铁矿是内蒙古现存资源储量最大的铁矿产地,但由于含磷硫高,选矿工艺不能完全解决脱硫脱磷问题,在目前铁矿短缺的情况下也只能用作配矿,难以大规模开发利用,形成铁矿石原料基地。

矿产品深加工研究开发不够,产品单一,附加值低,市场竞争力差,以非金属矿产最明显。

矿山形成的尾矿尾渣,电厂排出的粉煤灰,洗煤厂产出的煤矸石等日益增多,总体而言利用不够,尚未变废为宝,难以达到"循环经济"的要求。

(二) 森林资源简介

1. 森林资源的概况

内蒙古是国家重要的森林基地,大兴安岭的3/4位于内蒙古境内。全区森林总面积3.73亿亩,占全国森林总面积的11%,居全国第一位,活立木总畜14.84亿立方米,居全国第五位。内蒙古森林资源大部分集中在大兴安岭北部山地,原始森林占全区林地面积的50%。全区数目种类繁多,乔灌树种达350多种,盛产兴安落叶松、白桦、黑桦、色木等优质木材,云杉、油松、柞木等树种具有较高的经济和科学研究价值。人工林是内蒙古森林的重要组成部分,据统计,全区人工林面积达7971万亩。

2. 森林资源的分布特点

(1) 森林资源贫乏,且分布不均匀

全区森林覆被率仅为14.82%,自东向西、自北向南分布着11个集中成片的林区,即内蒙古大兴安岭林区、宝格达林区、迪彦庙林区、克什克腾林区、罕山林区、茅荆坝林区、大青山林区、蛮汗山林区、乌拉山林区、贺兰山林区和额济纳林区。其中内蒙古大兴安岭林区是森林面积最大、蓄积量最多、森林覆被率最高的第一大林区,这里森林茂密,为我国的主要用材林区,罕山林区次之。由于长期对林木的采伐利用,森林资源遭受严重破坏,各林区的森林生态系统十分脆弱,提供环境服务效益、对木材和林副产品的提供以及提供基因资源和保护生物多样性等整体功能下降。

(2) 森林资源结构不尽合理,树种单一

内蒙古森林资源从林种结构看,林分面积和蓄积以用材林占有绝对优势,分别为88.44%和87.99%,特用林、防护林和薪炭林的面积和蓄积都很少,这种林种结构必将影响森林多种效益的充分和持续发挥。从龄组结构上看,幼、中龄林面积占有很大优势,分别为林分面积的29.30%和38.15%,近、成、过熟林面积分别占林分面积的10.34%、15.13%、7.08%,而蓄积则中龄林占有量最大,为38.48%,成熟林次之,为21.97%,幼龄林、近熟林和过熟林所占比重接近,合计为39.55%。表现为成过熟林少,中、幼龄林多,近期可采伐利用的森林资源偏少。从优势林分结构方面看,阔叶林占林分面积、蓄积的比重大,分别为63.52%和53.63%,其主要树种为杨树、柳树、白桦、柞树和榆树,针叶林占林分面积、蓄积的比重分别为36.48%和46.37%,林木种类主要是落叶松、樟子松和油松。

(3) 森林资源的质量和生产力较低,多资源利用程度差,采伐利用不便

内蒙古林分平均蓄积量为71立方米/公顷,低于全国平均水平;林分郁闭度为0.6,森林质量和生产力较低;全区森林资源的利用主要是林木资源的利用,多资源综合开发利用程度低。由于全区有林地面积集中分布在中山和低山地段,采伐利用不便。

(4) 天然林面积减少,人工造林保存面积不断增加

由于采伐、乱砍滥伐和毁林开荒,使天然林面积不断减少。根据调查,全区天然林面积在1993~1998年由1313.15万公顷下降到1289.62万公顷,年均下降4.17万公顷;目前人工林面积350.36万公顷,年均增加13.83万公顷。从权属看人工林面积个体林增幅量大,集体林呈减少的趋势,反映出林业改革的政策大大地调动了农牧民造林的积极性,使之成为我区植树造林的重要力量。人工林面积从林种结构上看,防护林、用材林、薪炭增加,经济林减少。从保护生态环境的角度出发,应进一步增加防护林的比重。

(三) 草原资源简介

1. 草原概况

草原是内蒙古的最大特色和优势资源,全区草原总面积13.2亿亩,占全国草原总面积的22%,其中可利用草原面积10.2亿亩。内蒙古草原的特点有:草原面积最大、类型最大、保存最完整。全国11片重点牧区草原中,内蒙古占5片。草原植物资源丰富,有野生植物2000余种,其中饲料植物793种。草原植被总面积达8700万公顷,其中可利用草场面积6800万公顷,占全国可利用草场面积的20%以上。内蒙古草原东起松辽平原西部,沿大兴安岭西麓,经由内蒙古高原西至黄土高原,从古至今一直是我国重要的畜牧业区。在我国畜牧业地理区分上,把内蒙古的各个草原总称为"内蒙古草原",面积88万多平方公里,占自治区总土地面积近2/3,占全国草场总面积的1/4多,居我国五大牧区之首。依据区域水热条件和植被特征的差异,内蒙古的天然草场从东向西,随着地势、气候、土壤等生态因素的各异,可划分为草甸草原、典型草原和荒漠草原等类

型，并形成了呼伦贝尔草原、科尔沁草原、锡林郭勒草原、乌兰察布草原、鄂尔多斯草原五大草原带。内蒙古草原地势平坦，沃野千里，天高云淡，空气清新。尤其在夏季以其凉爽的气候、绿草如茵的环境吸引着国内外游人。

据内蒙古第3次草地资源普查结果，全区优质高产草地占0.5%，优质中产草地占11.2%，优质低产草地占32.0%；中质高产草地占3.4%，中质中产草地占11.4%，中质低产草地占18.3%；低质高产草地占2.9%，低质中产草地占4.3%，低质低产草地占16.3%。其等级结构为：草甸草原以中质中产型和优质中产型草地为主，典型草原以优质低产型和优质中产型为主，荒漠草原类以优质低产型草地为主，草原化荒漠以中质低产型为主，荒漠类以低质低产型为主。山地草甸类和低平地草甸类均以中质中产型和中质高产型为主，沼泽类草地的质量低劣而产量较高，以低质高产型为主。

2. 内蒙古自治区的五大草原

呼伦贝尔草原分布于大兴安岭西麓的高原上，总面积约为8.37万平方公里，大部分属于草甸草原和典型草原类型，得名于呼伦湖和贝尔湖。呼伦贝尔草原以明镜般的湖泊、银光闪闪的河流、气势磅礴的山岭、绿草如茵的原野为其特色。

科尔沁，蒙古语意为"带弓箭的卫队"，源自成吉思汗长弟哈布图萨尔率领的带弓箭的近卫军。科尔沁草原主要包括大兴安岭东南部浅山丘陵、辽嫩平原、西辽河平原等地区，草场面积约635.5万公顷，其中林间草场面积约368.4万公顷，大部分为草甸草原，部分为典型草原和荒漠草原。

锡林郭勒草原分布在东至大兴安岭南段西麓、南至阴山山地北麓、西至集宁—二连浩特铁路、北达中蒙边境的广大区域内，总面积1900多万公顷，是内蒙古重要的传统天然草原，世界著名的天然草原之一。

乌兰察布草原东起集宁—二连浩特铁路，北至中蒙边境，西止巴彦淖尔高原东侧，南接阴山山地北麓，总面积近700万公顷，以荒漠草原为主，南部大都辟为旱作农田。

鄂尔多斯草原位于阴山山地以南，三面为黄河所环抱，仅在东南部以古长城为界与陕北高原相接，总面积700多万公顷。

3. 草原过度开发利用带来的问题

（1）人口和牲畜的过快增长超过了草原的承载能力

人口的迅速增长和对资源需求量的加大，以及世代传承并固守不放的应数畜牧业，让原本资源量并不富足的草地，承载了超出自身承受能力的人畜重负，是造成草地退化、沙化，并持续扩展的重要原因之一。据资料，全区草原退化、沙化面积已经达到5893.5万公顷，占草地面积的68%。其中有30%的草原退化，35%的草原沙化和3%的草原盐碱化。自20世纪中叶以来的几十年间，草原退化、荒漠化的速度明显加快，据报道，20世纪50~70年代，平均每年扩大1560平方公里，80~90年代，平均每年扩大2100平方公里，进入90年代以后，年扩展速度已经达到2460平方公里，速度之快十分惊人。天然草地产草量与20世纪50年代相比，下降30%~50%，部分草地达到70%以上，重度退化草场的生产力近乎于零。生物多样性遭到破坏，生态严重失衡。草地资源质量大幅度下降，且已失去了防风固沙、涵养水源、净化空气、保护环境、人文景观等主要功能，昔日人们视野中曾经有过的"天苍苍，野茫茫，风吹草低见牛羊"的丰美景象，已经逆转成为主要的风沙源头。不仅当地人民的生存条件遭受到严重威胁，同时也对全国20多个省市区，乃至韩国、日本的空气质量造成不同程度的影响。由于人口的快速增长，驱使牧民盲目增加牲畜头数，以满足人口日益增长对基本生活保障的需求，从而导致草场严重超载过牧，甚而抢牧、争牧的现象也常有发生。草原长期处于畜群的啃食、践踏之下，得不到休养生息的机会，即便枯黄凋零的冬春季节和冰雪覆盖的隆冬，每天也有大量的马、牛、羊群不停地刨食。特别是每年春夏之交，牧草刚刚露出新芽，即被饥不择食的畜群一扫而光，极大地破坏了牧草正常的生长发育，致使牧草植株逐年变矮，变稀，产草量逐年下降，优良牧草减少，毒草种类增加，同时也使土地结构因过度踩踏而受到严重破坏。牧草质量产量的降低，必然导致牲畜个体膘情的下降，从而又引发新一轮的头数增长，如此恶性循环。

（2）掠夺式经营加剧了草场的破坏

只取不予的掠夺式经营，破坏了草地生态系统物流循环的规律以生物为核心的能量流和物质循环。广大牧区已不再是一个封闭的、自我循环式的小农经济时代，而是步入市场经济的快车道，草原上的畜、草、肉、毛、皮、乳、酪、药材、发菜、蘑菇、沙葱、干花、益鸟等一切产品，几乎全部成为商品进入市场，光秃秃的草地上，就连牛、羊的粪便，也被牧民作为薪材和商品肥料捡拾一空。自然死亡的牲畜尸骨，也被作为工业原料，转化成生物制剂，一切能够返还给草原微生物的食物链源，全部被断绝一空。如此严重的巧夺豪取，阻断了系统内物流循环的规律，使草原入不抵出，导致了生态危机的发生。

（3）草原的破坏引发生态环境的连锁反应

草原植被的破坏，减少了空气流动过程中下垫面的阻力，从而加剧了空气的流动，为形成沙尘暴需要12米/秒以上风速提供了动力。当然，强对流天气的形成与频繁出现，又加剧了草原向退化、沙化过程的演替。生态失衡，为鼠类、蝗虫大量繁衍滋生提供了最佳外部环境，加剧了草原的退化与沙化由于生态环境和栖息地的破坏和人为的滥捕、乱猎，投放毒饵等行为的影响，草原生态系统中的野生动物资源锐减，相对平衡的食物链被人为地断裂，如苍鹰、天鹅、地甫鸟、鸿雁、百灵鸟、狼、狐、旱獭、蛇等，已经成为草原上难以见到的珍稀物种，生物多样性的消失，导致物种相互制约力的失衡，从而让繁殖力极强的鼠、虫，在失去天敌的生境下，孳生成灾。以锡林郭勒盟为例，随着草地资源的退化，鼠、虫灾害日趋严重。据统计，1974~1986年全盟因鼠害造成的草地退化面积达483万公顷，其中仅1986年，锡林郭勒盟北部布氏田鼠成灾面积就达167万公顷，占12年面积总和的34.6%。进入90年代后，特别是从2000年开始，草原蝗虫灾害严重发生，仅2000~2003年，全盟草原蝗虫成灾面积就达2092.7万公顷。由于鼠、虫的大量啃食破坏，造成草原地表裸露，千疮百孔。鼠、虫灾害的发生，让已经退化的草原进一步恶化，反过来又为鼠、虫灾害的大发生创造了适宜的环境，如此往复，每况愈下，直至最终演化为寸草不生的沙滩或裸地。

（四）土地资源简介

1. 土地资源概述

内蒙古自治区总土地面积为118.3万平方公里，占全国土地面积的12%。全区人均土地面积为5.23公顷，相当于全国人均土地面积的6.5倍。其中各类土地资源的人均占有量都高于全国平均水平，人均耕地面积0.38公顷，人均林地面积0.88公顷，人均牧草地面积2.98公顷，分别为全国平均水平的4.8倍、4.2倍和12.6倍。以大兴安岭、阴山、贺兰山山地为界，内蒙古土地资源利用方式存在明显的地区差异。山地以北，其利用以牧业为主，形成了我国重要的牧业生产基地；山地以南，土地利用为农、牧、林交错分布，形成我国重要的农牧林交错带，其中的平原地是以灌溉农业为主，形成粮油糖生产基地；山地以林地为主，其中兴安岭北部是我国重要的林业生产基地。从土地资源的质量和适宜性来看，东部优于西部，南部优于北部。

据第二次全国土地调查，内蒙古耕地、林地、牧草地、水域、居民点及工矿用地和未利用土地面积分别为935.58万公顷、1651.33万公顷、5306.65万公顷、183.72万公顷、255.34万公顷和3100.68万公顷，分别占全区总土地面积的8.18%、14.44%、46.41%、1.61%、2.23%和27.12%。从全区土地利用现状可以看出，牧草地和未利用土地面积较大，其比例高于全国平均水平，其余土地利用类型的比例均低于全国平均水平。

2. 土地利用现状结构与分布特点

（1）耕地资源丰富

全区耕地面积有935.58万公顷，占土地总面积的8.18%。其中，水田、旱地分别有88823公顷和926.7万公顷，占全区现有耕地面积的0.1%和99.9%。耕地资源的分布有明显的地域差异。全区在现有耕地中，呼伦贝尔市、赤峰市、通辽市、乌兰察布市和兴安盟的耕地面积比较大，分别占全区现有耕地面积的19.10%、17.75%、15.57%、11.50和11.20%；而乌海市和阿拉善盟的较小，仅占全区现有耕地的0.04%和0.25%。耕地在本盟（市）总土地面积中占比例最大的是呼和浩特市，其比例为30.77%，其次是通辽市、乌兰察布市、呼伦贝尔市和赤峰市，分别占24.64%、19.70%、19.39%和19.15%；而阿拉善盟最小，仅为0.15%。全区耕地二级类型结构不够合理，旱地比重大，而水浇地和灌溉水田的比重较小。在地域分布上，旱地和灌溉水田主要集中在自治区东部和中部，由东向西逐渐减少，水浇地集中分布于自治区西部，从西向东减少。这种结构特点和地域分布规律充分反映了自治区地理环境区域特征和种植业发展现状。

（2）牧草地面积大，资源丰富

内蒙古草原是我国五大草原之首，是重要畜产品基地。牧草地是全区各土地利用类型中面积最大的，这是内蒙古土地利用结构的一个重要特征。全区12个盟市牧草地所占比例均高于其他各类用地。牧草地面积最大的是锡林郭勒盟，占本盟总土地面积的83.76%，占全区牧草地面积的31.67%；其次是呼伦贝尔市，占本市总土地面积的38.88%，占全区牧草地面积的18.53%；鄂尔多斯市居第三位，占本盟总土面积的61.38%，占全区牧草地面积的10.05%；牧草地面积最小的是乌海市，占本市总土地面积的43.86%，占自治区牧草地面积的0.14%。牧草地在本地区总土地面积中所占比例的大小，反映着该地区的用地经济类型。内蒙古牧草地中高覆盖度草地面积为2376.7万公顷，占牧草地总面积的44.79%，说明自治区牧草地的质量相对较好。但是，由于自然地理环境结构有明显的地域差异，牧草地的质量也有很大的区域差异。高覆盖度草地集中分布于呼伦贝尔市、锡林郭勒盟、赤峰市、兴安盟和通辽市，其面积分别为910.10万公顷、536.37万公顷、271.23万公顷、144.14万公顷和133.61万公顷。而西部的鄂尔多斯市、巴彦淖尔市和阿拉善盟的高覆盖度草地面积较小，分别为124.80万公顷、70.45万公顷和4.48万公顷。中覆盖度草地有1865.72万公顷，占牧草地的35.16%，主要分布在自治区中部的锡林郭勒盟中西部、乌兰察布市、科尔沁沙地和呼伦贝沙地区。低覆盖度草地集中分布在中西部地区，占牧草地的20.05%。全区牧草地二级利用类型结构不尽合理，天然牧草地占绝对优势，而改良草地和人工草地比重很小。这反映了内蒙古的主干产业——畜牧业仍然靠天然草地、粗放经营。从质量角度来看，中、低覆盖度草地占相当大的比例。这种用地结构和类型结构，使畜牧业生产十分脆弱和不稳定，从而严重制约了畜牧业的发展。

（3）林地分布极不均衡

林地主要分布在大兴安岭以及大青山、蛮汉山、乌拉山、贺兰山等山地和浑善达克沙地、毛乌素沙地、科尔沁沙地、部分农区及半农牧区。而大兴安岭、阴山与贺兰山以西以北的广大草原地区，很少有成片林地分布。从行政区域看，呼伦贝尔市林地面积最大，面积为1200.58万公顷，占全区林地面积的72.70%，成为我国重要的林业生产基地，兴安盟和赤峰市林地面积分别占全区林地面积的9.06%和7.50%。乌海市林地面积最小，占自治区林地面积的0.01%。自治区的林地二级结构类型中，有林地所占比例最大，而其他类型的比例均很小。有林地面积最大的是呼伦贝尔市，占自治区有林地面积的82.34%，有林地所占的比重由东向西呈递减的规律，即从呼伦贝尔市的83.11%减少到阿拉善盟的2.56%；灌木林在林地结构中的比重正与有林地的分布相反由西向东递减，即从阿拉善盟的95.43%减少到呼伦贝尔市的2.41%。这些规律与全区自然地理条件的变化是比较一致的，也与内蒙古生态环境质量的空间格局相一致，林地面积的大小直接影响着各地区的生态环境质量和生态环境保护。

3. 土地开发利用中的问题

（1）土地利用及经济效益地区差异显著

东南部农牧交错带以耕地、草地为主，土地产出水平在全区最高；东北部林区以林地、草地、耕地为主，土地产出水平偏低；内蒙古高原及鄂尔多斯高原以草地为主，土地经济效益较差；阿拉善以荒漠为主，土地产出率最低。

（2）土地利用结构不合理

全区土地利用结构中，各类用地面积比例相差悬殊，农牧林生产用地和未利用土地比重大，城镇交通等建设用地规模小。农牧林占总面积的69.04%，其中耕地占8.18%。由于水热等自然条件的限制，全区耕地面积比重比全国平均水平低。牧草地是占土地利用类型中面积最大的一个类型，而林地分布极不平衡。这三大类中存在的最主要问题是各类型的内部结构不合理。耕地主要以旱地为主，水田只占0.1%。旱地内部也以广种薄收的粗放性经营为主，而且菜地和水浇地等基本农田的比重小。牧草地以天然草地为主，其中中低覆盖度草地占较大比重，草业和草场建设十分薄弱。林地以有林地为主，而其他结构类型的比例均很小。

（3）土地产出水平低

由于土地利用模式的原始性和经营管理的粗放性，全区土地产出水平很低。全区耕地、草地、林地三者占可利用土地面积的95%，而其中2/3盟市的耕地粮食单产低于全区平均水平。1/3盟市的草地单位牧业产值低于全区平均值，而且草地面积最大，人均牲畜头数最多的锡林郭勒盟单位面积牧业产值在全区最低。

(五) 水资源简介

1. 水资源概况

内蒙古大部分地区年降水在 350 毫米以下，多年平均总降水量为 3194.3 亿立方米，除蒸发、蒸腾外，转化成水资源率不高，仅为 508.81 亿立方米，其中地表水占全区水资源总量的 72.9%，地下水占 27.1%，仅是全国水资源量的 1.8%，水资源量缺乏。全区水资源空间分布不均匀，绝大多数分布在东部四盟市，中西部分布甚少。内蒙古自治区境内共有大小河流 1000 余条，其中流域面积在 1000 平方公里以上的河流有 70 多条；流域面积大于 300 平方公里的有 258 条。内蒙古地表水资源主要分布在嫩江流域、额尔古纳河流域、西辽河流域和黄河流域，其人均占有水量和耕地均占有水量都超过全国平均水平，属较丰地区。内蒙古地下水资源普遍分布，但水质由东向西呈由好变差的分布规律，在农业平原区，地下水含水厚度大，埋藏浅，易于开采，所以工农牧业和城镇用水主要依靠地下水资源。矿泉和热泉主要分布在东部。呼伦贝尔市鄂温克旗的碳酸泉在全国著名。兴安盟阿尔山矿泉水以及赤峰宁城县热水乡、敖汉旗林家地、克什克腾旗张家营子的热泉可建热电站和医疗疾病。此外，凉城县中水塘泉和乌拉特中旗阿善泉，属中温泉，亦可开发利用。

2. 水资源分布特点

内蒙古水能源理论蕴藏量为 497.6 万千瓦，可开发一百多个水电站，总装机容量可达 244.3 万千瓦，但目前开发量不大，仅开发利用了 1.2%，开发潜力巨大。据水利部最新统计，内蒙古水资源总量为 545.95 亿立方米，占全国水资源量的 1.92%；水资源可利用总量为 285.02 亿立方米，占全区水资源总量的 52.2%。按国际标准，人均拥有水量达 2000 立方米为严重缺水边缘，人均拥有水量达 1000 立方米为最起码要求，内蒙古自治区属于严重缺水边缘。由于地域辽阔，各地水文地质条件差异较大，水资源的数量及其变化主要受各地降水量的控制和影响，降水量在空间分布上自东向西逐渐减少，一般由呼伦贝尔市一带的 450mm 至阿拉善盟不足 50mm，同时，由南向北年降水量也在减少，使地表水资源数量在空间的分布及其变化与降水量的区域分布及变化具有相同的规律，即自东向西、由南向北逐渐减少的规律。从地表水在年内的分配来看，产流大小与降水量完全相吻合，自治区中西部的多数河流在干旱季节均有断流时期，这对地表水的开发利用增加了许多困难。再加上人为欠合理利用、截流等，使广大地区的地表水流量逐年减少，湖泊干涸，河流断流，尤其是中西部草原与荒漠地区，20世纪五六十年代许多中小型水泡与河流目前大部分消失；从地下水来看，受气候、地质构造与古地理多种因素的影响，使地下水无论在资源数量上还是质量上及其空间分布上,均有随气候变化的分带性。水量由东向西减少,水质变差。

3. 水环境恶化的表现

内蒙古不仅水资源短缺,水环境质量也日益恶化。其表现为以下几方面:

第一,江河湖海的污染,由于城市化进程的加快,工农业的发展,以及农用化肥、农药的大量使用和工业废水未经处理或部分处理后排入江河湖海,造成地表、地下水体不同程度的污染,自治区污染严重的河段主要集中在辽河和黄河流域。此外,内蒙古境内松花江流域污染也较为严重,污染河段以耗氧有机类污染为主,而且呈持续恶化的趋势。黄河流域最大的淡水湖乌梁素海仅2004年就向黄河排了7500万立方米污水,是黄河内蒙古段最大的一个排污口。

第二,地下水超量开采导致地下水位下降,近20年来,国民经济迅速发展,一直保持较高的增长率,相应地下水的开发利用量也逐年加大,部分城市、旗县地下水的开采总量成倍增长,使地下潜水和承压水水位均出现不同程度的持续下降。1956~2003年包头市地下潜水水位在扇形地的上部、中部和下部累计分别下降10~20米、5~10米,最大累计降深27.74米,黄河冲积平原一般下降1~5米。承压水大部分地段下降30~49米,最大达49.64米。呼和浩特市潜水水位下降25米左右,承压水水位下降30多米,通辽、赤峰等城市也出现不同程度的地下水位下降。

第三,个别地方承压水井长期自流,使本来有限的水资源的相当部分失去了使用价值。没有得到很好的利用。目前,自治区水资源短缺与粗放低效利用的状况并存,而水资源的粗放低效利用,又加剧了水资源短缺程度,形成恶性循环。以上种种构成了自治区严重的水环境问题。

三、内蒙古自然资源资产负债表的编制结果

(一)草原资源资产的价值

整理所收集的数据,应用于国家自然资源资产负债表相一致的编制方法,试编了2002年、2007年、2012年的内蒙古自然资源负债表。由于草原是内蒙古的最具特色资源,因此将草原资源资产单列,以突出内蒙古特色。土地资源资产、林地资源资产、水资源资产、能源资源资产和矿产资源资产的价值核算方法与全国自然资源资产负债表的核算方法相同,这里不再赘述。下面重点介绍一下草原资源资产的价值核算方法。

自然资源资产负债表的编制与应用

草原资源资产的计算方法参考了《锡林郭勒盟草原生态服务功能价值评估研究》（内蒙古农业大学课题组成果）。具体估计方法如下：

1. 指标的确定

以已有的对生态系统服务功能的分类方法为基础，根据将要采用的价值评估方法的需求，结合谢高地等对生态系统服务功能进行适当的整合而提出的评估指标体系，先核算锡林郭勒盟的草原资源资产价值，倒算全区草原资源资产的价值。根据《锡林郭勒盟草原生态服务功能价值评估研究》，可以将锡林郭勒草原自然保护区生态系统服务功能的评估指标确定为气体调节、气候调节、水源涵养、土壤形成与保护、废物处理、生物多样性保护、食物生产、原材料和娱乐文化9类。

> **专栏**
>
> **草原资源的价值评估指标**
>
> 1. 气体调节
>
> 草地生态系统通过光合作用过程与大气中的物质进行交换，固定并减少大气中的二氧化碳，增加大气中的氧气，这对维持地球大气中的二氧化碳和氧气动态平衡、减少温室效应以及提供人类生存的基本条件有着巨大的不可替代的作用。据估计，陆地上绿色植物提供地球上60%以上的氧气。
>
> 2. 气候调节
>
> 草地类自然保护区作为草地生态系统的组成部分，在调节气温和空气湿度方面的作用十分显著。大面积的草地与裸地相比，草地上的湿度一般较裸地高20%左右，小面积的草地也比空旷地的湿度高4%~12%。夏季草地的地表温度比裸地低3~5℃，而冬季则相反，草地比裸地高6~6.5℃。草地在维护整个生态环境良性循环中占有极为重要的地位。草地利用方式的改变，如不同的放牧强度乃至过度放牧、彻底转变为农田等，在不同尺度上对气候具有显著的影响。放牧引起的草原植被群落结构、组成及覆盖状况的改变，导致了地表能量反射率的改变，由于裸地增加、草被覆盖率低，导致了高的光能反射率、植被粗糙程度、蒸腾作用的减少，从而对气候产生影响。
>
> 3. 水源涵养
>
> 完好的天然草地凭借其地面覆盖、土壤疏松多孔和由细根组成的庞大根系，降雨时不易形成地表径流，显著地增加壤中流，能够起到良好的截留降水和净化水质的作用，并可以补充地下水和调节河川流量，而且比空旷裸地有

更高的渗透性和保水能力，对涵养土地中的水分有着重要的意义。天然草原的牧草因其根系细小，且多分布于表土层，因而比裸露地和森林有较高的渗透率，据测定，生长2年的牧草拦蓄地表径流的能力为54%，高于生长3~8年的森林20%。

4. 土壤形成与保护

草地对土壤的影响，主要有改良土壤、固土、防治沙漠化、防止水蚀和风蚀等。其中，植被防治地表土壤水蚀、风蚀和沙漠化的作用主要通过覆盖部分地表、增加下垫面粗糙度和拦截运动的沙粒三种生态过程来实现。草地植被在土壤表层下面具有稠密的根系并残留大量的有机质，这些物质在土壤微生物的作用下，能够改良土壤，培养土壤肥力，使土壤理化性质改善，提高土壤中氮、磷、钾含量及各种微量元素的含量。同时由于土壤腐殖质与钙质胶结，能够在一定程度上提高土壤的抗蚀性。

5. 废物处理

在一定的范围内，生态系统能够储存、分解、循环相当数量的人类活动所产生的各种有机或无机废物。植物在抗生范围内能够通过吸收来减少空气中有害微粒的含量湿地及其他水生生态系统，能够处理人类活动产生的大量有机废水，使之成为可供饮用的清洁水。牲畜放牧过程中，大量的排泄物散落在草地生态系统中，在自然风化、淋滤以及生物碎裂和微生物分解等综合作用下，得以降解，使养分回归草地生态系统。该功能避免草地生态系统连续放牧利用过程中大量牲畜粪便的积存，对于维持草地生态系统功能与过程至关重要。

6. 生物多样性保护

生物多样性是指从分子水平到景观水平的各个组织层次上的不同的生命形式，包括遗传多样性、物种多样性和生态系统多样性三个主要层次。它既是生物之间，以及生物与其生存环境之间复杂的相互关系的体现，也是生物资源丰富与否的重要标志。它是对自然界生态平衡基本规律的一个简明的科学概括，也是衡量生产发展是否符合客观规律的主要尺码。

7. 食物生产

草地类自然保护区作为具有一定生产能力的草地生态系统，能够生产人类生活必需的肉、奶和其他食用农畜产品，同时，还可生产一些能食用的植物资源。据调查，我国草地生态系统中可被用于制作食品、被人类直接利用的食用植物有近2000种，按食用方式可划分为菜蔬植物、果品植物、蜜源植物、饮料及其他植物。

8. 原材料生产

　　天然草地除长有种类繁多的优良牧草，还蕴藏着十分丰富的经济植物，它为饮食业、医药业、工业、环境保护及美化等国民经济领域提供了大量的原料和成品，同时带来了很高的经济效益。我国各种草地类型中，经济植物包括藻类、菌类、蕨类、裸子植物和被子植物几大门类达 150 余科，7000 余种，其中有重要开发价值者在 2000 种以上。

　　野生动物作为一种资源，可以为人类提供许多生活用品和工业用原料。根据野生动物的主要用途，可将其分为肉用型、毛羽皮革用型、药用型、观赏型及其他类型。实际上，许多野生动物同时具有多种用途，可以综合利用。

9. 文化娱乐功能

　　草地类自然保护区的文化娱乐功能是指人们通过精神感受、认知发展、主观印象、消遣娱乐和美学体验从保护区的自然生态系统中获得的非物质利益。主要包括以草地生态系统和自然保护区为基础形成并发展的颇具特色的民族文化艺术、精神和宗教价值、社会关系、知识系统（传说的和有形的）、重要的教育和科学研究价值、灵感、美学价值及自然文化遗产价值生态效益和社会经济效益。

2. 评估方法

　　美国学者 Costanza 等采用生态系统服务价值系数，对全球各种生态系统的各类生态系统服务功能价值进行了估算，但在这项研究中某些数据存在较大偏差，如对耕地的价值估计过低，对湿地又偏高等。为此，我国学者谢高地等总结 Costanza 等的研究成果的不足之处，在对我国 200 位生态学者进行问卷调查的基础上，制定出我国生态系统生态服务价值当量因子表，见表 8-1。生态系统单位面积生态服务价值当量因子是指生态系统产生的生态服务的相对贡献大小的潜在能力，定义为 1 公顷全国平均产量的农田每年自然粮食产量的经济价值。以此可将权重因子表转换成当年生态系统服务单价表，经过综合比较分析，确定 1 个生态服务价值当量因子的经济价值量等于当年全国平均粮食单产市场价值的1/7。并计算出了全国平均状态的生态系统生态服务功能的单位面积价值，见表 8-2。

　　科研、文化价值是锡林郭勒草原自然保护区生态系统服务功能价值的非常重要的组成部分。但科研成果和教育实习的效果等很难较准确的量化，且短期内难以见效，即国内外至今尚没有合适的方法，也几乎无人涉及该领域的研究。利用条件价值法对存在价值和遗产价值的评估也存在着很多不确定的因素，很难得出较准确的价值量。基于以上情况并结合保护区的实际，采用谢高地等对草地生态系统服务功能价值评估方法,利用对遥感影像进行人工目视解译获得的土地利用变化数据(见表8-3),对锡林郭勒草原自然保护区生态系统服务功能价值进行评估。最终计算出锡林郭勒盟草原不同土地利用类型的气体调节、气候调节、水源涵养、土壤形成与保护、废物处理、生物多样性保护、食物生产、原材料生产、文化娱乐共9种生态服务功能的经济价值。

表8-1 中国陆地生态系统单位面积服务价值量当量表

服务类型	林地	草地	耕地	沼泽地	水体	荒漠
气体调节	3.5	0.8	0.5	1.8	0	0
气候调节	2.7	0.9	0.89	17.1	0.46	0
水源涵养	3.2	0.8	0.6	15.5	20.38	0.03
土壤形成与保护	3.9	1.95	1.46	1.71	0.01	0.02
废物处理	1.31	1.31	1.64	18.18	18.18	0.01
生物多样性保护	3.26	1.09	0.71	2.5	2.49	0.34
食物生产	0.1	0.3	1	0.3	0.1	0.01
原材料生产	2.6	0.05	0.1	0.07	0.01	0
文化娱乐	1.28	0.04	0.01	5.55	4.34	0.01

表8-2 中国陆地生态系统单位面积生态系统服务功能价值

单位:元/公顷

服务类型	林地	草地	耕地	沼泽地	水体	荒漠
气体调节	3097.0	707.9	442.4	1592.7	0	0
气候调节	2389.1	794.6	787.5	15130.9	407	0
水源涵养	2831.5	707.9	530.9	13715.2	180332.2	26.5
土壤形成与保护	3450.9	1725.5	1291.9	1513.1	8.8	17.7
废物处理	1159.2	1159.2	1451.2	16086.6	16086.6	8.8
生物多样性保护	2884.6	964.5	628.2	2203.3	2203.3	300.8
食物生产	88.5	265.5	884.9	88.5	88.5	8.8
原材料生产	2300.6	44.2	88.5	8.8	8.8	0
文化娱乐	1132.6	35.4	8.8	3840.2	3840.2	8.8
单位面积总服务价值	19334	6404.7	6114.3	54179.3	202975.4	371.4

表8-3 锡林郭勒盟草原2002年、2007年、2012年土地利用面积

单位：公顷

类型	2002年面积	2007年面积	2012年面积
林地	110.98	110.98	110.98
耕地	12480.03	17809.17	27437.4
高覆盖度草地	261333.77	82980.14	162816.34
中覆盖度草地	250252.47	329840.69	271456.85
低覆盖度草地	110806.16	187829.02	147742.67
湖泊	707.47	267.15	685.58
居民点	873.29	905.38	1393.67
沙地	2093.23	20395.86	22745.5
盐碱地	3150.88	5676.64	4395.77
裸岩、石砾地	0	2027.29	2251.05
总和	659259.41	659259.41	659259.41

在锡林郭勒盟草原11种土地利用类型当中，高、中、低覆盖度草地面积的总和占保护区总面积的比例，为了提高价值评估结果的准确性，对谢高地等提出的草地生态系统服务功能单价（见表8-2）进行了产草量订正，得出2002年、2007年和2012年三个年份的锡林郭勒盟草原草地生态系统服务功能单位面积价值。具体如下：

单价订正：$P_{ji} = (b/B) P_j$

式中，P_{ji}为订正后的单位面积上草地的第j种生态服务价值（元/公顷）；j=1，2，…，9分别代表气体调节、气候调节、水源涵养、土壤形成与保护、废物处理、生物多样性保护、食物生产、原材料生产、文化娱乐9种生态系统服务功能；P_j为全国草地生态系统服务功能平均单价；b为单位面积平均产草量；B为我国草地单位面积平均产草量。

对草地单位价值进行订正时，锡林郭勒盟草原单位面积平均产草量b是根据现有的锡林郭勒盟草原不同草地亚类的单位面积平均产草量和各草地亚类的面积计算得出的，计算公式为：

$$b = \sum_{j=1}^{7} b_i \times a_i / A$$

式中，b为锡林郭勒盟草原单位面积平均产草量，为锡林郭勒盟草原各草地亚类的单位面积平均产草量（公斤/公顷），i=1，2，…，7分别为锡林郭勒盟

草原平原丘陵草甸草原、山地草甸草原、平原丘陵草原、山地草原、沙地草原、低湿地草甸和盐化低地草甸 7 种草地亚类。a_i 为锡林郭勒盟草原各草地亚类的面积（公顷）；A 为各草地亚类的面积之和（公顷）。

最后根据 2002 年、2007 年和 2012 年三个年份的各草地亚类单位面积平均产草量数据和 2002 年、2007 年两个年份的各草地亚类的面积，得出 2002 年、2007 年和 2012 年三个年份的锡林郭勒盟草原单位面积平均产草量。其中，考虑到草地类型的变化相对比较缓慢的特点，将年和年的锡林郭勒盟草原各草地亚类的面积视为基本相同。

生态系统服务价值的计算公式为：

$$V = \sum_{i=1}^{7} \sum_{j=1}^{9} P_{ij} \times A_i$$

其中，V 为锡林郭勒盟草原生态系统服务总价值（元）；P_{ij} 为单位面积上土地利用类型 i 的第 j 种生态服务价值（元/公顷）；A_i 为锡林郭勒盟草原内土地利用类型的分布面积（公顷）。草地以外的 7 个土地利用类型的总面积不及锡林郭勒盟草原总面积的 9%，各类型的面积都比较小，因此在计算中，只对草地的单位价值进行了生物量订正，其他类型的单位面积服务价值数据直接采用了全国平均单位面积服务价值。同时，没有沙地、盐碱地、裸岩、石砾地的单位面积生态系统服务功能价值，将其视为与荒漠的单位价值相同。

3. 评估结果

基于土地利用数据得出 2002 年锡林郭勒盟的草原资源资产价值 46.83 亿元，2007 年的锡林郭勒盟的草原资源资产价值 60.52 亿元，2012 年的锡林郭勒盟的草原资源资产价值 64.64 亿元，根据锡林郭勒盟草原占全区草原的比重，计算出 2002 年、2007 年和 2012 年内蒙古草原资源资产价值为 6155.828 亿元、7955.386 亿元和 8496.962 亿元。2012 年土壤形成与保护、废物处理、水源涵养、气候调节、生物多样性保护和气体调节等间接使用价值占生态系统总服务价值的比例分别是 22.4%、19.8%、14.91%、14.55%、13.03% 和 9.43%，食物生产、原材料生产和娱乐文化等直接使用价值之和占生态系统总服务价值的 5.88%。间接使用价值是锡林郭勒盟草原直接使用价值的 16 倍，可见提高和保护锡林郭勒盟草原的间接使用价值，比直接利用更重要。

（二）内蒙古自然资源资产负债表的编制结果

根据内蒙古自治区统计年鉴、内蒙古自然资源普查结果以及相关公开资料，应用与全国自然资源资产负债表相一致的编制方法，考虑到数据的可得性，试编了 2002 年、2007 年和 2012 年的自然资源资产负债表，以作为编制地区自然资源资产负债表的参考。试编结果如下：

表8-4 内蒙古自然资源资产负债表（2002）　　　　单位：亿元

自然资源资产		自然资源负债和净资产	
1. 能源	89098.199	自然资源负债	
1.1 煤	79173.397	1.（应计）自然资源耗减负债	7452.65
1.2 石油	4832.332	1.1 不可再生资源耗减负债	5467.755
1.3 天然气	5092.47	1.1.1 能源耗减负债	2771.569
2. 矿产	79204.957	1.1.2 矿产耗减负债	2696.186
2.1 金属矿产	67241.04	1.2 可再生资源耗减负债	1984.895
2.2 非金属矿产	11963.917	1.2.1 土地耗减	1063.83
3. 土地	15180.592	1.2.2 森林耗减	417.725
3.1 农用地	3277.993	1.2.3 草原耗减	503.34
3.2 建设用地	11902.599	1.2.4 水耗减	433.408
4. 林业资源	5048.041667	2.（应付）环境保护负债	3128.5
4.1 活立木蓄积量	5048.041667	2.1 废水排放负债	1311.116
5. 水	2295.9898	2.2 废气排放负债	1032.234
5.1 地表水	1619.373	2.3 固废排放负债	785.15
5.2 地下水	676.617	自然资源负债合计	10581.15
6. 草原	6155.828	自然资源净资产	186402.85
自然资源资产合计	196983.6075	自然资源负债和净资产合计	196984

表8-5 内蒙古自然资源资产负债表（2007）　　　　单位：亿元

自然资源资产		自然资源负债和净资产	
1. 能源	128786.484	自然资源负债	
1.1 煤	106676.419	1.（应计）自然资源耗减负债	18469.397
1.2 石油	13106.974	1.1 不可再生资源耗减负债	11467.755
1.3 天然气	9003.091	1.1.1 能源耗减负债	3771.569
2. 矿产	57096.528	1.1.2 矿产耗减负债	7696.186
2.1 金属矿产	154736.72	1.2 可再生资源耗减负债	7001.642
2.2 非金属矿产	41622.857	1.2.1 土地耗减	4063.83
3. 土地	146247.491	1.2.2 森林耗减	1117.092
3.1 农用地	6852.31	1.2.3 草原耗减	1820.72
3.2 建设用地	139395.181	1.2.4 水耗减	1033.408
4. 林业资源	7240.29	2.（应付）环境保护负债	5753.159
4.1 活立木蓄积量	7240.29	2.1 废水排放负债	2667.89
5. 水	2451.10319	2.2 废气排放负债	2109.867
5.1 地表水	2341.16732	2.3 固废排放负债	975.402
5.2 地下水	760.360773	自然资源负债合计	24222.556
6. 草原	7955.386	自然资源净资产	325554.44
自然资源资产合计	349777.282	自然资源负债和净资产合计	349777

表 8-6 内蒙古自然资源资产负债表（2012）　　　　　　　单位：亿元

自然资源资产		自然资源负债和净资产	
1. 能源	220302.693	自然资源负债	
1.1 煤	185399.7	1.（应计）自然资源耗减负债	37247.405
1.2 石油	17266.493	1.1 不可再生资源耗减负债	19467.755
1.3 天然气	17636.5	1.1.1 能源耗减负债	8771.569
2. 矿产	324250.85	1.1.2 矿产耗减负债	10696.186
2.1 金属矿产	279358.79	1.2 可再生资源耗减负债	17779.65
2.2 非金属矿产	44892.06	1.2.1 土地耗减	11143.786
3. 土地	35480.17105	1.2.2 森林耗减	3598.344
3.1 农用地	11262.804	1.2.3 草原耗减	3037.52
3.2 建设用地	24217.36705	1.2.4 水耗减	3231.53
4. 林业资源	9270.7175	2.（应付）环境保护负债	8990.973
4.1 活立木蓄积量	9270.7175	2.1 废水排放负债	3667.89
5. 水	3555.171752	2.2 废气排放负债	3545.443
5.1 地表水	3416.046479	2.3 固废排放负债	1777.64
5.2 地下水	1013.341228	自然资源负债合计	46238.378
6. 草原	8496.962	自然资源净资产	555118.62
自然资源资产合计	601356.5653	自然资源负债和净资产合计	601357

与全国一样，内蒙古从 2002～2012 年的自然资源资产也处于不断增值状态，年均增长 11.8%。自然资源负债从 10581.15 亿元增长到 46238.378 亿元，年均增长 15.89%，自然资源负债的增速快于自然资源资产增速，说明内蒙古近年来的自然资源资产状况总体有恶化趋势。计算自然资源资产负债率，内蒙古的 2002 年、2007 年、2012 年自然资源资产负债率分别为 0.054%、0.069%、0.077%，虽然低于全国平均水平，但是上升速度较快，说明内蒙古资源环境状况呈加速恶化之势。作为内蒙古的特色资源，草原资源资产从 2002 年的 6155.828 亿元增值到 2012 年的 8496.962 亿元，年均增长 3.2%，草原资源资产增长速度低于草原资源耗减速度，草原资源过度消耗状况日益严重。

从自然资源资产和负债结构来看，自然资源负债的形成主要源于自然资源损耗及其所造成的生态环境损害。其中，自然资源耗减起主要作用。自然资源资产中，2002 年能源资产占比最大，2007 年和 2012 年土地资产占比最大，这与前几年房地产的快速发展带来的土地快速增值直接相关，森林、水、草原等其他自然资源资产占比较小。

四、做好地方自然资源资产负债表编制工作的几点建议

各地在探索编制自然资源资产负债表的过程中,可以考虑从以下几方面进行破题:

(1) 积极与国家层面的智库机构对接,聘请有关专家指导地方自然资源资产负债表编制工作。自然资源资产负债表的编制是一项理论性强、技术要求高的工作。以地方现有的理论基础、统计技术、会计水准、人员素质等,尚不具备完全承担此项工作的能力。目前,一些国家层面的智库机构已经在这方面取得重大突破。预计各地方的自然资源资产负债表与全国的自然资源资产负债表基本框架与内容不会有太大差异,完全可以引进吸收,结合各地方特点加以完善,使编制工作收到事半功倍的效果。

(2) 要做好信息整合和数据统计,为编制工作打好基础。国家层面要加强顶层设计,搭建自然资源资产负债表基本框架,明确核算科目,指导各地掌握估价技术与方法,组织区内外有关专家到各地指导培训编制工作。

(3) 从资金投入、人员编制等方面加大对自然资源统计与核算的投入力度,加大现代网络技术、数据建模技术、大数据平台等先进技术的推广力度,构建系统全面的数据收集、分类、整理、核算与分析的网络系统。

(4) 结合各地方特有的资源优势展开自然资源资产负债表编制研究并试点制定相应干部考核办法。各地方自然特色优势明显突出,草原、森林、耕地这些各地方具有比较优势的资源无疑是自然资源资产负债表需要细化的科目,也是将来需要重点考核的领域。要将易于核算的资源项目先纳入考核体系,如自然资源净资产增幅、自然资源资产负债率、自然资源负债增速与 GDP 增速之比等,并在实践中不断完善相关考核指标体系。

(5) 加快人才培养和队伍建设。人才资源是第一资源,地方自然资源资产负债表的编制不可能完全依靠国家的帮助,或者坐等国家顶层设计和实施细则的出台,也不宜完全照搬其他省区的经验,要立足各地方实际,吸收国家和兄弟省份经验,大胆探索,先行先试。要特别注意吸收引进相关领域人才专家,以优惠政策引进优秀人才,着力培养一支符合地方特色的理论基础深厚、计算机功底扎实、熟悉国家有关政策的人才队伍。

第九部分 自然资源资产负债表的应用领域

一、应用之一——将自然资源资产负债表纳入离任审计制度

随着我国经济社会的快速发展,自然资源保护问题也日渐突出。如今,自然资源保护工作在我国已广泛开展,并贯穿到社会发展的各个层面,而审计作为政府监督的重要手段,其在当中发挥着极其重要的作用。1983年9月,审计署正式成立,虽然这一阶段并未明确提出"资源环境审计"的概念,但已积极围绕各类环境保护资金和项目展开试点审计。1998年,审计署设立了农业与资源环保审计司,标志着我国资源环境审计新阶段的开始,其主要负责组织开展资源环境审计工作。2003年,审计署成立了环境审计协调领导机构,积极开展资源环境审计实践,审计的领域不仅停留在生态环境领域,还逐步扩大到土地、矿产、水、大气等领域的审计。2009年,审计署发布了《审计署关于加强资源环境审计工作的意见》,指导全国各级审计机关积极开展资源环境审计实践。

中共十八届三中全会审议通过的《中共中央关于全面深化改革若干重大问题的决定》,提出探索编制自然资源资产负债表,对领导干部实行自然资源资产离任审计,建立生态环境损害责任终身追究制。审计署出台的《审计署2008~2012年审计工作发展规划》(以下简称《规划》)和《关于加强资源环境审计工作的意见》都要求各级审计机关深入开展将自然资源资产负债表纳入审计。《规划》指出,对土地、矿产、森林、海洋等重要资源保护与开发利用情况的审计,重点揭露和查处破坏浪费资源、国有资源收益流失、危害资源安全等重大问题,从体制、机制和制度上分析原因,提出建议,促进资源保护和合理开发利用。

(一) 自然资源审计的现状

在国外,自然资源审计已经得到重视。如美国设立美国环境保护局作为美国联邦一级的权力机构;当企业有弄虚作假时,其将直接进行审计;欧盟要求已经在其生态审计计划上登记的生产企业,必须进行自然资源审计,并向其设立的"主管当局"提供审计报告;英国环境审计委员会是英国专门负责开展政府部门和非政府公共团体绩效审计,并将审计情况向议会报告的行政机构。在我国,自然资源审计历经多个发展阶段,目前情况如下:

(1) 我国目前自然资源审计的具体实践仍是以资金审计为主,基本上是围绕财务收支及被审计单位使用的资金为对象展开的,从而确保资金的合法合理使用,减少资金的损失浪费。

(2) 我国自然资源审计仍然以国家审计为主,社会审计与内部审计为辅的模式,国家审计作为整个审计系统的主体,具有不可替代的作用。

(3) 我国多是在发生了重大事故和已暴露出的突出问题(如严重污染、浪费自然资源和决策失误等)出现后,确定审计项目,以此为线索开展项目审计。

(4) 由于我国经济社会发展的不平衡和生态环境的日趋恶化,国家对自然环境实施宏观管理,但地方保护主义的存在和对环境问题认识的滞后,环境政策在执行中遭到抵制、执行不力的情况时有发生,我国难以像西方国家那样依赖企业自主审计,必须通过政府强制性审计。

(二) 将自然资源资产负债表纳入审计的意义、目标和原则

1. 将自然资源资产负债表纳入审计的意义

第一,将自然资源资产负债表纳入审计是我国基本国情的客观需要。我国资源相对不足,人均占有量低,粗放型的增长方式造成过量消耗资源,环境严重污染,生态严重破坏。资源和环境与经济社会发展的矛盾日益突出,已严重制约着我国经济社会的发展,危及中华民族子孙后代的传承和发展。从而要求通过将自然资源资产负债表纳入审计强化对资源调控管理力度,来适应现实国情的需要,保障发展方略的落实与实现。

第二,将自然资源资产负债表纳入审计是国家对自然资源信息掌握的重要手段。将自然资源资产负债表纳入审计不仅是政府审计的手段,更是掌握资源信息的重要工具,通过开展相关审计和专项审计调查,可以使国家更直接、更客观地了解相关信息,在总结经验、反馈信息的基础上,为相关自然资产宏观政策的制定与执行提供有力的辅助工具。

第三,将自然资源资产负债表纳入审计是社会经济可持续发展的重要保障。

人类社会与经济总是不断向前发展的,资源的合理开发及可持续使用是其基础内容,为了使有限的资源能够跟上社会经济发展的需要,对于保护自然资源的持续、高效利用,进而推动国家可持续发展战略的实施,将自然资源资产负债表纳入审计都具有重要的保障意义。

第四,将自然资源资产负债表纳入审计是加强自然资源管理,提高资源利用效率,促进自然资源的可持续利用的重要手段。由于我国长期以来一直采取的是高消耗、高投入的资源利用方式带动粗放型经济增长的模式,自然资源管理严重滞后,导致了大量资源的浪费。将自然资源资产负债表纳入审计能够起到督促社会提高资源利用效益的重要作用,是政府有效管理和调控资源的科学方法。

第五,为合理评价资源类企业的业绩或绩效提供更合理依据。我国对于资源型企业的绩效评价存在较多的问题,主管部门对资源性资产的管理仅处在粗放的实物管理阶段,在评价、比较企业之间经济效益时,往往忽视各单位占有资源性资产的差异。因此,资源型企业的绩效评价不但要考核传统的经济指标,更应当反映企业的经营行为对于自然资源的影响,使企业的发展更具有可持续性。

2. 将自然资源资产负债表纳入审计的目标

根据将自然资源资产负债表纳入审计的主要内容,其目标可以分为三个方面:第一,以资金、资产为目标。资源资金、资产是资源审计的基础。第二,以资源利用效益为目标。其对于揭示、消除自然资源利用中的损失和浪费有重要的实践意义。第三,以资源政策执行效果为目标。将自然资源资产负债表纳入审计,除了关注资源本身外,还需要重点关注国家资源政策的执行情况,并根据被审计单位在自然资源政策的执行情况分析基础上,提出完善相关政策的建议和意见。

3. 将自然资源资产负债表纳入审计的原则

一是法制性。将自然资源资产负债表纳入审计,必须以党和国家的政策、法律和规章制度作为判断经济活动是否合法、合理的唯一标准,在实行监督、行使权力的同时审计人员必须以法规为依据,具体问题具体分析,谨慎地对问题作出恰如其分的处理,以体现资源审计评价的客观公正性。

二是针对性。将自然资源资产负债表纳入审计有其自身特点,审计人员应当根据审计目标来确定将自然资源资产负债表纳入审计的对象,然后根据不同的对象采取不同的程序和方法进行审查。

三是前瞻性。将自然资源资产负债表纳入审计的目的是为了更好地利用资源,使其最大限度地发挥潜能,因此其应更加注重的是从社会长远性和整体性利益考虑,以满足人类社会经济健康发展的需要。因此,将自然资源资产负债表纳入审计不只是对当前和局部利益而言的评价,更重要的是对资源未来的使用情况作出预测。

四是准确性。由于将自然资源资产负债表纳入审计是对已经或者正在使用的自然资源所作出的评价，及对未来需要使用的自然资源作出的预测与评估，关乎着社会经济发展多方面的问题，因此其作出的结论及报告必须建立在准确性原则的基础之上，不能准确评价实际经济效益，必然导致审计结论的错误。

五是数量与质量并重。资源是由质量和数量构成的物质，每种资源的构成与存在方式又是繁杂多样的，而能够真正供人类社会经济发展的资源又是有限的。因此唯有坚持数量与质量并重的原则，客观地对待资源的实际情况作出的判断，才能对科学的决策提供有价值的资源信息。

（三）自然资源资产离任审计的责任对象

我国目前实施的自然资源基本产权制度是自然资源归国家所有或集体所有的公有制。中共十八届三中全会《决定》要求建立"归属清晰、权责明确、监管有效的自然资源资产产权制度"，规定由国家统一行使自然资源所有者职责和国土空间用途管制职责。在我国当前的自然资源产权制度之下，自然资源的初始所有者（全体国民）和最终使用者之间存在着漫长、复杂的层层委托代理关系，这提高了委托人对代理人进行有效监督的难度，增加了代理成本，形成了阻碍改革的地方既得利益与部门既得利益（见图9-1）。通过引入自然资源资产离任审计制度，可以促进自然资源受托经济责任的有效履行，降低委托代理成本，进而增加全体国民的福利。

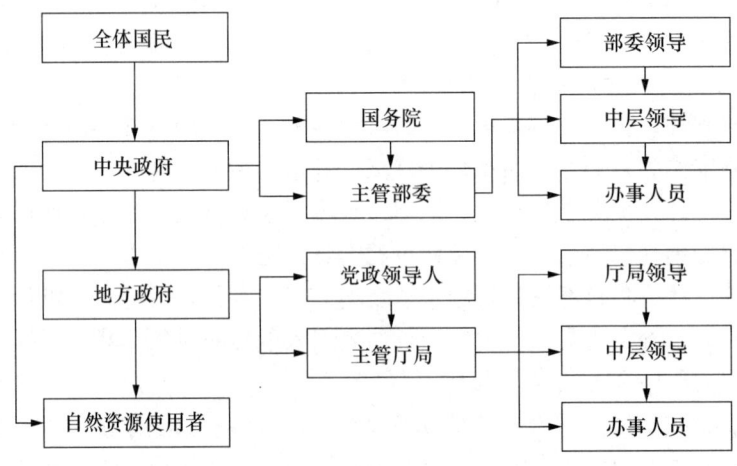

图9-1 我国自然资源国有产权安排下的委托代理关系

目前，各级政府党政领导干部被作为自然资源资产离任审计的主要责任对象。在我国现行自然资源产权制度下，各级政府党政领导干部承担着双重受托责任。一方面，他们承担着自然资源资产的行政管理责任，利用政府的"有形之手"，纠正由于外部性等原因而造成的自然资源配置过程中的"市场失灵"；另一方面，他们又代表全体国民行使国有自然资源资产的所有权职责，行使着大量的资产管理职能，包括资产用途规划分类、资产登记、确权发证、统计核算、出让转让、收取出让金或使用费等。然而，由于缺乏监督和问责机制，我国各级政府党政领导干部不仅没有纠正自然资源资产配置的"市场失灵"，反而因为更为严重的"政府失灵"加剧了我国的资源环境危机。可以说，正是由于政府职能的缺位、错位和越位行为，以及部分领导干部的消极作为和胡乱作为，纵容甚至助长了对于自然资源的掠夺性开发和浪费性使用。因此，对各级政府党政领导干部，包括党政领导人和主管部门负责人，实施自然资源资产离任审计势在必行。

经济责任审计的对象既包括各级政府党政领导干部，也包括国有企业负责人。有一种观点认为，国有企业负责人不过是政府政策的执行者，他们无法影响政府的自然资源重大决策，因此不需要将国有企业负责人纳入自然资源资产离任审计的范围。这一观点值得商榷。首先，国有企业在我国经济体系中居于主导地位，它们对于国民经济的影响力和控制力远非民营企业可比，而在数量庞大的国有企业中，有相当大一部分属于资源型企业，占有着大量自然资源，尤其是稀缺的、战略性的自然资源，它们对于经济有效地开发利用自然资源、保护生态环境承担着不可替代的经济责任。其次，作为自然资源公有制的受益者，国有企业所占有的自然资源有很大一部分是无偿获得的，由于取得没有支付相应的代价，国有资源型企业中存在着严重的自然资源低效、无效使用和损失浪费情况，甚至是贪污腐败现象，迫切需要加强监督和问责。最后，国家的自然资源战略、政策在很大程度上要依赖资源型国有企业来实现，而国有企业也经常利用其与政府的密切关联，影响甚至左右国家自然资源战略和政策的制定，绝非只是战略和政策的被动执行者。综上所述，国有企业负责人在贯彻落实国家自然资源战略和政策，实现国有自然资源资产保值增值，提升国有自然资源资产综合效益上承担着极为重要的经济责任，理应作为自然资源资产离任审计的重要责任对象。

（四）自然资源资产离任审计的内容

责任对象不同、责任对象所承担的经济责任不同，自然资源资产离任审计的内容也应有区别。自然资源资产离任审计的三大责任主体，即地方政府党政领导人、政府自然资源主管部门负责人和资源型国有企业负责人，其审计内容既有共性又有特性。从共性的角度来看，无论责任主体如何，其审计均为一种包括财政财务审计、合规性审计和绩效审计在内的综合审计。从财政财务审计的角度来看，自然资源资产离任审计主要关注自然资源相关的财政收入是否及时足额收取，财政资金是否按规定的用途和拨款进度拨付到自然资源相关的项目。同时，财政财务审计还应检查评价自然资源统计信息、会计信息的真实可靠性；当自然资源资产负债表正式开始编制之后，审计人员还应该对报表中的信息进行审计。从合规性审计的角度来看，自然资源资产离任审计检查。

评价领导干部对于自然资源相关法律法规、战略、规划和政策的贯彻落实情况，以及领导干部在履职过程中是否存在重大失职、渎职和腐败行为。从绩效审计的角度来看，自然资源资产离任审计主要检查、评价领导干部履行自然资源资产所有权职责和公共管理职责所实现的经济效益、社会效益和生态效益。在确定地方政府党政负责人自然资源资产离任审计的内容时，必须分析责任对象所承担经济责任的性质与特征。首先，地方政府党政负责人对于辖区内自然资源资产的开发、利用、管理和保护承担着首要的经济责任，一个地区发生自然资源的过度消耗、浪费或破坏，往往是因为地方政府党政领导人的经济发展理念与态度出了问题。其次，地方政府党政负责人对于地方社会经济发展承担全面责任，对于自然资源资产承担的经济责任只是其中一部分，因此不能只考虑自然资源资产保护或利用的情况怎么样，还要考虑其他社会经济发展指标的完成情况如何。简而言之，就是光考虑GDP，不考虑资源环境的保护是不适当的，而光考虑资源环境保护，不考虑GDP，也是不恰当的。对于地方政府党政负责人的自然资源资产离任审计，应融入到常规离任审计之中，只有在极少数情况下才有必要作为一个单独的项目来开展。最后，地方政府党政负责人通常只负责与自然资源资产相关重大事项的决策，例如组织制定本地的自然资源开发、利用或保护政策、规划与制度等，因此他们对于自然资源资产所承担的经济责任主要是主管责任或领导责任，只有在极少数情况下才会承担直接责任，对其开展离任审计，应围绕其作出的与自然资源资产相关的重大决策，评价其决策科学性、合理性以及决策执行效果。基于上述分析，地方政府党政负责人自然资源资产离任审计在内容安排上需要重点评价其在本辖区内贯彻落实国家自然资源重大政策、战略、规划的情况，重点关注GDP等经济增长指标是否以过度消耗自然资源和破坏生态环境为代价，重点考察其任期内自然资源资产是否实现了保值增值、产生了良好的综合效益等。

在我国，不同类型的自然资源往往有不同的政府主管部门，例如水资源的主管部门为环保部和水利部，土地、矿藏资源的主管部门为国土资源部，森林资源的主管部门为国家林业局，海洋资源的主管部门为国家海洋局等。除此之外，国家发展改革委员会、财政部等对于自然资源资产也承担着重要的经济责任。对这些政府主管部门负责人开展自然资源资产离任审计，需要考虑不同自然资源资产及相关经济责任的性质和特征，采取不同的评价指标。首先，自然资源资产主管部门所承担的经济责任较为明确，那就是负责制定特定类型自然资源资产相关的政策、规划与制度等，并监督其执行，审计人员需要评价相关政策、规划和制度的科学性和合理性，以及执行情况。其次，审计人员需要检查评价特定区域内资源环境的状况，采用合适的评价指标评价主管部门负责人的工作绩效。例如，对于某一省份的林业局负责人开展自然资源资产离任审计，就可以用森林覆盖率、人均林地面积、人均活立木蓄积量等指标来评价其工作绩效。再次，政府自然资源主管部门在履行其职责过程中均会涉及财政资金的收支，审计人员需要关注财政资金收支的合规性，以及相关财务信息的真实可靠性。最后，对自然资源主管部门负责人开展离任审计，还需要关注其是否有利用行政审批权"设租"、"寻租"等腐败行为。例如，国土资源管理部门负责人在探矿权、采矿权登记和证书核发，探矿权、采矿权出让过程中是否严格遵守相关法律法规、杜绝官商勾结和钱权交易。

国有资源型企业负责人开展自然资源资产离任审计有一些有利条件，主要包括：自然资源资产的取得和转让已日益市场化，可以比较容易地确定自然资源资产的价值量；对于自然资源资产的取得、投入、生产和产出一般有完整准确的会计记录，并通过财务报表对外反映，这为评估其使用和管理绩效提供了便利；自然资源资产的记录一般是连续的、一贯的，这为区分前任和后任的责任创造了条件。在此情况下，国企负责人的自然资源资产离任审计主要关注：第一，检查评价国企负责人遵循自然资源资产相关法律法规和政策规定的情况，例如是否贯彻落实了国家关于节能减排、清洁生产、污染物控制相关的政策规定；第二，自然资源资产的取得是否通过合法合规的途径取得，例如通过政府部门主持的公开招标和拍卖程序而取得，取得过程是否存在违法违规或不正当竞争行为；第三，对于自然资源资产的会计核算是否真实、准确、完整，是否有遗漏、隐瞒有价值的自然资源资产，或截留、隐瞒自然资源资产出售、转让收入的情况；第四，考核评价自然资源资产开发、使用和管理的效益，例如矿产的综合回采率、矿产开发贫化率、矿产综合利用率等；第五，考核评价自然资源资产的转让、出售是否合法合规，是否有低价甚至无偿转让国有自然资源资产，导致国有资产流失等情况。

（五）将自然资源资产负债表纳入离任审计的制度条件

将自然资源资产负债表纳入离任审计是一种新型的审计形式，其开展需要具备一定的制度条件，在这些制度条件中，有些目前已初步具备，而另外一些还需要创造或完善。为了推进自然资源资产离任审计，以下一些制度条件是需要建立或完善的。

其一，完善政府官员的目标责任制、岗位责任制，明确各级政府党政领导人、自然资源主管部门负责人、资源型国有企业负责人对于自然资源资产承担的经济责任。将自然资源资产负债表纳入离任审计的一大难点是相关经济责任的评价缺乏明确、具体的指标体系，导致审计人员对于审什么、如何审很难把握，审计质量良莠不齐。事实上，由于我国公共管理体系改革的滞后，本来应该明确的官员任期目标、部门职责、岗位责任并不明确或缺乏文字记录，审计人员在审计前需要花大力气梳理相关政策和制度规定，并开展专门调查以了解责任对象所承担的经济责任究竟是什么。根据西方发达国家的经验，有效的政府公共管理一是要明确各级行政首长的任期目标责任；二是要将公共服务的职责分解落实到具体的部门、岗位和个人，同时制定科学、规范、清晰的业务处理流程。具体到自然资源资产的管理，就是要明确各级政府党政领导人的任期目标责任，以及自然资源主管部门及其负责人的部门责任、岗位责任和个人责任。有了这些制度条件，自然资源资产离任审计缺乏标准、缺乏评价指标的困境将得到根本性的缓解。

其二，自然资源资产经济责任的履行情况必须纳入政府官员的政绩考核体系，并与任免、晋升与奖惩决策直接挂钩。长期以来，我国地方经济发展存在着重视经济增长速度，忽视资源环境保护的倾向，导致经济发展模式以"高能耗、高污染、高排放"为特征，与可持续发展的理念相悖。究其根源，是因为我国政府官员的政绩考核过于偏重 GDP 等硬性指标，没有将节约资源和环境保护提高到应有的地位，导致政府官员抓经济增长比较"硬"，抓资源节约和环境保护比较"软"。为了改变这一状况，为自然资源资产离任审计的开展创造条件，必须切实改革考核与奖惩制度，转变政府官员的激励结构和行为动机。2013 年 12 月，中组部印发了《关于改进地方党政领导班子和领导干部政绩考核工作的通知》，要求实行责任追究，强化离任审计，对拍脑袋决策、拍胸脯蛮干，给国家利益造成重大损失的、损害群众利益造成恶劣影响的、造成资源严重浪费的、造成生态严重破坏的、盲目举债留下一摊烂账的，要记录在案并追究责任。这表明党和政府已经注意到了官员政绩考核中存在的问题并在下功夫推进改革。

其三，完善自然资源资产的统计和会计核算制度，推动编制自然资源资产负债表，建立自然资源资产数据库，为自然资源资产离任审计的开展提供数据条件。我国自然资源政府主管部门、统计部门和科研单位已经积累了关于自然资源资产"家底"的大量信息。例如，中国科学院早在 1987 年就已经开始研建"中国自然资源数据库"。这些信息虽然为实施自然资源资产离任审计创造了初步的数据条件，但其存在分布零散、口径不一、交叉重复等问题，同时偏重于实物量信息，缺乏价值量信息。这一方面要求对分散的信息进行整合，建立统一完整的数据库；另一方面要求开展自然资源的价值计量与会计核算，完善国民经济统计体系。"探索编制自然资源资产负债表"是中共十八届三中全会的《决定》提出的明确要求，但自然资源资产负债表应该如何编，国际上虽然有一些探索，但远未形成成熟的经验；从国内来看，在政府部门基本的对外财务报告体系都尚未完全建立的情况下，提出编制自然资源资产负债表更显得较为"超前"。目前，统计部门正在积极组织研究自然资源资产负债表的基本理论与实务问题，这方面取得的突破将会为开展自然资源资产离任审计创造极大的便利。

其四，使资源环境审计成为常规审计，扩大资源环境审计的覆盖面，为自然资源资产离任审计的开展积累证据、创造条件。自然资源资产离任审计，尤其是地方政府党政领导人的离任审计，审计范围涵盖面广，审计内容复杂，审计方法专业性强。如果等到领导干部离任时才开展审计，必将面临时间紧、任务重、标准缺、证据少等难题。为此，很有必要推动资源环境审计成为一种常规审计，有资源环境审计提供的证据作为基础，领导干部自然资源资产离任审计的诸多难题将得到克服。《审计署关于加强资源环境审计工作的意见》（2009）要求，从2010年起，省级和计划单列市审计机关每年应至少开展一项资源审计和一项环境审计。该项规定为资源环境审计的开展提供了政策动力。然而，每年只开展一项资源审计和一项环境审计，远远达不到覆盖主要的自然资源类型、构建完整资源环境审计体系的要求。为此，一方面要加大审计机关对于资源环境审计的投入力度，不断扩大资源环境审计在审计机关工作任务中的比重；另一方面要制定合理的发展规划和计划，将各种关键自然资源逐步纳入到审计工作范围，力争实现"全覆盖"。资源环境审计的常态化、规范化、系统化，将为自然资源产离任审计的开展创造良好条件。

（六）将自然资源资产负债表纳入审计中存在的主要问题

1. 将自然资源资产负债表纳入审计理论研究尚处于探索阶段

目前，我国将自然资源资产负债表纳入审计研究大多停留在概念与设想阶段，资源审计理论研究开展的并不多，正处于探索阶段。在审计人员自身对将自然资源资产负债表纳入审计还认识不深的情况下，政府部门、企事业单位领导和其他社会各界对将自然资源资产负债表纳入审计的认识更是不足。在现阶段将自然资源资产负债表定义、概念、编制方法等未达成可被大多数人认同的共识之下，加强将自然资源资产负债表纳入审计的理论研究变得极其重要。

2. 自然资源审计的相关法律法规体系不够完善

自然资源审计主要涉及土地、矿产、森林、海洋、石油、水、大气等重要自然资源开发利用和保护情况的审计，揭露和查处破坏自然资源、浪费国有资源和造成国有资产流失、危害资源安全等重大问题，还要从体制、机制上查找分析产生的原因，提出可行性的建议和意见，促进自然资源合理开发利用，为社会经济的可持续发展做出贡献。在现有环境条件下，审计部门开展的资源审计及绩效审计，由于缺乏相关的法律依据，审计人员在对自然资源效益进行评价时存在较大的审计风险。

3. 将自然资源资产负债表纳入审计缺少可借鉴的经验和方法

目前我国已实施的资源审计项目较少，且不同的资源的审计方法差异大，无法形成统一或借鉴性较强的具体实施办法和经验，更缺乏符合我国国情的资源审计模式和初步的资源审计评价体系。

4. 审计人员知识结构等不能满足审计工作需要

将自然资源资产负债表纳入审计涉及面广、专业性强、综合性高，不仅需要审计人员懂得财务审计知识，更需要审计人员熟悉自然资源有关的政策法规，掌握土地、矿产、森林等自然资源计算方法，以及绩效审计的技能。由于我国将自然资源资产负债表纳入审计的实践尚无先例，当前审计人员在资源审计方面的知识结构与经验积累较少，采用的常规方法不能与资源审计的专业要求相符，甚至存在较大差距。虽然审计部门在具体审计业务中可以聘请高校或者研究机构的相关专家参与审计工作，但由于受到审计取证的规范性与外聘人员独立性和地域性的双重限制，他们的意见只能作为佐证和参考，无法作为审计直接证据，更不用说单纯地采用他们的意见给政府审计所带来的极大风险。

5. 没有形成明确且统一的自然资源审计对象

从各地已经开展的将自然资源资产负债表纳入审计的实践来看，审计内容主要包括专项资金，工程项目和法律法规执行等，但都不能直接作为自然资源审计对象。其审计对象按照我国现行的法律规定，要在现行体制机制下，审计主体对自然资源的审计不能停留在以往审计的思路，应适应社会发展的需求变化，审计行为在法律框架内主动扩展，明确统一将自然资源资产负债表纳入审计对象，跟上将自然资源资产负债表纳入审计管理的步伐。如今在将自然资源资产负债表纳入审计对象的管理上主要存在以下问题：定位不清晰，分类不明确，格局不统一，范围未拓展，立法未跟上，需求有失衡。

6. 将自然资源资产负债表纳入审计主体过于单一化

现阶段各地开展的将自然资源资产负债表纳入审计探索都以政府审计为主导，国家审计机关在其中起到了不可替代的作用，而内部审计和社会审计的参与程度较低，功能相对弱化。其中社会审计对于社会企业应该履行的社会责任、环保责任关注较少，而内部审计又出于企业对其自身作追求利润的要求，往往对自然资源环境的保护责任很淡漠，迟迟难以接受审计。将自然资源资产负债表纳入审计主体过于单一化势必造成审计力量极其有限,政府只能把力量集中在已经出现严重资源环境问题的项目列入审计计划,不得不采取事后监督为主,事前监督为辅的方式,难以扩大将自然资源资产负债表纳入审计项目的范围和力度。

7. 缺乏将自然资源资产负债表纳入审计准则和评价指标体系

由于将自然资源资产负债表纳入审计理论研究尚处于起步阶段,审计人员在审计过程中缺乏将自然资源资产负债表纳入审计准则的指导,对于如何界定审计的对象与内容、采取哪种类型的审计方式、选用何种取证方法和程序、如何做出审计结果评价、取得的证据之间如何保证关联性和充分性,都只能依据以往其他审计项目的经验进行主观判断,缺少统一可行的审计标准和依据,使自然资源会计和审计实务上带有很大的主观性,容易导致审计效率低下,审计风险变大。而且现行的《审计准则》中关于审计取证、审计报告、审计评价方法,关注程序性的问题多,关注绩效的问题少,与环境资源审计的要求距离较大,难以达到预期效果。

8. 对将自然资源资产负债表纳入审计的思想认识还不足

目前,各级政府及有关单位和部门还不能正确认识将自然资源资产负债表纳入审计与经济社会发展所存在的至关重要的联系,习惯性地将两者割裂甚至是对立起来;另外一部分人对将自然资源资产负债表纳入审计存在片面性认识,质疑甚至怀疑将自然资源资产负债表纳入审计的合法性,纠结该不该将自然资源资产负债表纳入审计、能不能进行将自然资源资产负债表纳入审计、如何进行将自然资源资产负债表纳入审计等基础性的问题,在很大层面上严重影响了我国将自然资源资产负债表纳入审计工作的顺利开展。社会层面上,人们对自然资源节约和环境保护的意识仍然比较薄弱,尚未形成人人关心自然资源审计的良好氛围,社会公众对赖以生存的环境资源的社会责任感不强,缺乏对经济社会可持续发展的深刻认识,缺乏建设资源节约型和环境友好型社会的认识,经济的快速增长仍是人们追求的首要目标。虽然现在我国面临着严峻的资源环境形势,但人们不顾资源环境问题而片面追求经济快速发展仍然是一些地方消极对待自然资源节约和环境保护的挡箭牌。

(七) 将自然资源资产负债表纳入审计工作的意见建议

西方国家开展将自然资源资产负债表纳入审计研究较早,一些国家也开展了相应的自然资源审计工作,有着不少值得借鉴的方法经验,我国在审计过程中完全可以总结借鉴国外相关的理论与实践为我所用。具体而言,有以下几点建议:

1. 加强将自然资源资产负债表纳入审计理论研究

将自然资源资产负债表纳入审计理论研究和将自然资源资产负债表纳入审计

实践工作是将自然资源资产负债表纳入审计工作的两个方面，两者相辅相成，自然资源自身独特的特点决定了将自然资源资产负债表纳入审计肯定有别于其他常规的审计工作。因此加强其理论研究，通过对将自然资源资产负债表纳入审计的概念、内涵和内容、目前审计重点关注事项等方面进行研究，探索建立将自然资源资产负债表纳入审计的理论框架，完善将自然资源资产负债表纳入审计体系，加大基础理论、前沿问题和实用技术等领域的研究力度，为资源审计实务打好理论基础，提供理论指导。完善地将自然资源资产负债表纳入审计理论框架应包括将自然资源资产负债表纳入审计的标准、将自然资源资产负债表纳入审计的依据、将自然资源资产负债表纳入审计的对象、将自然资源资产负债表纳入审计的内容、将自然资源资产负债表纳入审计的目标、将自然资源资产负债表纳入审计的方法、将自然资源资产负债表纳入审计的程序、将自然资源资产负债表纳入审计与自然资源会计的关系及协调等方面的内容。

2. 做好将自然资源资产负债表纳入审计的基础工作

由于目前法律对政府审计机关在其职责权限、工作要求、任务范围和审计方法等方面还未做出具体的规定，为了避免和其他部门造成自然资源监督上的交叉重复，必须利用审计的特点和优势，发挥好审计在资金和资产等方面的"免疫系统"功能，将自然资源资产负债表纳入审计应该必须以资金为切入点，从资金使用和管理的角度发现问题，然后上升到关注国家资源安全的角度研究问题，并从机制体制上分析查找深层次的原因，提出合理可行的建议，保障自然资源合理开发利用和保护，发挥审计"免疫系统"功能，维护国家经济安全。

3. 创新将自然资源资产负债表纳入审计方法，构建全新审计方法体系

由于我国自然资源审计处于起步阶段，审计的具体组织方式、技术方法和标准规范等都还不太完善，有的还处于探索过程中，这就需要各级审计机关和社会审计部门必须加大科学理论研究的力度，共同努力探索，在审计实践中不断提炼总结、提高完善，同时可以向自然资源审计较成熟的国家学习借鉴先进经验和方法，努力构建起符合我国国情的将自然资源资产负债表纳入审计体系，为将自然资源资产负债表纳入审计事业发展提供强有力的支撑。

4. 加强自然资源审计队伍建设

将自然资源资产负债表纳入审计是当前各级审计机关所面临的一个新挑战。由于将自然资源资产负债表纳入审计的对象和范围较广，专业技术性较强，要做好将自然资源资产负债表纳入审计，审计机关必须引进自然资源相关专业人才，扩大审计人才队伍规模；优化审计人才队伍结构，拓宽现有审计队伍的知识结构；加大自然资源知识和专业技能培训力度，加强审计人员宏观意识的培养，为开展将自然资源资产负债表纳入审计提供人才保障。同时在高校审计专业的课程

设置中，开设与资源相关的课程，提高作为今后审计主力军的学生的知识素养。

5. 合理利用外部力量，有效降低审计风险

无论将自然资源资产负债表纳入审计过程的哪个方面，审计工作都需要聘请大专院校的学者和科研机构的专家参与合作，发挥专家在其熟悉领域的专业性知识，有效降低审计风险。但同时我们也应注意专家审计的角度及其对审计工作的了解程度，明确专家负责的范围及应承担的相关责任，以保证专家工作的成果可以作为审计证据使用。

6. 明确资源环境审计主体多元化

虽然政府审计作为整个审计系统的主体，在当前审计工作中具有不可替代的作用，但社会审计和企业内部审计仍然是协同政府将自然资源资产负债表纳入审计的两支重要力量，只有明确各个将自然资源资产负债表纳入审计主体的地位和分工，充分发挥政府审计、社会审计和内部审计各自的作用，才能实现各个审计主体的有机融合。

7. 建立完善的将自然资源资产负债表纳入审计工作的准则

完善地将自然资源资产负债表纳入审计准则是实施审计的保障。在自然资源审计准则中明确实施将自然资源资产负债表纳入审计的具体工作细则、范围、内容、职责分工、评价标准、程序和方法等，使将自然资源资产负债表纳入审计更加制度化、规范化，提高将自然资源资产负债表纳入审计工作质量。

二、应用之二——建立生态环境绩效评价考核与问责机制

自然资源资产负债表应用的第二个重要领域是纳入领导干部绩效考核与问责体系，改变一些地方和部门官员片面追求 GDP 忽视生态环境保护的倾向。

制度和机制是制约党政领导干部行为的决定性因素。合理的制度安排和机制可以对党政领导干部产生正面的引导作用；反之，不合理的制度安排和机制也可以对党政领导干部产生负面的激励作用。以传统 GDP 为核心的政绩考核制度极大地调动了各级政府、企业和所有经营者发展生产、搞活经济的积极性，为加速工业化和整个经济发展起到了重要的激励和促进作用，这是应当充分肯定的。但是，单纯追求经济的快速增长而不顾及环境容量和自然生态承载力，不计算资源、生态环境付出的代价，由此而带来的不良后果也是严重的、惊人的。为此，必须改变传统 GDP 考核体系，以从根本上改变党政领导的政绩观，推动经济发

展方式的根本转变，真正把生态文明建设落实到各个层面、各个领域。

中共十八大提出了大力推进生态文明建设的战略部署，提出"增强生态产品生产能力"，要求把资源消耗、环境损害、生态效益纳入经济社会发展评价体系，建立体现生态文明要求的目标体系、考核办法、奖惩机制。中共十八届三中全会《决定》进一步提出，建设生态文明，必须建立系统完整的生态文明制度体系，实行最严格的源头保护制度、损害赔偿制度、责任追究制度，用制度保护生态环境，特别是要对限制开发区域和生态脆弱的国家扶贫开发工作重点县取消地区生产总值考核。2014年，全国人大通过新的《环境保护法》，对政府、企事业单位等各方面的生态环境责任追究制度作了更加严格的要求。最近，党中央、国务院通过的《关于生态文明建设的指导意见》和《生态文明体制改革总体方案》都对生态环境评估考核和责任追究制度作了落实。习近平总书记在中央政治局第六次集体学习中强调指出，加强生态文明建设最重要的是要完善经济社会发展考核评价体系，把资源消耗、环境损害、生态效益等体现生态文明建设状况的指标纳入经济社会发展评价体系，建立体现生态文明要求的目标体系、考核办法、奖惩机制，使之成为推进生态文明建设的重要导向和约束。同时，要建立责任追究制度，对那些不顾生态环境盲目决策、造成严重后果的人，必须追究其责任，而且应该终身追究。并要求组织部门、经济综合部门、统计部门、监察部门等都要把这个事情落实好。

由此可见，将自然资源资产负债表纳入领导干部绩效评价考核与问责制度，是转变当前中国经济发展方式和改善生态环境质量的紧迫需要，是落实生态文明建设的根本要求，对建立完善国家生态环境治理体系，对进一步发挥环境优化经济发展的基础性作用具有重要的指导意义。

（一）我国现有的生态环境绩效评价考核实践进展

在我国，生态环境绩效评价主要由科研机构（第三方）研究和推动，政府层面做得较多的是生态环境绩效考核。总体看，目前生态环境绩效考核提出了一个理念，考核的具体标准、考核办法、考核范围和界限尚还不清，还没有全国统一的党政干部生态环境政绩考核体系，国家和许多地方也只是探索，存在不同的政绩考核实践。

1. 国家层面

随着环境问题的日益严重，中组部、人事部等有关部门于1999年、2002年、2003年会同国家环保总局，积极探索将环保指标纳入政府官员考核体系，具体要求是："实行环境建设和经济建设同步规划、同步实施、同步发展，有效治理和逐步减少环境与水资源污染。"考核指标为："'三废'治理达标率、森林和绿地覆盖率。"针对我国政府官员环境绩效考核的办法，2006年由中组部颁布实施的《体现科学发展观要求的地方党政领导班子和领导干部综合考核评价（试行办法）》（以下简称《试行办法》）。在《试行办法》中，涉及可持续发展的有环境保护、资源消耗与安全生产、耕地资源保护3个细分评价要点，地方组织部门据此自行设计方案。

从"十一五"起，国家将单位GDP能耗降低和主要污染物排放总量减少作为国民经济和社会发展的约束性指标，国务院将节能减排指标根据各地经济社会环境的实际情况分成五类分解落实到各省级人民政府，并要求地方政府层层做好目标任务分解；国务院批转了国家发展改革委、环境保护部、统计局会同有关部门制订的节能减排统计监测及考核实施方案和办法，要求将节能减排目标完成情况纳入各地经济社会发展综合评价体系，作为政府领导干部综合考核评价的重要内容，实行严格的问责制，并对考核对象、内容、方法、程序、奖惩措施等作了具体规定。从2008年以来，国家发展改革委会同工业和信息化部、监察部、住房城乡建设部、交通运输部、国资委、质检总局、统计局、国管局、能源局等部门每年（2010年除外）组织开展对省级人民政府的节能目标责任评价考核。考核结果报经国务院同意后，向全社会公告，并交组织部门作为省级人民政府领导班子和领导干部综合评价考核的重要依据。省级人民政府也相应每年对地市级人民政府的节能目标责任进行评价考核。节能减排目标责任评价考核的实施，对于强化政府目标责任、形成加快转变经济发展方式的倒逼机制、实现节能减排约束性指标，发挥了重要的推动作用。

2013年，中共十八届三中全会《决定》在加强生态文明制度建设部分，提出了"探索编制自然资源资产负债表，对领导干部实行自然资源资产离任审计，建立生态环境损害责任终身追究制"，这样的表述基本上可以看作是一个地方政府主要领导环境问责体系，也显示了中央开始认可地方主要领导环境问责体系的重要性。

2013年12月，为了落实中共十八大和十八届三中全会关于加强生态文明建设的要求，中组部印发了《关于改进地方党政领导班子和领导干部政绩考核工作的通知》，要求从制度层面纠正单纯以经济增长速度评定政绩的偏向，引导（各级）领导干部树立正确的政绩观，并从五个方面体现"不以GDP论英雄"：一是考核不能"唯GDP"，二是不能搞GDP排名，三是限制开发区域不再考核GDP，四是要加强对政府债务状况的考核，五是考核结果使用不能简单以GDP论英雄。以上都是将自然资源资产负债表纳入领导干部绩效评价考核的重要实践形式，对于强化政府目标责任、形成加快转变经济发展方式的倒逼机制，发挥重要的推动作用。

2. 地方层面

我国部分省市，如江苏、广东、青海、山东、四川、浙江等对生态环境绩效考核进行了探索试点，将空气质量变化、饮用水质量变化、森林覆盖率变化、环保投资增减率等指标纳入领导干部考核标准，并对环境绩效考核结果的使用和奖惩办法作了明确的规定，为生态文明政绩考核树立了初步的样本。

近几年，一些地方的生态环境考核权重也在不断提升，从2005年平均的5%，到2008年江西省的16.7%，再到最近天津市的22%，可以看出地方为之所做出的努力。2012年2月16日，北京市政府发布《关于贯彻落实国务院加强环境保护重点工作文件的意见》，明确提出环境优先这一基本原则，并规定今后所有有关环境质量的指标，如污染物总量控制、PM2.5环境质量改善情况等，都将作为各级政府领导的考核指标，这样的做法值得称赞，但毕竟是少数。

（二）将自然资源资产负债表纳入领导干部绩效考核与问责面临的主要挑战

从国家及各地生态环境绩效考核的实施情况来看，生态环境考核虽取得了积极进展，但考核内容在整个干部考核中仍处于相对次要的位置，生态环境绩效考核制度的力度和刚性还不强，考核工作形式化明显，考核结果对党政领导干部的政治前途基本上不会产生影响。考核地方政府生态环境绩效的指标和方法仍不够清晰，生态环境绩效考核制度还没有真正形成，在一定程度上缺乏操作性、规范性。要真正使自然资源资产负债表在生态环境绩效考核发挥作用，成为制度性约束，目前还面临不少困难和挑战。主要表现在以下几个方面。

1. 绩效考核观念未取得根本转变

在一些地方，政府官员的观念是否真正转变，环境绩效考核制度是否真正落实，考核结果是否真正起到改进环境绩效的作用，是目前面临的最大问题和挑战。

2. 绩效考核技术方法还不成熟

包括生态环境资产负债表编制、考核指标体系、考核评估方法等都还不成熟。生态环境保护具有投入多、见效慢、效果难以量化的特点。环境质量的变化、生态的破坏、环境政策的影响在较短时间内也难以体现出来。绩效考核往往被看成是一个短期行为，将自然资源资产负债表纳入领导干部绩效考核体系面临着如何处理地方政府政绩考核周期短与环境绩效考核周期长的冲突问题以及时间滞后问题。

3. 绩效考核实施落实不够

一是考核的对象不明确，没有完全将生态环保责任落实到人。从我国政体的特点看，生态环境绩效除了考核地方长官（党政一把手）外，同时还要考核相关政府职能部门的负责人。二是考核主体定位不够准确。从目前各地情况来看，有的考核是以组织人事部门为主，有的是以政府职能部门（如环保部门、发改委、林业局、工作领导小组或其他的类似机构），有的还以党委或政府为主，考核主体不统一。三是考核程序复杂，抵触情绪大。普遍存在着考核指标体系复杂，考核程序过于烦琐，数据收集和核实难度大的问题。四是责任追究制度不落实。虽然各地对环保实绩较差（如未达到减排目标）的地方主要领导或班子进行了通报或约谈，但法律效率不高，未落实责任追究或责任追究不严，未给予党政一把手相应的行政和纪律处分。

4. 法规制度安排基本空白

我国目前还没有政府绩效考核方面的专门立法。由于缺乏相应的法律法规和相关政策作为制度保障，缺乏较具体的、可操作的政策性指导，各地开展的生态环境绩效考核工作基本上处于一种自行实施的状态，结果生态环境绩效考核工作难以在政府部门全面系统地推进；而且各地由于绩效考核的实施方法互不统一，相互之间也难以进行比较和交流经验。

5. 相关配套政策保障难以跟上

配套保障政策主要包括考核的激励、惩罚机制和措施等。例如对一些生态脆弱地区实施不考核GDP后，相应的财政转移支付和生态补偿机制是否完善，当地人们生活是否得到真正保障。从当前看，生态环境绩效进入官员政绩且占有一定比重，是大势所趋，目前最为关键的是环境绩效考核和问责流于形式，或者不能真正起到作用。特别是在一些地区经济发展受到影响、人民生活水平受到影响的情况下，如果相关的配套保障政策没有跟上的话，即使将自然资源资产负债表纳入领导干部考核体系，建立生态环境考核机制，效果也必将大打折扣。

6. 统计数据质量难以保证

环境绩效考核涉及环境、生态等大量的数据，而我国生态环境数据的基础相当的薄弱，环境基础数据的缺失、部分环境数据质量的不高、数据的透明度不高而影响数据的可得性和有效性，为环境绩效考核的公平、公正可能带来困难。

（三）将自然资源资产负债表纳入领导干部绩效评价考核与问责机制的主要措施

将自然资源资产负债表纳入领导干部绩效评价考核与问责制的建立是一项系统工程。如何科学设计考核指标体系，如何增加绩效考核的可操作性，如何进行问责，使绩效考核真正发挥作用，成为转变经济发展方式，倒逼经济转型发展的重要推手。需要我们在现有经验基础上，依据科学性、可操作性、区别对待等原则，注重在"保护中发展、在发展中保护"，坚持评价的导向性和考核的约束性，严格落实生态环境保护责任。

1. 强化对政府生态环境绩效的评价

根据生态文明内涵的基本要求，将自然资源资产负债表纳入领导干部考核和问责体系中，开展生态文明建设成效评价。生态环境绩效评价要把握以下几个原则：一是将复杂的问题简单化，便于评价比较。二是评价结果要对外公布，要定期对外公布评价结果，对各地生态环境保护成效进行排名。三是评价要公平公正。

应积极引入第三方对政府生态环境绩效进行评估。目前，我国的政府绩效考核采用的是上级对下级的评估，这种自上而下的评估虽然有利于实现一定的引导和监督目的，但在实践过程中却导致了一些地方政府部门"只唯上不唯实"、"政绩"做给上级看的现象，从而导致了考核评估结果失真、考核评估难以达到预期的目的。第三方评估机构的作用在于：一方面，由于其具有独立性，使得评估结果更加客观、公正，而客观、公正是评估结果发挥作用的基础；另一方面，由于评估主体多元化的存在，可以弥补政府绩效评估考核的不足。我国政府生态环境绩效评估可以充分借鉴这些经验。

2. 建立简单易行的绩效考核指标体系

（1）考核指标要少。生态环境绩效考核指标体系要注重可操作、可实施、注重公平，考核的尺度标准要统一规范，尽可能简单易行。依据科学性、可操作性、简洁性、数据可得性、政策性等原则，可以考虑采用以下指标：

指标1：自然资源资产。前面已经谈到一般自然资源资产与地区经济发展水平正向相关，考核自然资源资产可以反映干部任内自然资源资产的增值情况，更全面地反映其经济建设方面取得的成就，同时自然资源作为全民所有的资产，其保值增值情况也是考核政府国有资产保值增值情况的一项重要内容。

指标2：自然资源负债。由于人类开发而消耗和浪费的自然资源形成了一笔笔的环境负债。自然资源负债如果过高说明当地政府在资源环境管理方面存在较大问题，而相关领导干部将负有重要责任。自然资源负债的变化是衡量干部任期内自然环境保护工作绩效的核心指标，也是决定干部升迁、奖惩的一项重要依据。

指标3：自然资源资产负债率。该项指标作为领导干部自然资源环境保护评价的综合指标，同时兼顾了自然资源资产和负债两方面的变化情况，有利于全面评价领导干部任期内的自然资源环境保护工作。

指标4：GDP与自然资源负债之比。识别和评价干部的政绩，要尽量全面客观、真实、科学，防止片面性和简单化。既要看经济发展工作的成绩，又要看资源环境保护的成果，如果只强调其中一个方面而忽视另一个方面都是不可取的。GDP与自然资源负债之比是综合反映干部任内经济效益和环境效益情况的一个理想指标。

在领域干部综合考核指标要少而精，建议体现生态环境成效的指标不宜超过5个，以彻底改变软指标硬杠杆、硬指标软约束的指挥棒问题。

（2）指标要体现差别化。根据主体功能区战略，我国将国土划分为四类，赋予不同的主体功能定位。优化开发区域要大力推进产业结构转型升级，提高参与国际分工水平和国际竞争力；重点开发区域要合理确定开发强度，加快推进新型工业化，不断增强经济实力和人口集聚能力；限制开发区域要发展现代农业，推进规模化、产业化经营，提高农业综合生产能力；禁止开发区域要划定并严守生态红线，保护生态环境，增强生态产品生产能力，维护国家生态安全。不同的功能定位，应该实行差别化的考核指标和考核办法，对于优化开发区域、限制开发区域生态环境考核权重要高于GDP权重，禁止开发区域尝试不再考核GDP，重点开发区域应坚持生态环境与GDP并重。

（3）科学确定权重。长期以来，我国地方政府政绩考核偏重经济增长、财政收入等指标，一些地方甚至以GDP论英雄，对资源消耗、环境损害、生态效益等重视不够、权重较低，造成有的地方不顾资源环境承载能力，盲目追求经济增长。构建体现"五位一体"的综合评价考核体系，必须适当降低GDP的考核权重，大幅增加生态环境相关内容的考核权重，调动地方政府加快生态文明建设的积极性。正如习近平总书记要求的，"这一票一定要占很大的比重"。

3. 确保生态环境绩效考核落到实处

面对现有的问题，想要在全国范围内推行自然资源资产负债表，关键是生态环境绩效考核机制要落实。①要完善体现生态文明要求的环境绩效考核制度顶层设计。包括明确考核对象、建立以组织人事部门、监察部门等多部门组成的考核主体，制定完善相关的考核指标、考核办法、配套实施细则。②强化绩效考核过程和结果的公开、透明和第三方参与。考核监督主体应该相对独立，比如由人大负责，充分发挥人大监督政府的作用，也可以建立集政府考核、公众评价和社会评价为一体的多元化监督体系。③积极稳妥地推进工作实施。政府政绩考核是牵一发而动全身的事情，要积极稳妥地加以推进。可积极探索适合不同发展阶段、资源环境禀赋、主体功能要求的绩效考核示范模式。在示范中，不断探索健全体现"五位一体"总布局要求的生态环境绩效评价与考核办法，适时在全国推广。④切实提高统计数据质量。健全政府政绩考核体系必须有科学、准确、及时的统计体系作支撑，当前我国统计体系还不能完全满足生态环境绩效考核要求，有些指标还没有建立，有些指标国家与地方不衔接。为此，一定要加强统计能力建设，提高统计质量，使统计数据客观反映生态环境状况，并将压力逐级向下传导。

4. 严格落实生态环境责任追究制

要按照新的《环境保护法》规定，严格落实责任追究制。由中纪委、监察部牵头抓紧建立领导干部任期生态环境责任制、问责制和终身追究制,以及由国家审计署建立领导干部离任资源环境责任审计制度。党政领导在任期间,本地区环境质量要有改善至少不能变坏,生态不能破坏,这是底线。要加强对违反生态环境破坏行为责任追究,并实行严格的终身追责,不得转任重要职务或提拔使用,已经调离的也要问责。要明确对推动生态环境保护工作不力的,对盲目决策、造成严重后果的,对履职不力、监管不严、失职渎职造成严重后果的,分情况情节提出问责要求;对滥用职权、徇私舞弊、贪污贿赂等涉嫌犯罪的,要移送司法机关,依法追究法律责任。

三、应有之三——将自然资源资产负债表引入生态补偿制度

生态保护与经济利益之间关系的扭曲,不仅限制了生态保护建设事业的发展,也影响到地区之间以及相关生态保护建设利益者之间的和谐。生态补偿通过对损害(或保护)资源环境的行为进行收费(或补偿),提高该行为的成本(或收益),从而激励损害(或保护)行为的主体减少(或增加)因其行为带来的外部不经济性(或外部经济性),达到保护资源的目的,是一种有效解决资源保护与经济发展矛盾的经济激励措施,有助于解决区域生态冲突和随之而来的区域社会经济发展冲突,处理好区域间生存权、发展权与环境权的矛盾,已成为政策和现实的迫切需要,是调整相关主体环境利益及其经济利益的分配关系,促进经济与环境之间、区域之间协调发展的有效手段,可使生态利益相关者的获益与受损达到平衡。补偿额度的测算和确定是区域生态补偿研究从理论走向实践的关键,而自然资源资产负债表的引入很好地解决了这一难题。

生态系统具有重要生态功能,对保障国家生态安全发挥重要作用。根据有关研究,目前对我国生态安全具有重要作用的区域有50余个,主要包括水源涵养、防风固沙、洪水调蓄、生物多样性保护、水土保持等重要生态功能区。这些重要生态功能区对我国生态安全发挥了十分重要的作用。但这些重要生态功能区仍缺乏有效的保护机制,生态功能仍面临威胁,加上这些区域也多位于偏远地区,社会经济发展落后,生态保护与发展矛盾仍然突出,将自然资源资产负债表纳入生态补偿机制是促进我国生态保护、协调区域发展的一项重要制度设计。

(一)我国生态补偿实践所面临的问题

生态补偿是生态保护机制建设的重要内容。近年来,我国对建立生态补偿机

制非常重视,相关的法律与法规,如《中华人民共和国森林法》、《中华人民共和国水土保持法》、《中华人民共和国防沙治沙法》、《中华人民共和国水污染防治法》、《退耕还林条例》等,均对建立生态补偿机制提出了要求。中央及地方政府对建立生态补偿机制也提出了明确要求,并将其作为加强我国环境保护的重要内容。国家有关部委也部署了开展生态补偿机制探索与试点工作。各省市也结合各自的生态保护要求,积极开展生态补偿机制的探索与实践。

目前,我国生态补偿措施主要有天然林资源保护工程、退耕还林(草)工程、森林生态效益补偿和生态转移支付等。天然林资源保护工程 1998 年启动,涉及全国 17 个省(区、县)的天然林 7300 公顷,占全国 1.07 亿公顷天然林的 69%。中央财政投入资金 7840 亿元,地方配套 178 亿元。

退耕还林工程于 1999 年启动,10 多年国家财政投入 2500 多亿元,全国累计实施退耕还林任务 0.28 亿公顷,其中退耕地造林 0.09 亿公顷,荒山荒地造林和封山育林 0.18 亿公顷。工程范围涉及 25 个省、区、市和新疆生产建设兵团的 2279 个县、3200 万农户、1.24 亿农民。

森林生态效益补偿于 2001 年启动,对国家重点生态公益林,即生态地位极为重要或生态状况极为脆弱,对国土生态安全、生物多样性保护和经济社会可持续发展具有重要作用,以提供森林生态和社会服务产品为主要经营目的的重点防护林和特种用途林进行经济补偿。目前已累计投入 200 多亿元,全国有 0.7 亿公顷重点生态公益林纳入了补偿范围。

2009 年中央财政在均衡性转移支付项下设立国家重点生态功能区转移支付,以引导地方政府加强生态环境保护力度,提高国家重点生态功能区所在地政府基本公共服务保障能力,促进经济社会可持续发展。2009 年生态转移支付预算 30 亿元,全国有 300 多个县获得生态转移支付。此后,生态转移支付力度迅速扩大,到 2012 年,国家生态转移支付预算 300 亿元,全国有 600 多个县获得生态转移支付。

各省市区在生态补偿实践中,也进行了大量的探索。中国最早的生态补偿费实践始于 1983 年,在云南省对磷矿开采征收植被及其他生态环境破坏恢复费用。《北京市"十一五"时期功能区域发展规划》划出八千余平方公里的生态涵养区,限制和规范生态涵养区的产业发展,同时在扶持政策上给予多种倾斜,同时每年从公共财政资源中拨付生态涵养区建设补偿费,对山区生态进行补偿,同时还积极开展对生态公益林的补偿。为了减少密云水库和官厅水库受到的淤积和污染,北京市公共财政和中央补助共同出资进行上游区域的环境建设、污染处理项目,以增加森林覆盖率、减少污染。

浙江省东阳市与义乌市 2001 年签订城市间协议,东阳市境内横锦水库近

5.0×10^7 立方米水的永久使用权出让给下游的义乌市，成交价格约为 4 元/立方米，义乌市同时支付一定的综合管理费，这是典型的水权交易模式，甘肃黑河流域张掖地区也有类似的机制，该区域是通过农户水票交易制度形成超额用水者与水票结余者的交易市场。此外，浙江省还有多种生态补偿的机制，金华市在下游开发建设"金磐扶贫经济开发区"，开发区内相关企业产生的利税全部返还给上游乡镇，作为该市水源地地区保护的补偿，形成异地开发补偿的机制，德清县则多方筹措，设立专项补偿资金，并专款专用，专户管理，用于补偿西部乡镇的农民，建立水源区生态补偿的"德清模式"。

河南省 2010 年全面实行地表水水环境生态补偿机制，以水质为标准，上游省辖市出现断面水质污染超标的，必须给下游省辖市予以补偿，并由省财政主管部门负责生态补偿金扣缴及资金转移支付。此外，江苏、辽宁、河北、河南等省份也在太湖流域等众多流域开展类似的基于水污染控制的流域跨区生态补偿实践。江西和福建等众多省份则大力开展了基于河流源头保护的政府项目补偿项目，在东江、闽江、晋江等流域开展下游对上游的支付，补偿流域源头的生态保护活动以及利益相关者承受的相关利益损失。

（二）将自然资源资产负债表纳入生态补偿面临的主要问题

目前的生态补偿措施仍不能满足我国生态保护的要求，还不能有效调节生态保护利益相关者的利益关系，生态保护者的权益和经济利益得不到保障，生态破坏和生态服务功能持续退化的问题还没有得到有效遏制。同时，生态补偿内涵泛化，将生态补偿与扶持社会发展、资源开发补偿、生态赔偿与生态建设工程等混淆，导致生态补偿概念混乱，使生态补偿制度的设计陷于困境。因此，将自然资源资产负债表纳入生态补偿机制面临较多困难，主要问题包括如下六个方面：

（1）将自然资源资产负债表纳入生态补偿缺乏系统的制度设计

国家没有统一法律和政策，各地的补偿或补助政策取决于决策者的意愿及当地当年的财政预算状况。同时，由于自然资源资产负债表的编制尚在形成之中，林业部、环保部、农业部、水利部、财政部、发改委等不同部门均根据部门的职权和利益开展生态补偿实践，导致生态补偿政出多门，难以形成自然资源资产负债表纳入生态补偿制度的统一标准。

（2）政府单方决策为主导，利益相关者参与不够

将自然资源资产负债表纳入生态补偿的对象、范围、标准和方式的确定，主要以政府研究为主，没有利益相关者参与协商的机制，尤其作为生态保护主要实施者的农民和牧民没有参与。

（3）补偿范围界定方法不科学

生态补偿范围主要指应当得到补偿的地域范围。在我国现行生态补偿实践中，没有明确的补偿范围方法和标准，通常确定依据是江河源头、河流上游区域、或矿区、林区和山区等，边界范围含糊，导致补偿责任不明确，难以取得保障生态服务功能持续供给的政策效果。

（4）生态补偿对象和生态补偿方式不完善

国家主要通过中央财政向地方财政转移支付生态补偿资金，除退耕还林还草的生态补偿直接到农民和牧民外，直接受益者均是各级政府。生态补偿资金主要受益者是各市县政府和森林管护人员，主要考虑用行政手段强行保护公益林，以补助管护人员为主，而没有考虑到应该补偿给林权所有者，由所有者自行管护，导致因生态保护经济利益受到损害的农民没有直接经济补偿。当集体土地被划为保护用地，为生态保护作出直接贡献而利益受到损害的农民没有得到直接的资金补偿。

（5）补偿标准低，确定方法缺乏科学基础

目前生态补偿标准的确定是以政府支付能力为基础确定的，没有充分考虑森林、草地、湿地等的自然资源负债。尤其在许多地区生态补偿资金仅仅用于护林员的劳务费、森林病虫害和火灾的防护等费用，农民根本得不到任何补偿金。

（6）缺乏监督机制，政策效果不明显

目前生态补偿资金的使用与生态保护的效果没有直接挂钩，没有建立补偿资金的生态保护效果评估机制与监督机制，也没有相应的奖惩措施，受补偿者责任不明确。尽管国家和各级政府投入了大量生态补偿资金，生态保护与开发矛盾仍在加剧，生态退化的趋势仍未得到有效遏制，生态补偿政策效果不明显。

（三）将自然资源资产负债表纳入生态补偿机制的对策与措施

生态补偿机制在经济理论上就是实行生态保护经济的外部性的内部化，让生态建设和生态保护者能享受到其成果带来的经济利益，并让生态保护成果的受益者支付相应的费用，从而通过制度设计实现生态功能这一特殊"公共产品"生产者与使用、消费者之间的公平性，保障生态功能的投资者得到合理回报，激励"生态服务功能"产品的可持续生产，以促进我国人与自然的和谐。由于生态补偿涉及的要素多、生态补偿的利益相关方复杂、生态补偿载体多样、生态补偿范围确定难度大等实际问题，因此将自然资源资产负债表纳入生态补偿机制，需要对生态补偿范围、生态补偿标准、补偿方式等有关问题形成一整套合理的思路。

1. 建立适合我国国情生态补偿机制的原则

根据我国生态环境问题的特征和国家生态安全的需要，将自然资源资产负债表纳入生态补偿的机制应遵循以生态系统服务功能为科学基础、保护生态者受益、受益者补偿、政府主导、全社会参与、权利与责任对等等原则。

(1) 以生态系统服务功能为科学基础的原则

生态系统服务功能是指人类直接或间接从生态系统得到的各种利益。通常与国家生态安全密切相关的生态系统服务功能主要有水源涵养、土壤保持、生物多样性保护、防风固沙、碳固定、灾害防护、调节气候、环境净化、病虫害控制等。生态补偿最直接的目的是对保护上述生态系统服务功能赖以存在的生态系统，从而实现生态系统服务可持续提供的目标。因此生态系统提供的服务功能是生态补偿制度设计的重要科学基础。

(2) 生态保护者受益的原则

也可称之为"谁保护、谁受益"，由于生态保护是一种具有很强的外部性经济活动，保护者不能直接从保护中得到经济收益，如果对生态保护者不给予必要的经济补偿，就会严重影响保护者的积极性和保护行为，引起生态资源的不合理利用，导致生态服务功能的不断退化，威胁生态安全。解决办法是对产生外部经济效应生态系统服务功能提供者，给予相应的直接经济补偿，使生态保护不再是政府的强制性行为和社会的公益事业，而成为投资和收益相对称的经济行为，能将生态保护成果转化为经济效益，鼓励人们更好地保护生态环境。

(3) 受益者补偿的原则

通俗地说"谁受益，谁付费"。生态保护的成果是向社会提供生态服务功能，生态服务功能是一类特殊的公共产品，按照市场经济社会的普遍原则，享受产品和服务的个人和社会应该向该产品和服务的提供者付费。

(4) 政府主导、全社会参与的原则

由于生态保护的成果——生态系统服务功能是公共物品，受益者可以有全人类、特定国家和区域的居民、企业、社会团体和个人等。由于生态保护的成果受益者通常是一定地域范围的大多数居民，因此，政府有责任代表全民建立和实施生态补偿制度。同时，作为生态系统保护成果的受益人、企业和团体也应积极参与。

(5) 权利与责任对等的原则

生态补偿的目的是实现生态系统保护，从而提供持续的生态系统服务功能，生态保护的效果是衡量生态补偿政策实施效果最重要的方面，因此在生态补偿政策设计过程中，必须明确受偿者在得到补偿之后生态保护的责任、范围、面积，将权利与义务统一起来，使生态补偿切实发挥作用，最终达到生态保护的目的。

2. 科学确定生态补偿地域范围

生态学理论表明：不同地域的生态系统具有不同的生态服务功能，有的地域单元具有极重要的生态服务功能，如对水源涵养、水土保持、沙尘暴控制、生物多样性保护、调蓄洪水等具有很重要的作用,而有的地域生态服务功能较弱,可以用于经济发展和城乡建设。

由于生态保护的目的是保护生态功能,因此确定生态补偿的地域范围时,也必须以生态服务功能为基础,评价不同地域单元的生态服务功能重要性,以明确对国家、区域或特定城市生态安全有重要意义的地域和生态系统,并根据其重要性程度与等级,确定生态补偿的优先次序。

根据自然资源资产负债表的编制进度,建议目前暂以耕地保护、矿产资源开发、草原保护、森林保护、水资源保护五个方面来确定生态补偿地域范围。

3. 明确生态补偿载体与补偿对象

根据生态系统与生态服务功能的关系,分析不同生态系统所提供生态服务功能及其重要性,确定生态补偿的生态系统类型与补偿载体。具有重要生态服务功能的生态系统类型有森林、草地、湿地和海洋等。以生态补偿载体的土地所有权属和使用权属特征为基础,确定生态补偿对象,我国土地权属有两种,即:国家所有和集体所有,生态补偿的对象应是拥有和使用集体土地的农民、牧民。

4. 建立合理的生态补偿经济标准核算方法

将自然资源负债作为生态补偿的重要参考标准,自然资源负债主要包括生态环境破坏带来的自然资源耗减和环境污染带来的损失。

5. 将自然资源资产负债表纳入生态补偿制度的措施

第一,加强生态保护立法,为自然资源资产负债表纳入生态补偿制度提供法律依据。

第二,建立生态功能保护区。根据不同地域生态服务功能对国家、区域和地方生态安全的重要性,建立分国家级、省级和市县级的生态功能保护区,分别编制自然资源资产负债表,为生态补偿的实施提供科学基础和依据。

第三,建立多种形式的生态补偿途径。按照各地自然资源负债情况,准确测算转移支付额度,建立生态补偿基金和重大生态保护计划实施生态补偿。运用"财政转移支付"形式,加大对自然资源负债较高地区和具有重要生态服务功能的地区的投资力度。建立生态补偿分级体制和生态补偿基金。生态补偿实施分级制,国家的生态补偿主要针对国家生态安全有重要意义的区域。地方政府根据自身生态安全的要求实施。鼓励地方政府建立生态保护基金,为地方政府实施生态补偿提供经济保障。通过生态保护重大项目支持生态保护。根据国家生态保护的要求,在不同地区设立国家级重大生态保护项目,有计划、分步骤地在生态环境重点建设地区加强项目投资力度。如在沙尘暴控制区,实施草原恢复项目;在水土保持关键地区,实施植被恢复项目;在石漠化地区,实施石漠化治理项目等,全面推进生态保护。

四、应用之四——引入环境影响评价制度

环境影响评价制度是环境保护的重要手段和措施,将自然资源资产负债表纳入环境影响评价制度对于开展环境影响评价活动,促进我国经济和社会的可持续发展具有重要作用。

(一)我国环境影响评价的现状

中国开展环境影响评价工作,在发展中国家是比较早的。1973年第一次全国环境保护会议后,环境影响评价的概念开始引入中国。1979年9月,全国人大常委会通过了《中华人民共和国环境保护法(试行)》,把环境影响评价和建设项目"三同时"作为法律制度确立下来。1989年通过的《中华人民共和国环境保护法》,对环境影响评价制度再次作了肯定。1993年国家环保总局(2008年更名为环境保护部)在《关于进一步做好建设项目环境保护管理工作的几点意见》中,提出了区域环境影响评价的基本原则和管理程序。经过多年实践,中国的环境影响评价制度逐步完善、内容不断充实。从2003年9月1日起,《中华人民共和国环境影响评价法》正式实施,其他配套管理措施和法规也渐趋完善,标志着中国的环境影响评价制度,进入了一个新的发展阶段。

经过多年的探索和完善,中国对于建设项目的环境影响评价工作已经相对成熟,管理制度和运作模式已经被社会各界广泛认同和接受,在执行方面已基本没有障碍。通过环境影响评价工作,有效地杜绝了设备工艺落后、环境污染和生态破坏严重项目的上马。例如,"十五"期间,环境保护部共审批火电项目562个,通过"以新带老"措施,削减$SO_2$309.1万吨,削减烟尘383.2万吨,分别占2004年全国工业相应污染物排放量的13.7%和43.2%。2006年,建设单位共报批项目820个,环境保护部对不符合条件的56个项目不予受理,对163个项目做出不予批准或缓批的决定,总投资额高达7746亿元。对于同意建设的项目,通过环境影响评价,进一步加强了环境保护措施,最大限度地减轻了环境影响。

(二)中国环境影响评价管理中存在的问题

1. 规划环评滞后

长期以来,中国的环境影响评价,主要是针对具体的建设项目,并未涉及立法、政策和规划层次。无数经验证明,政策和规划失误带来的环境破坏要远远超

过建设项目。《中华人民共和国环境影响评价法》虽然首次引入了规划环评,并对开展规划环评的范围作了明确规定,但至今仍受到一些部门的抵制,没有广泛开展,规划和规划审批部门不按法律要求办事的情况屡见不鲜。即使是开展了规划环评的行业和区域,在具体实施过程中也面临很多困难。对于立法和政策的环境影响评价,受各种条件的限制,目前还很难纳入法律程序。

2. 监管环节薄弱

"重审批、轻监管",以及执法不严,一直是环境管理领域比较突出的问题。许多建设单位委托环评单位编制环评文件的目的仅仅是为了取得环保主管部门的批文,为建设项目上马扫清障碍,对环境影响评价文件的内容漠不关心,甚至根本不清楚。在地方政府握有投资主导权的经济管理体制下,有的环保部门甚至对不符合产业政策、厂址选择明显错误的项目也予以审批。目前,全国大部分省级建设项目环评执行率只有70%左右,地市级只有40%左右。在2000~2005年经过环保部审批,目前已建成的802个项目中,未经环保验收擅自投运和久拖不验的项目就有90个,占总建成项目数的11.2%。在地方审批的项目中,未经验收即投产运行或没有很好落实"三同时"要求的项目更为普遍。

3. 公众参与流于形式

在国外,公众参与是环境影响评价的重要环节,对于投资决策往往会产生明显影响。尽管中国早已将公众参与纳入了环境影响评价程序,并且环境保护部还专门发布了《环境影响评价公众参与暂行办法》来规范这一行为;但从目前来看,公众参与在很大程度上仍流于形式,没有起到实质性作用。主要原因有四个,第一,中国缺乏强有力的、独立于政府的民间环保组织来参与环保博弈;第二,政府对于许多事务具有主导权,公众缺乏参与热情;第三,直接受建设项目影响的公众往往素质不高,对环境影响理解不深,更难提出合理的建议;第四,公众获取信息的方式不畅,且缺乏有效的参与途径。

4. 队伍能力不足

能力不足也是制约环境影响评价工作开展的一个重要因素。对于环评单位来说,人员紧缺,超负荷工作已经成为普遍现象。并且,由于涉及的行业较多,现有人员很难对每个行业的特点有深入了解,编制的环评文件经常出现错误,提出的环保措施也难以到位。目前,全国约有21000余环评从业人员,但仅有2300余人具备环评工程师资质,环评人员的素质急需提高。对于评审专家来说,存在的问题同环评人员大致相同,再加上评审会时间较短,很难从环评文件中总结和挖掘出更多有用信息,评审质量很难保证。环保审批部门由于事务性工作较多,更不可能对每个项目的情况作深入分析。整个行业从业人员素质不高,大大削弱了这项制度的作用。

(三) 将自然资源资产负债表纳入环境影响评价的意义

1. 有利于经济建设与环境保护协调发展

在传统建设项目决策时，考虑最多的因素是经济效益和经济增长速度，很少考虑对周围环境的影响，结果导致经济发展和环境保护的尖锐对立。将自然资源资产负债表纳入环境影响评价以后，就可以在建设项目决策时，不仅只注重经济效益，还可以用量化的方法核算建设项目时对周围环境的影响，并且可以对影响起到反馈作用，从而采取必要的防范措施，促进环境与发展的综合决策，真正把经济效益和环境效益统一起来，把经济发展和环境保护协调起来。

2. 有利于从源头控制

将自然资源资产负债表纳入环境影响评价可以真正实现"预防为主"。只有合理地评价人类活动对生态环境的影响，才能科学布局工农业生产、城市和人口结构。在规划和建设项目实施之前，通过评价确定环境保护政策，进行科学管理，从决策源头防止环境污染和生态破坏，并且控制新污染、保护生态环境方面作用非常突出，从而把人类经济活动对环境的影响减少到最低限度，避免造成危害事实后而无法补救。

3. 有利于促进产业结构合理布局

自然资源资产负债表为城市和地区以及工矿企业的经济合理布局、发展方向和规模、系统的科学管理提供了科学依据。通过将自然资源资产负债表纳入环境影响评价，核算对工业项目可能带来的不利环境影响，指出应该采取的防治办法，尽可能做到环境保护与生产发展统一协调，对环境保护措施作出环境经济效益分析，通过"先评价，后建设"，推进了产业合理布局和企业优化选址，使建设单位对新建项目是否存在环境污染问题，存在的问题应如何解决、采取什么样的技术措施做到了心中有数。对于落实环境保护基本国策和实施可持续发展战略意义深远。

4. 有利于促进人与自然和谐发展

环境影响评价是极其重要的防患于未然的环境保护措施，在环评工作中，着眼于让人民喝上干净的水、呼吸清洁的空气、吃上放心的食物，在良好环境中生产、生活的目标。通过将自然资源资产负债表纳入环境影响评价，可以事先就该规划和建设项目对环境的影响做切实的自我调查、预测和评价，国家要根据评价结果，妥善考虑因规划和建设项目的实施所发生的环境问题而采取必要措施，从而促进可持续发展。在经济快速发展中努力控制污染物排放总量，促进经济结构调整，重点解决一批危害人民群众健康和生产生活的突出环境问题，尊重自然规律，遏制人为生态破坏，促进人与自然的和谐发展。

（四）将自然资源资产负债表纳入环境影响评价的基本原则

1. 科学性原则

科学性指在将自然资源资产负债表纳入环境影响评价工作中必须客观地、实事求是地来认识开发活动对环境的影响及其环境对策。在开发决策时，无论出于何种目的，经常会出现只顾经济效益而忽略环境效益的倾向。这时将自然资源资产负债表纳入环境影响评价工作必须不怕压力，不被迷惑，坚持从国家的长远利益出发，客观地得出自己的结论。这就要以科学性为前提，充分发挥将自然资源资产负债表纳入环境影响评价的作用，才能保证环境影响预测和决策分析的可靠程度。

2. 综合性原则

综合性是指在环评工作中不仅要注意一切活动对单个环境要素和过程的影响，而且尤其要注意开发活动对各要素和过程间相互联系和作用的影响。环境是一个整体，各环境要素和过程之间存在着密切的联系和作用。这就要求在将自然资源资产负债表纳入环境影响评价过程中，既要注意开发活动对单个环境要素和过程的影响，还要注意环境对策的后果及环境影响的社会经济后果。不适当的环境对策可能造成多次环境问题，而环境问题又往往引起社会经济方面的问题。所有这些只能从环境是一个整体的观点进行综合分析研究才能解决。

3. 实用性原则

实用性是强调必须按开发决策的要求来确定将自然资源资产负债表纳入环境影响评价工作的内容、深度，力求工作内容精练，耗资较少，周期较短，以适应开发决策的需要。环境评价应着重研究那些因开发活动而产生影响环境的因素、变化、过程和后果，研究的方向也应根据开发决策的需要来决定。

（五）将自然资源资产负债表纳入环境影响评价工作的展望

1. 明确自然资源资产、负债管理目标，促进经济增长方式转变

中国单位资源产出水平仅相当于美国的1/10，日本的1/20，单位GDP二氧化硫和氮氧化物排放量却是发达国家的8～9倍，而目前正处于工业化和城镇化加速发展时期，环境压力与日俱增，长期下去将难以为继。因此，必须切实转变经济增长方式，并制定相应的发展目标，通过环评从源头上实现污染物减排。国务院通过与地方政府和主要电力集团签订二氧化硫总量削减目标责任书，使环评有了更加明确的依据。近年来，中国对地方官员的政绩评价逐步淡化经济增长因素。这一管理思路的变化，将为转变经济增长方式产生明显的政策导向作用。如果能明确自然资源资产、负债管理目标，在以地方政府为主导的投资体制下，对

于环评工作的开展大有裨益。

2. 完善空间规划体系，为环评提供基本依据

实现污染物达标排放，尽可能发展循环经济，对于大多数企业已经构不成制约。规范空间开发秩序，已经成为中国推进环境保护的首要手段。然而，中国的空间规划体系，基本上是在国土资源部、水利部、建设部等几个部门规划体系的基础上，通过相互适应和融合而形成的，带有很强的自发特点。规划之间缺乏协调，规划内容重复、规划空间重叠甚至各种规划之间互相矛盾、彼此冲突的情况时有发生，这在一定程度上对环评，尤其是规划环评的开展造成了负面影响。例如，规划环评重点关注的问题往往是环境敏感区的保护、基于资源环境承载能力的产业规模限制、产业布局优化等宏观问题。对这些问题的判断，还很难通过量化指标来进行。因此，当前急需在资源环境承载力分析的基础上，建立能够统领各类空间规划的综合性规划，为开展规划环评和项目环评提供依据。将自然资源资产负债表纳入国家规划体系，科学核算区域资源环境承载能力、现有开发密度和未来发展潜力。根据区域定位制定相应的管理政策。该规划出台后，有可能对规范空间开发秩序起到重要作用，也将成为开展环评的基本依据。

3. 加强监督管理，保证环保措施落实

执法人员力量不足、能力不够、执法不严、监管不力等原因，是造成许多项目环保措施不能严格落实的主要原因。监管力度不够，客观上容易导致建设单位和环评单位在环境影响评价文件中弄虚作假，随意更改环保设施，影响该项制度的严肃性。将自然资源资产负债表纳入环境影响评价有助于建立完善的项目环境管理档案制度和项目跟踪管理信息系统，对建设项目实施从环评审批到建成投产全过程跟踪管理。只有这样，才能反过来杜绝建设单位在环保审批和环保设施落实过程中存在的侥幸心理，真正促进环保措施的严格落实。

附 录

附录 1

国务院办公厅关于印发编制自然资源资产负债表试点方案的通知

国办发〔2015〕82号

各省、自治区、直辖市人民政府,国务院各部委、各直属机构:

《编制自然资源资产负债表试点方案》已经党中央、国务院同意,现印发给你们,请认真贯彻执行。

国务院办公厅
2015 年 11 月 8 日

(此件公开发布)

编制自然资源资产负债表试点方案

为贯彻落实党中央、国务院决策部署,探索编制自然资源资产负债表,指导试点地区探索形成可复制可推广的编表经验,制定本方案。

一、总体要求

(一)指导思想

认真贯彻落实党的十八大和十八届二中、三中、四中、五中全会精神,以邓小平理论、"三个代表"重要思想、科学发展观为指导,深入贯彻习近平总书记系列重要讲话精神,按照党中央、国务院关于加快推进生态文明建设的决策部署，全面加强自然资源统计调查和监测基础工作，坚持边改革实践边总结经验，逐步建立健全自然资源资产负债表编制制度。

（二）主要目标

通过探索编制自然资源资产负债表，推动建立健全科学规范的自然资源统计调查制度，努力摸清自然资源资产的家底及其变动情况，为推进生态文明建设、有效保护和永续利用自然资源提供信息基础、监测预警和决策支持。按照本方案要求，试编出自然资源资产负债表，对完善自然资源统计调查制度提出建议，为制定自然资源资产负债表编制方案提供经验。

（三）基本原则

（1）坚持整体设计。将自然资源资产负债表编制纳入生态文明制度体系，与资源环境生态红线管控、自然资源资产产权和用途管制、领导干部自然资源资产离任审计、生态环境损害责任追究等重大制度相衔接。按照生态系统的自然规律和有机联系，统筹设计主要自然资源的资产负债核算。

（2）突出核算重点。从生态文明建设要求和人民群众期盼出发，优先核算具有重要生态功能的自然资源，并在实践中不断完善核算体系。

（3）注重质量指标。编制自然资源资产负债表既要反映自然资源规模的变化，更要反映自然资源的质量状况。通过质量指标和数量指标的结合，更加全面系统地反映自然资源的变化及其对生态环境的影响。

（4）确保真实准确。按照高质、务实、管用的要求，建立健全自然资源统计监测指标体系，充分运用现代科技手段和法治方式提高统计监测能力和统计数据质量，确保基础数据和自然资源资产负债表各项数据真实准确。编制自然资源资产负债表，不涉及自然资源的权属关系和管理关系。

（5）借鉴国际经验。立足我国生态文明建设需要、自然资源禀赋和统计监测基础，参照联合国等国际组织制定的《环境经济核算体系2012》等国际标准，借鉴国际先进经验，通过探索创新，构建科学、规范、管用的自然资源资产负债表编制制度。

二、试点内容

根据自然资源保护和管控的现实需要，先行核算具有重要生态功能的自然资源。我国自然资源资产负债表的核算内容主要包括土地资源、林木资源和水资源。土地资源资产负债表主要包括耕地、林地、草地等土地利用情况，耕地和草地质量等级分布及其变化情况。林木资源资产负债表包括天然林、人工林、其他林木的蓄积量和单位面积蓄积量。水资源资产负债表包括地表水、地下水资源情况，水资源质量等级分布及其变化情况。试点地区根据本方案，分别采集、审核相关基础数据,研究资料来源和数据质量控制等关键性问题,探索编制自然资源资产负债表。试点地区可结合当地实际,探索编制矿产资源资产负债表。

三、基本方法

自然资源资产负债表反映自然资源在核算期初、期末的存量水平以及核算期间的变化量。核算期为每个公历年度1月1日至12月31日。在自然资源核算理论框架下,以自然资源管理部门统计调查数据为基础,编制反映主要自然资源实物存量及变动情况的资产负债表。

自然资源资产负债表的基本平衡关系是:期初存量+本期增加量－本期减少量=期末存量。期初存量和期末存量来自自然资源统计调查和行政记录数据,本期期初存量即为上期期末存量。核算期间自然资源增减变化的主要影响因素有两类:一是人为因素,如林木的培育和采伐引起的林木资源资产变化;二是自然因素,如降水和蒸发等引起的水资源资产变化。由于自然属性差别较大、与经济体关系不尽相同,各种自然资源都有其特有的增加、减少方式及原因。按照自然资源变动因素,依据行政记录和统计调查监测资料,建立自然资源增减变化统计台账,及时填报相关指标。

编制自然资源资产负债表所使用的分类,原则上采用国家标准。尚未制定国家标准的,可暂时采用行业标准。编制自然资源资产负债表所涉及指标的含义、包含范围和计算方法,由统计局会同有关部门制定。

四、试点地区

根据自然资源的代表性和有关工作基础,在内蒙古自治区呼伦贝尔市、浙江省湖州市、湖南省娄底市、贵州省赤水市、陕西省延安市开展编制自然资源资产负债表试点工作。

五、时间安排

试点工作从2015年11月开始到2016年12月底结束,分为两个阶段。

第一阶段(2015年11月至2016年7月底),试点地区开展有关自然资源基础资料的搜集整理和审核,必要时开展补充性调查,编制出2011年以来各公历年度的自然资源资产负债表。如缺少基础资料,可只编制其中一年或两年的自然资源资产负债表。

第二阶段(2016年8~12月),试点地区提交试点报告,提出修订完善自然资源统计调查制度和自然资源资产负债表编制方案的建议。

根据试点经验,在进一步调查研究的基础上,统计局会同发展改革委、财政部、国土资源部、环境保护部、水利部、农业部、审计署、林业局，研究扩大自然资源资产负债核算范围，2018年底前编制出自然资源资产负债表。同时，研究探索主要自然资源资产负债价值量核算技术。

六、保障措施

编制自然资源资产负债表试点工作意义重大，必须高度重视，精心实施，确保试点工作取得切实成效。

（1）加强领导，落实责任。成立编制自然资源资产负债表试点工作指导小组，由统计局、发展改革委、财政部、国土资源部、环境保护部、水利部、农业部、审计署、林业局有关人员组成。成立编制自然资源资产负债表专家咨询组，提供有关理论、政策和技术咨询。试点地区政府成立试点工作组织协调机构，建立沟通协调机制。试点地区编制自然资源资产负债表有关技术工作，由统计部门牵头负责。相关部门要积极支持和配合试点工作，参与有关问题研究，提供编表所需要的基础资料。要加强与负责领导班子和领导干部政绩考核工作、领导干部自然资源资产离任审计试点工作部门的沟通协调，同步推进，切实形成工作合力。试点地区所在省（区）人民政府和有关部门要加强领导和协调工作。

（2）信息共享，夯实基础。统计部门要加强与国土资源、环保、水利、农业、林业等自然资源主管部门的沟通，研究理清编制自然资源资产负债表所需的基础资料状况。有关部门已有资料的，应当主动及时提供给统计部门编表使用；现有资料不能满足需要的，应当积极研究解决办法，必要时可开展补充性调查。加强数据质量审核评估和检查，确保基础数据真实可靠。为更好地运用试点成果，便于社会监督，试点地区试编的自然资源资产负债表原则上应向社会公开。

试点期间，统计局将会同有关部门赴试点地区指导调研，帮助解决试点过程中遇到的问题。试点过程中发现的重要问题和成功做法，请及时报送统计局。

附录 2

中共中央国务院关于加快推进生态文明建设的意见

生态文明建设是中国特色社会主义事业的重要内容,关系人民福祉,关乎民族未来,事关"两个一百年"奋斗目标和中华民族伟大复兴中国梦的实现。党中央、国务院高度重视生态文明建设,先后出台了一系列重大决策部署,推动生态文明建设取得了重大进展和积极成效。但总体上看我国生态文明建设水平仍滞后于经济社会发展,资源约束趋紧,环境污染严重,生态系统退化,发展与人口资源环境之间的矛盾日益突出,已成为经济社会可持续发展的重大瓶颈。

加快推进生态文明建设是加快转变经济发展方式、提高发展质量和效益的内在要求,是坚持以人为本、促进社会和谐的必然选择,是全面建成小康社会、实现中华民族伟大复兴中国梦的时代抉择,是积极应对气候变化、维护全球生态安全的重大举措。要充分认识加快推进生态文明建设的极端重要性和紧迫性,切实增强责任感和使命感,牢固树立尊重自然、顺应自然、保护自然的理念,坚信绿水青山就是金山银山,动员全党、全社会积极行动、深入持久地推进生态文明建设,加快形成人与自然和谐发展的现代化建设新格局,开创社会主义生态文明新时代。

一、总体要求

(一) 指导思想

以邓小平理论、"三个代表"重要思想、科学发展观为指导,全面贯彻党的十八大和十八届二中、三中、四中全会精神,深入贯彻习近平总书记系列重要讲话精神,认真落实党中央、国务院的决策部署,坚持以人为本、依法推进,坚持节约资源和保护环境的基本国策,把生态文明建设放在突出的战略位置,融入经济建设、政治建设、文化建设、社会建设各方面和全过程,协同推进新型工业化、信息化、城镇化、农业现代化和绿色化,以健全生态文明制度体系为重点,优化国土空间开发格局,全面促进资源节约利用,加大自然生态系统和环境保护力度,大力推进绿色发展、循环发展、低碳发展,弘扬生态文化,倡导绿色生活,加快建设美丽中国,使蓝天常在、青山常在、绿水常在,实现中华民族永续发展。

(二)基本原则

坚持把节约优先、保护优先、自然恢复为主作为基本方针。在资源开发与节约中,把节约放在优先位置,以最少的资源消耗支撑经济社会持续发展;在环境保护与发展中,把保护放在优先位置,在发展中保护、在保护中发展;在生态建设与修复中,以自然恢复为主,与人工修复相结合。

(1)坚持把绿色发展、循环发展、低碳发展作为基本途径。经济社会发展必须建立在资源得到高效循环利用、生态环境受到严格保护的基础上,与生态文明建设相协调,形成节约资源和保护环境的空间格局、产业结构、生产方式。

(2)坚持把深化改革和创新驱动作为基本动力。充分发挥市场配置资源的决定性作用和更好发挥政府作用,不断深化制度改革和科技创新,建立系统完整的生态文明制度体系,强化科技创新引领作用,为生态文明建设注入强大动力。

(3)坚持把培育生态文化作为重要支撑。将生态文明纳入社会主义核心价值体系,加强生态文化的宣传教育,倡导勤俭节约、绿色低碳、文明健康的生活方式和消费模式,提高全社会生态文明意识。

(4)坚持把重点突破和整体推进作为工作方式。既立足当前,着力解决对经济社会可持续发展制约性强、群众反映强烈的突出问题,打好生态文明建设攻坚战;又着眼长远,加强顶层设计与鼓励基层探索相结合,持之以恒全面推进生态文明建设。

(三)主要目标

到2020年,资源节约型和环境友好型社会建设取得重大进展,主体功能区布局基本形成,经济发展质量和效益显著提高,生态文明主流价值观在全社会得到推行,生态文明建设水平与全面建成小康社会目标相适应。

——国土空间开发格局进一步优化。经济、人口布局向均衡方向发展,陆海空间开发强度、城市空间规模得到有效控制,城乡结构和空间布局明显优化。

——资源利用更加高效。单位国内生产总值二氧化碳排放强度比2005年下降40%~45%,能源消耗强度持续下降,资源产出率大幅提高,用水总量力争控制在6700亿立方米以内,万元工业增加值用水量降低到65立方米以下,农田灌溉水有效利用系数提高到0.55以上,非化石能源占一次能源消费比重达到15%左右。

——生态环境质量总体改善。主要污染物排放总量继续减少,大气环境质量、重点流域和近岸海域水环境质量得到改善，重要江河湖泊水功能区水质达标率提高到80%以上，饮用水安全保障水平持续提升，土壤环境质量总体保持稳定，环境风险得到有效控制。森林覆盖率达到23%以上，草原综合植被覆盖度达到56%，湿地面积不低于8亿亩，50%以上可治理沙化土地得到治理，自然岸线保有率不低于35%，生物多样性丧失速度得到基本控制，全国生态系统稳定性明显增强。

——生态文明重大制度基本确立。基本形成源头预防、过程控制、损害赔偿、责任追究的生态文明制度体系，自然资源资产产权和用途管制、生态保护红线、生态保护补偿、生态环境保护管理体制等关键制度建设取得决定性成果。

二、强化主体功能定位，优化国土空间开发格局

国土是生态文明建设的空间载体。要坚定不移地实施主体功能区战略，健全空间规划体系，科学合理布局和整治生产空间、生活空间、生态空间。

——积极实施主体功能区战略。全面落实主体功能区规划，健全财政、投资、产业、土地、人口、环境等配套政策和各有侧重的绩效考核评价体系。推进市县落实主体功能定位，推动经济社会发展、城乡、土地利用、生态环境保护等规划"多规合一"，形成一个市县一本规划、一张蓝图。区域规划编制、重大项目布局必须符合主体功能定位。对不同主体功能区的产业项目实行差别化市场准入政策，明确禁止开发区域、限制开发区域准入事项，明确优化开发区域、重点开发区域禁止和限制发展的产业。编制实施全国国土规划纲要，加快推进国土综合整治。构建平衡适宜的城乡建设空间体系，适当增加生活空间、生态用地，保护和扩大绿地、水域、湿地等生态空间。

——大力推进绿色城镇化。认真落实《国家新型城镇化规划（2014~2020年）》，根据资源环境承载能力，构建科学合理的城镇化宏观布局，严格控制特大城市规模，增强中小城市承载能力，促进大中小城市和小城镇协调发展。尊重自然格局，依托现有山水脉络、气象条件等，合理布局城镇各类空间，尽量减少对自然的干扰和损害。保护自然景观，传承历史文化，提倡城镇形态多样性，保持特色风貌，防止"千城一面"。科学确定城镇开发强度，提高城镇土地利用效率、建成区人口密度，划定城镇开发边界，从严供给城市建设用地，推动城镇化发展由外延扩张式向内涵提升式转变。严格新城、新区设立条件和程序。强化城镇化过程中的节能理念，大力发展绿色建筑和低碳、便捷的交通体系，推进绿色生态城区建设，提高城镇供排水、防涝、雨水收集利用、供热、供气、环境等基础设施建设水平。所有县城和重点镇都要具备污水、垃圾处理能力，提高建设、运行、管理水平。加强城乡规划"三区四线"（禁建区、限建区和适建区，绿

线、蓝线、紫线和黄线）管理，维护城乡规划的权威性、严肃性，杜绝大拆大建。

——加快美丽乡村建设。完善县域村庄规划，强化规划的科学性和约束力。加强农村基础设施建设，强化山水林田路综合治理，加快农村危旧房改造，支持农村环境集中连片整治，开展农村垃圾专项治理，加大农村污水处理和改厕力度。加快转变农业发展方式，推进农业结构调整，大力发展农业循环经济，治理农业污染，提升农产品质量安全水平。依托乡村生态资源，在保护生态环境的前提下，加快发展乡村旅游休闲业。引导农民在房前屋后、道路两旁植树护绿。加强农村精神文明建设，以环境整治和民风建设为重点，扎实推进文明村镇创建。

——加强海洋资源科学开发和生态环境保护。根据海洋资源环境承载力，科学编制海洋功能区划，确定不同海域主体功能。坚持"点上开发、面上保护"，控制海洋开发强度，在适宜开发的海洋区域，加快调整经济结构和产业布局，积极发展海洋战略性新兴产业，严格生态环境评价，提高资源集约节约利用和综合开发水平，最大程度减少对海域生态环境的影响。严格控制陆源污染物排海总量，建立并实施重点海域排污总量控制制度，加强海洋环境治理、海域海岛综合整治、生态保护修复，有效保护重要、敏感和脆弱的海洋生态系统。加强船舶港口污染控制，积极治理船舶污染，增强港口码头污染防治能力。控制发展海水养殖，科学养护海洋渔业资源。开展海洋资源和生态环境综合评估。实施严格的围填海总量控制制度、自然岸线控制制度，建立陆海统筹、区域联动的海洋生态环境保护修复机制。

三、推动技术创新和结构调整，提高发展质量和效益

从根本上缓解经济发展与资源环境之间的矛盾，必须构建科技含量高、资源消耗低、环境污染少的产业结构，加快推动生产方式绿色化，大幅提高经济绿色化程度，有效降低发展的资源环境代价。

——推动科技创新。结合深化科技体制改革，建立符合生态文明建设领域科研活动特点的管理制度和运行机制。加强重大科学技术问题研究，开展能源节约、资源循环利用、新能源开发、污染治理、生态修复等领域关键技术攻关，在基础研究和前沿技术研发方面取得突破。强化企业技术创新主体地位，充分发挥市场对绿色产业发展方向和技术路线选择的决定性作用。完善技术创新体系，提高综合集成创新能力，加强工艺创新与试验。支持生态文明领域工程技术类研究中心、实验室和实验基地建设，完善科技创新成果转化机制，形成一批成果转化平台、中介服务机构，加快成熟适用技术的示范和推广。加强生态文明基础研究、试验研发、工程应用和市场服务等科技人才队伍建设。

——调整优化产业结构。推动战略性新兴产业和先进制造业健康发展，采用先进适用节能低碳环保技术改造提升传统产业，发展壮大服务业，合理布局建设基础设施和基础产业。积极化解产能严重过剩矛盾，加强预警调控，适时调整产能严重过剩行业名单，严禁核准产能严重过剩行业新增产能项目。加快淘汰落后产能，逐步提高淘汰标准，禁止落后产能向中西部地区转移。做好化解产能过剩和淘汰落后产能企业职工安置工作。推动要素资源全球配置，鼓励优势产业走出去，提高参与国际分工的水平。调整能源结构，推动传统能源安全绿色开发和清洁低碳利用，发展清洁能源、可再生能源，不断提高非化石能源在能源消费结构中的比重。

——发展绿色产业。大力发展节能环保产业，以推广节能环保产品拉动消费需求，以增强节能环保工程技术能力拉动投资增长，以完善政策机制释放市场潜在需求，推动节能环保技术、装备和服务水平显著提升，加快培育新的经济增长点。实施节能环保产业重大技术装备产业化工程，规划建设产业化示范基地，规范节能环保市场发展，多渠道引导社会资金投入，形成新的支柱产业。加快核电、风电、太阳能光伏发电等新材料、新装备的研发和推广，推进生物质发电、生物质能源、沼气、地热、浅层地温能、海洋能等应用，发展分布式能源，建设智能电网，完善运行管理体系。大力发展节能与新能源汽车，提高创新能力和产业化水平，加强配套基础设施建设，加大推广普及力度。发展有机农业、生态农业，以及特色经济林、林下经济、森林旅游等林产业。

四、全面促进资源节约循环高效使用，推动利用方式根本转变

节约资源是破解资源瓶颈约束、保护生态环境的首要之策。要深入推进全社会节能减排，在生产、流通、消费各环节大力发展循环经济，实现各类资源节约高效利用。

——推进节能减排。发挥节能与减排的协同促进作用，全面推动重点领域节能减排。开展重点用能单位节能低碳行动，实施重点产业能效提升计划。严格执行建筑节能标准，加快推进既有建筑节能和供热计量改造，从标准、设计、建设等方面大力推广可再生能源在建筑上的应用，鼓励建筑工业化等建设模式。优先发展公共交通，优化运输方式，推广节能与新能源交通运输装备，发展甩挂运输。鼓励使用高效节能农业生产设备。开展节约型公共机构示范创建活动。强化结构、工程、管理减排，继续削减主要污染物排放总量。

——发展循环经济。按照减量化、再利用、资源化的原则，加快建立循环型工业、农业、服务业体系，提高全社会资源产出率。完善再生资源回收体系，实行垃圾分类回收，开发利用"城市矿产"，推进秸秆等农林废弃物以及建筑垃

圾、餐厨废弃物资源化利用，发展再制造和再生利用产品，鼓励纺织品、汽车轮胎等废旧物品回收利用。推进煤矸石、矿渣等大宗固体废弃物综合利用。组织开展循环经济示范行动，大力推广循环经济典型模式。推进产业循环式组合，促进生产和生活系统的循环链接，构建覆盖全社会的资源循环利用体系。

——加强资源节约。节约集约利用水、土地、矿产等资源，加强全过程管理，大幅降低资源消耗强度。加强用水需求管理，以水定需、量水而行，抑制不合理用水需求，促进人口、经济等与水资源相均衡，建设节水型社会。推广高效节水技术和产品，发展节水农业，加强城市节水，推进企业节水改造。积极开发利用再生水、矿井水、空中云水、海水等非常规水源，严控无序调水和人造水景工程，提高水资源安全保障水平。按照严控增量、盘活存量、优化结构、提高效率的原则，加强土地利用的规划管控、市场调节、标准控制和考核监管，严格土地用途管制，推广应用节地技术和模式。发展绿色矿业，加快推进绿色矿山建设，促进矿产资源高效利用，提高矿产资源开采回采率、选矿回收率和综合利用率。

五、加大自然生态系统和环境保护力度，切实改善生态环境质量

良好的生态环境是最公平的公共产品，是最普惠的民生福祉。要严格源头预防、不欠新账，加快治理突出生态环境问题、多还旧账，让人民群众呼吸新鲜的空气，喝上干净的水，在良好的环境中生产生活。

——保护和修复自然生态系统。加快生态安全屏障建设，形成以青藏高原、黄土高原—川滇、东北森林带、北方防沙带、南方丘陵山地带、近岸近海生态区以及大江大河重要水系为骨架，以其他重点生态功能区为重要支撑，以禁止开发区域为重要组成的生态安全战略格局。实施重大生态修复工程，扩大森林、湖泊、湿地面积，提高沙区、草原植被覆盖率，有序实现休养生息。加强森林保护，将天然林资源保护范围扩大到全国；大力开展植树造林和森林经营，稳定和扩大退耕还林范围，加快重点防护林体系建设；完善国有林场和国有林区经营管理体制，深化集体林权制度改革。严格落实禁牧休牧和草畜平衡制度，加快推进基本草原划定和保护工作；加大退牧还草力度，继续实行草原生态保护补助奖励政策；稳定和完善草原承包经营制度。启动湿地生态效益补偿和退耕还湿。加强水生生物保护，开展重要水域增殖放流活动。继续推进京津风沙源治理、黄土高原地区综合治理、石漠化综合治理，开展沙化土地封禁保护试点。加强水土保持，因地制宜推进小流域综合治理。实施地下水保护和超采漏斗区综合治理，逐步实现地下水采补平衡。强化农田生态保护，实施耕地质量保护与提升行动，加大退化、污染、损毁农田改良和修复力度，加强耕地质量调查监测与评价。实施

生物多样性保护重大工程，建立监测评估与预警体系，健全国门生物安全查验机制，有效防范物种资源丧失和外来物种入侵，积极参加生物多样性国际公约谈判和履约工作。加强自然保护区建设与管理，对重要生态系统和物种资源实施强制性保护，切实保护珍稀濒危野生动植物、古树名木及自然生境。建立国家公园体制，实行分级、统一管理，保护自然生态和自然文化遗产原真性、完整性。研究建立江河湖泊生态水量保障机制。加快灾害调查评价、监测预警、防治和应急等防灾减灾体系建设。

——全面推进污染防治。按照以人为本、防治结合、标本兼治、综合施策的原则，建立以保障人体健康为核心、以改善环境质量为目标、以防控环境风险为基线的环境管理体系，健全跨区域污染防治协调机制，加快解决人民群众反映强烈的大气、水、土壤污染等突出环境问题。继续落实大气污染防治行动计划，逐渐消除重污染天气，切实改善大气环境质量。实施水污染防治行动计划，严格饮用水源保护，全面推进涵养区、源头区等水源地环境整治，加强供水全过程管理，确保饮用水安全；加强重点流域、区域、近岸海域水污染防治和良好湖泊生态环境保护，控制和规范淡水养殖，严格入河（湖、海）排污管理；推进地下水污染防治。制定实施土壤污染防治行动计划，优先保护耕地土壤环境，强化工业污染场地治理，开展土壤污染治理与修复试点。加强农业面源污染防治，加大种养业特别是规模化畜禽养殖污染防治力度，科学施用化肥、农药，推广节能环保型炉灶，净化农产品产地和农村居民生活环境。加大城乡环境综合整治力度。推进重金属污染治理。开展矿山地质环境恢复和综合治理，推进尾矿安全、环保存放，妥善处理处置矿渣等大宗固体废弃物。建立健全化学品、持久性有机污染物、危险废物等环境风险防范与应急管理工作机制。切实加强核设施运行监管，确保核安全万无一失。

——积极应对气候变化。坚持当前长远相互兼顾、减缓适应全面推进，通过节约能源和提高能效，优化能源结构，增加森林、草原、湿地、海洋碳汇等手段，有效控制二氧化碳、甲烷、氢氟碳化物、全氟化碳、六氟化硫等温室气体排放。提高适应气候变化特别是应对极端天气和气候事件能力，加强监测、预警和预防，提高农业、林业、水资源等重点领域和生态脆弱地区适应气候变化的水平。扎实推进低碳省区、城市、城镇、产业园区、社区试点。坚持共同但有区别的责任原则、公平原则、各自能力原则，积极建设性地参与应对气候变化国际谈判，推动建立公平合理的全球应对气候变化格局。

六、健全生态文明制度体系

加快建立系统完整的生态文明制度体系，引导、规范和约束各类开发、利用、保护自然资源的行为，用制度保护生态环境。

——健全法律法规。全面清理现行法律法规中与加快推进生态文明建设不相适应的内容，加强法律法规间的衔接。研究制定节能评估审查、节水、应对气候变化、生态补偿、湿地保护、生物多样性保护、土壤环境保护等方面的法律法规，修订土地管理法、大气污染防治法、水污染防治法、节约能源法、循环经济促进法、矿产资源法、森林法、草原法、野生动物保护法等。

——完善标准体系。加快制定修订一批能耗、水耗、地耗、污染物排放、环境质量等方面的标准，实施能效和排污强度"领跑者"制度，加快标准升级步伐。提高建筑物、道路、桥梁等建设标准。环境容量较小、生态环境脆弱、环境风险高的地区要执行污染物特别排放限值。鼓励各地区依法制定更加严格的地方标准。建立与国际接轨、适应我国国情的能效和环保标识认证制度。

——健全自然资源资产产权制度和用途管制制度。对水流、森林、山岭、草原、荒地、滩涂等自然生态空间进行统一确权登记，明确国土空间的自然资源资产所有者、监管者及其责任。完善自然资源资产用途管制制度，明确各类国土空间开发、利用、保护边界，实现能源、水资源、矿产资源按质量分级、梯级利用。严格节能评估审查、水资源论证和取水许可制度。坚持并完善最严格的耕地保护和节约用地制度，强化土地利用总体规划和年度计划管控，加强土地用途转用许可管理。完善矿产资源规划制度，强化矿产开发准入管理。有序推进国家自然资源资产管理体制改革。

——完善生态环境监管制度。建立严格监管所有污染物排放的环境保护管理制度。完善污染物排放许可证制度，禁止无证排污和超标准、超总量排污。违法排放污染物、造成或可能造成严重污染的，要依法查封扣押排放污染物的设施设备。对严重污染环境的工艺、设备和产品实行淘汰制度。实行企事业单位污染物排放总量控制制度，适时调整主要污染物指标种类，纳入约束性指标。健全环境影响评价、清洁生产审核、环境信息公开等制度。建立生态保护修复和污染防治区域联动机制。

——严守资源环境生态红线。树立底线思维，设定并严守资源消耗上限、环境质量底线、生态保护红线，将各类开发活动限制在资源环境承载能力之内。合理设定资源消耗"天花板"，加强能源、水、土地等战略性资源管控，强化能源消耗强度控制，做好能源消费总量管理。继续实施水资源开发利用控制、用水效率控制、水功能区限制纳污三条红线管理。划定永久基本农田，严格实施永久保护，对新增建设用地占用耕地规模实行总量控制，落实耕地占补平衡，确保耕地数量不下降、质量不降低。严守环境质量底线，将大气、水、土壤等环境质量"只能更好、不能变坏"作为地方各级政府环保责任红线，相应确定污染物排放总量限值和环境风险防控措施。在重点生态功能区、生态环境敏感区和脆弱区等区域划定生态红线,确保生态功能不降低、面积不减少、性质不改变;科学划定森林、草原、湿地、海洋等领域生态红线,严格自然生态空间征(占)用管理,有效遏制生态系统退化的趋势。探索建立资源环境承载能力监测预警机制,对资源消耗和环境容量接近或超过承载能力的地区,及时采取区域限批等限制性措施。

——完善经济政策。健全价格、财税、金融等政策,激励、引导各类主体积极投身生态文明建设。深化自然资源及其产品价格改革,凡是能由市场形成价格的都交给市场,政府定价要体现基本需求与非基本需求以及资源利用效率高低的差异,体现生态环境损害成本和修复效益。进一步深化矿产资源有偿使用制度改革,调整矿业权使用费征收标准。加大财政资金投入,统筹有关资金,对资源节约和循环利用、新能源和可再生能源开发利用、环境基础设施建设、生态修复与建设、先进适用技术研发示范等给予支持。将高耗能、高污染产品纳入消费税征收范围。推动环境保护费改税。加快资源税从价计征改革,清理取消相关收费基金,逐步将资源税征收范围扩展到占用各种自然生态空间。完善节能环保、新能源、生态建设的税收优惠政策。推广绿色信贷,支持符合条件的项目通过资本市场融资。探索排污权抵押等融资模式。深化环境污染责任保险试点,研究建立巨灾保险制度。

——推行市场化机制。加快推行合同能源管理、节能低碳产品和有机产品认证、能效标识管理等机制。推进节能发电调度,优先调度可再生能源发电资源,按机组能耗和污染物排放水平依次调用化石类能源发电资源。建立节能量、碳排放权交易制度,深化交易试点,推动建立全国碳排放权交易市场。加快水权交易试点,培育和规范水权市场。全面推进矿业权市场建设。扩大排污权有偿使用和交易试点范围,发展排污权交易市场。积极推进环境污染第三方治理,引入社会力量投入环境污染治理。

——健全生态保护补偿机制。科学界定生态保护者与受益者权利义务,加快形成生态损害者赔偿、受益者付费、保护者得到合理补偿的运行机制。结合深化财税体制改革,完善转移支付制度,归并和规范现有生态保护补偿渠道,加大对重点生态功能区的转移支付力度,逐步提高其基本公共服务水平。建立地区间横向生态保护补偿机制,引导生态受益地区与保护地区之间、流域上游与下游之间,通过资金补助、产业转移、人才培训、共建园区等方式实施补偿。建立独立公正的生态环境损害评估制度。

——健全政绩考核制度。建立体现生态文明要求的目标体系、考核办法、奖惩机制。把资源消耗、环境损害、生态效益等指标纳入经济社会发展综合评价体系，大幅增加考核权重，强化指标约束，不唯经济增长论英雄。完善政绩考核办法，根据区域主体功能定位，实行差别化的考核制度。对限制开发区域、禁止开发区域和生态脆弱的国家扶贫开发工作重点县，取消地区生产总值考核；对农产品主产区和重点生态功能区，分别实行农业优先和生态保护优先的绩效评价；对禁止开发的重点生态功能区，重点评价其自然文化资源的原真性、完整性。根据考核评价结果，对生态文明建设成绩突出的地区、单位和个人给予表彰奖励。探索编制自然资源资产负债表，对领导干部实行自然资源资产和环境责任离任审计。

——完善责任追究制度。建立领导干部任期生态文明建设责任制，完善节能减排目标责任考核及问责制度。严格责任追究，对违背科学发展要求、造成资源环境生态严重破坏的要记录在案，实行终身追责，不得转任重要职务或提拔使用，已经调离的也要问责。对推动生态文明建设工作不力的，要及时诫勉谈话；对不顾资源和生态环境盲目决策、造成严重后果的，要严肃追究有关人员的领导责任；对履职不力、监管不严、失职渎职的，要依纪依法追究有关人员的监管责任。

七、加强生态文明建设统计监测和执法监督

坚持问题导向，针对薄弱环节，加强统计监测、执法监督，为推进生态文明建设提供有力保障。

——加强统计监测。建立生态文明综合评价指标体系。加快推进对能源、矿产资源、水、大气、森林、草原、湿地、海洋和水土流失、沙化土地、土壤环境、地质环境、温室气体等的统计监测核算能力建设，提升信息化水平，提高准确性、及时性，实现信息共享。加快重点用能单位能源消耗在线监测体系建设。建立循环经济统计指标体系、矿产资源合理开发利用评价指标体系。利用卫星遥感等技术手段，对自然资源和生态环境保护状况开展全天候监测，健全覆盖所有资源环境要素的监测网络体系。提高环境风险防控和突发环境事件应急能力，健全环境与健康调查、监测和风险评估制度。定期开展全国生态状况调查和评估。加大各级政府预算内投资等财政性资金对统计监测等基础能力建设的支持力度。

——强化执法监督。加强法律监督、行政监察，对各类环境违法违规行为实行"零容忍"，加大查处力度，严厉惩处违法违规行为。强化对浪费能源资源、违法排污、破坏生态环境等行为的执法监察和专项督察。资源环境监管机构独立开展行政执法，禁止领导干部违法违规干预执法活动。健全行政执法与刑事司法的衔接机制，加强基层执法队伍、环境应急处置救援队伍建设。强化对资源开发和交通建设、旅游开发等活动的生态环境监管。

八、加快形成推进生态文明建设的良好社会风尚

生态文明建设关系各行各业、千家万户。要充分发挥人民群众的积极性、主动性、创造性，凝聚民心、集中民智、汇集民力，实现生活方式绿色化。

——提高全民生态文明意识。积极培育生态文化、生态道德，使生态文明成为社会主流价值观，成为社会主义核心价值观的重要内容。从娃娃和青少年抓起，从家庭、学校教育抓起，引导全社会树立生态文明意识。把生态文明教育作为素质教育的重要内容，纳入国民教育体系和干部教育培训体系。将生态文化作为现代公共文化服务体系建设的重要内容，挖掘优秀传统生态文化思想和资源，创作一批文化作品，创建一批教育基地，满足广大人民群众对生态文化的需求。通过典型示范、展览展示、岗位创建等形式，广泛动员全民参与生态文明建设。组织好世界地球日、世界环境日、世界森林日、世界水日、世界海洋日和全国节能宣传周等主题宣传活动。充分发挥新闻媒体作用，树立理性、积极的舆论导向，加强资源环境国情宣传，普及生态文明法律法规、科学知识等，报道先进典型，曝光反面事例，提高公众节约意识、环保意识、生态意识，形成人人、事事、时时崇尚生态文明的社会氛围。

——培育绿色生活方式。倡导勤俭节约的消费观。广泛开展绿色生活行动，推动全民在衣、食、住、行、游等方面加快向勤俭节约、绿色低碳、文明健康的方式转变，坚决抵制和反对各种形式的奢侈浪费、不合理消费。积极引导消费者购买节能与新能源汽车、高能效家电、节水型器具等节能环保低碳产品，减少一次性用品的使用，限制过度包装。大力推广绿色低碳出行，倡导绿色生活和休闲模式，严格限制发展高耗能、高耗水服务业。在餐饮企业、单位食堂、家庭全方位开展反食品浪费行动。党政机关、国有企业要带头厉行勤俭节约。

——鼓励公众积极参与。完善公众参与制度，及时准确披露各类环境信息，扩大公开范围，保障公众知情权，维护公众环境权益。健全举报、听证、舆论和公众监督等制度，构建全民参与的社会行动体系。建立环境公益诉讼制度，对污染环境、破坏生态的行为，有关组织可提起公益诉讼。在建设项目立项、实施、后评价等环节，有序增强公众参与程度。引导生态文明建设领域各类社会组织健康有序发展，发挥民间组织和志愿者的积极作用。

九、切实加强组织领导

健全生态文明建设领导体制和工作机制，勇于探索和创新，推动生态文明建设蓝图逐步成为现实。

——强化统筹协调。各级党委和政府对本地区生态文明建设负总责，要建立

协调机制，形成有利于推进生态文明建设的工作格局。各有关部门要按照职责分工，密切协调配合，形成生态文明建设的强大合力。

——探索有效模式。抓紧制定生态文明体制改革总体方案，深入开展生态文明先行示范区建设，研究不同发展阶段、资源环境禀赋、主体功能定位地区生态文明建设的有效模式。各地区要抓住制约本地区生态文明建设的瓶颈，在生态文明制度创新方面积极实践，力争取得重大突破。及时总结有效做法和成功经验，完善政策措施，形成有效模式，加大推广力度。

——广泛开展国际合作。统筹国内国际两个大局，以全球视野加快推进生态文明建设，树立负责任大国形象，把绿色发展转化为新的综合国力、综合影响力和国际竞争新优势。发扬包容互鉴、合作共赢的精神，加强与世界各国在生态文明领域的对话交流和务实合作，引进先进技术装备和管理经验，促进全球生态安全。加强南南合作，开展绿色援助，对其他发展中国家提供支持和帮助。

——抓好贯彻落实。各级党委和政府及中央有关部门要按照本意见要求，抓紧提出实施方案，研究制定与本意见相衔接的区域性、行业性和专题性规划，明确目标任务、责任分工和时间要求，确保各项政策措施落到实处。各地区各部门贯彻落实情况要及时向党中央、国务院报告，同时抄送国家发展改革委。中央就贯彻落实情况适时组织开展专项监督检查。

附录3

生态文明体制改革总体方案

为加快建立系统完整的生态文明制度体系，加快推进生态文明建设，增强生态文明体制改革的系统性、整体性、协同性，制定本方案。

一、生态文明体制改革的总体要求

（一）生态文明体制改革的指导思想

全面贯彻中共十八大和十八届二中、三中、四中全会精神，以邓小平理论、"三个代表"重要思想、科学发展观为指导，深入贯彻落实习近平总书记系列重要讲话精神，按照党中央、国务院决策部署，坚持节约资源和保护环境基本国策，坚持节约优先、保护优先、自然恢复为主方针，立足我国社会主义初级阶段的基本国情和新的阶段性特征，以建设美丽中国为目标，以正确处理人与自然关系为核心，以解决生态环境领域突出问题为导向，保障国家生态安全，改善环境质量，提高资源利用效率，推动形成人与自然和谐发展的现代化建设新格局。

（二）生态文明体制改革的理念

树立尊重自然、顺应自然、保护自然的理念，生态文明建设不仅影响经济持续健康发展，也关系政治和社会建设，必须放在突出地位，融入经济建设、政治建设、文化建设、社会建设各方面和全过程。

树立发展和保护相统一的理念，坚持发展是硬道理的战略思想，发展必须是绿色发展、循环发展、低碳发展，平衡好发展和保护的关系，按照主体功能定位控制开发强度，调整空间结构，给子孙后代留下天蓝、地绿、水净的美好家园，实现发展与保护的内在统一、相互促进。

树立绿水青山就是金山银山的理念，清新空气、清洁水源、美丽山川、肥沃土地、生物多样性是人类生存必需的生态环境，坚持发展是第一要务，必须保护森林、草原、河流、湖泊、湿地、海洋等自然生态。

树立自然价值和自然资本的理念，自然生态是有价值的，保护自然就是增值自然价值和自然资本的过程，就是保护和发展生产力，就应得到合理回报和经济补偿。

树立空间均衡的理念，把握人口、经济、资源环境的平衡点推动发展，人口规模、产业结构、增长速度不能超出当地水土资源承载能力和环境容量。

树立山水林田湖是一个生命共同体的理念，按照生态系统的整体性、系统性及其内在规律，统筹考虑自然生态各要素、山上山下、地上地下、陆地海洋以及流域上下游，进行整体保护、系统修复、综合治理，增强生态系统循环能力，维护生态平衡。

（三）生态文明体制改革的原则

坚持正确改革方向，健全市场机制，更好发挥政府的主导和监管作用，发挥企业的积极性和自我约束作用，发挥社会组织和公众的参与和监督作用。

坚持自然资源资产的公有性质，创新产权制度，落实所有权，区分自然资源资产所有者权利和管理者权力，合理划分中央与地方事权和监管职责，保障全体人民分享全民所有自然资源资产收益。

坚持城乡环境治理体系统一，继续加强城市环境保护和工业污染防治，加大生态环境保护工作对农村地区的覆盖，建立健全农村环境治理体制机制，加大对农村污染防治设施建设和资金投入力度。

坚持激励和约束并举，既要形成支持绿色发展、循环发展、低碳发展的利益导向机制，又要坚持源头严防、过程严管、损害严惩、责任追究，形成对各类市场主体的有效约束，逐步实现市场化、法治化、制度化。

坚持主动作为和国际合作相结合，加强生态环境保护是我们的自觉行为，同时要深化国际交流和务实合作，充分借鉴国际上的先进技术和体制机制建设有益经验，积极参与全球环境治理，承担并履行好同发展中大国相适应的国际责任。

坚持鼓励试点先行和整体协调推进相结合，在党中央、国务院统一部署下，先易后难、分步推进，成熟一项推出一项。支持各地区根据本方案确定的基本方向，因地制宜，大胆探索、大胆试验。

（四）生态文明体制改革的目标

到2020年，构建起由自然资源资产产权制度、国土空间开发保护制度、空间规划体系、资源总量管理和全面节约制度、资源有偿使用和生态补偿制度、环境治理体系、环境治理和生态保护市场体系、生态文明绩效评价考核和责任追究制度八项制度构成的产权清晰、多元参与、激励约束并重、系统完整的生态文明制度体系,推进生态文明领域国家治理体系和治理能力现代化,努力走向社会主义生态文明新时代。

构建归属清晰、权责明确、监管有效的自然资源资产产权制度,着力解决自然资源所有者不到位、所有权边界模糊等问题。

构建以空间规划为基础、以用途管制为主要手段的国土空间开发保护制度,着力解决因无序开发、过度开发、分散开发导致的优质耕地和生态空间占用过多、生态破坏、环境污染等问题。

构建以空间治理和空间结构优化为主要内容,全国统一、相互衔接、分级管理的空间规划体系,着力解决空间性规划重叠冲突、部门职责交叉重复、地方规划朝令夕改等问题。

构建覆盖全面、科学规范、管理严格的资源总量管理和全面节约制度,着力解决资源使用浪费严重、利用效率不高等问题。

构建反映市场供求和资源稀缺程度、体现自然价值和代际补偿的资源有偿使用和生态补偿制度,着力解决自然资源及其产品价格偏低、生产开发成本低于社会成本、保护生态得不到合理回报等问题。

构建以改善环境质量为导向,监管统一、执法严明、多方参与的环境治理体系,着力解决污染防治能力弱、监管职能交叉、权责不一致、违法成本过低等问题。

构建更多运用经济杠杆进行环境治理和生态保护的市场体系,着力解决市场主体和市场体系发育滞后、社会参与度不高等问题。

构建充分反映资源消耗、环境损害和生态效益的生态文明绩效评价考核和责任追究制度,着力解决发展绩效评价不全面、责任落实不到位、损害责任追究缺失等问题。

二、健全自然资源资产产权制度

(五) 建立统一的确权登记系统

坚持资源公有、物权法定,清晰界定全部国土空间各类自然资源资产的产权主体。对水流、森林、山岭、草原、荒地、滩涂等所有自然生态空间统一进行确权登记，逐步划清全民所有和集体所有之间的边界，划清全民所有、不同层级政府行使所有权的边界，划清不同集体所有者的边界。推进确权登记法治化。

（六）建立权责明确的自然资源产权体系

制定权利清单，明确各类自然资源产权主体权利。处理好所有权与使用权的关系，创新自然资源全民所有权和集体所有权的实现形式，除生态功能重要的外，可推动所有权和使用权相分离，明确占有、使用、收益、处分等权利归属关系和权责，适度扩大使用权的出让、转让、出租、抵押、担保、入股等权能。明确国有农场、林场和牧场土地所有者与使用者权能。全面建立覆盖各类全民所有自然资源资产的有偿出让制度，严禁无偿或低价出让。统筹规划，加强自然资源资产交易平台建设。

（七）健全国家自然资源资产管理体制

按照所有者和监管者分开和一件事情由一个部门负责的原则，整合分散的全民所有自然资源资产所有者职责，组建对全民所有的矿藏、水流、森林、山岭、草原、荒地、海域、滩涂等各类自然资源统一行使所有权的机构，负责全民所有自然资源的出让等。

（八）探索建立分级行使所有权的体制

对全民所有的自然资源资产，按照不同资源种类和在生态、经济、国防等方面的重要程度，研究实行中央和地方政府分级代理行使所有权职责的体制，实现效率和公平相统一。分清全民所有中央政府直接行使所有权、全民所有地方政府行使所有权的资源清单和空间范围。中央政府主要对石油天然气、贵重稀有矿产资源、重点国有林区、大江大河大湖和跨境河流、生态功能重要的湿地草原、海域滩涂、珍稀野生动植物种和部分国家公园等直接行使所有权。

（九）开展水流和湿地产权确权试点

探索建立水权制度，开展水域、岸线等水生态空间确权试点，遵循水生态系统性、整体性原则，分清水资源所有权、使用权及使用量。在甘肃、宁夏等地开展湿地产权确权试点。

三、建立国土空间开发保护制度

(十) 完善主体功能区制度

统筹国家和省级主体功能区规划,健全基于主体功能区的区域政策,根据城市化地区、农产品主产区、重点生态功能区的不同定位,加快调整完善财政、产业、投资、人口流动、建设用地、资源开发、环境保护等政策。

(十一) 健全国土空间用途管制制度

简化自上而下的用地指标控制体系,调整按行政区和用地基数分配指标的做法。将开发强度指标分解到各县级行政区,作为约束性指标,控制建设用地总量。将用途管制扩大到所有自然生态空间,划定并严守生态红线,严禁任意改变用途,防止不合理开发建设活动对生态红线的破坏。完善覆盖全部国土空间的监测系统,动态监测国土空间变化。

(十二) 建立国家公园体制

加强对重要生态系统的保护和永续利用,改革各部门分头设置自然保护区、风景名胜区、文化自然遗产、地质公园、森林公园等的体制,对上述保护地进行功能重组,合理界定国家公园范围。国家公园实行更严格保护,除不损害生态系统的原住民生产生活设施改造和自然观光、科研、教育、旅游外,禁止其他开发建设,保护自然生态和自然文化遗产原真性、完整性。加强对国家公园试点的指导,在试点基础上研究制定建立国家公园体制总体方案。构建保护珍稀野生动植物的长效机制。

(十三) 完善自然资源监管体制

将分散在各部门的有关用途管制职责,逐步统一到每一个部门,统一行使所有国土空间的用途管制职责。

自然资源资产负债表的编制与应用

四、建立空间规划体系

（十四）编制空间规划

整合目前各部门分头编制的各类空间性规划，编制统一的空间规划，实现规划全覆盖。空间规划是国家空间发展的指南、可持续发展的空间蓝图，是各类开发建设活动的基本依据。空间规划分为国家、省、市县（设区的市空间规划范围为市辖区）三级。研究建立统一规范的空间规划编制机制。鼓励开展省级空间规划试点。编制京津冀空间规划。

（十五）推进市县"多规合一"

支持市县推进"多规合一"，统一编制市县空间规划，逐步形成一个市县一个规划、一张蓝图。市县空间规划要统一土地分类标准，根据主体功能定位和省级空间规划要求，划定生产空间、生活空间、生态空间，明确城镇建设区、工业区、农村居民点等的开发边界，以及耕地、林地、草原、河流、湖泊、湿地等的保护边界，加强对城市地下空间的统筹规划。加强对市县"多规合一"试点的指导，研究制定市县空间规划编制指引和技术规范，形成可复制、能推广的经验。

（十六）创新市县空间规划编制方法

探索规范化的市县空间规划编制程序，扩大社会参与，增强规划的科学性和透明度。鼓励试点地区进行规划编制部门整合，由一个部门负责市县空间规划的编制，可成立由专业人员和有关方面代表组成的规划评议委员会。规划编制前应当进行资源环境承载能力评价，以评价结果作为规划的基本依据。规划编制过程中应当广泛征求各方面意见，全文公布规划草案，充分听取当地居民意见。规划经评议委员会论证通过后，由当地人民代表大会审议通过，并报上级政府部门备案。规划成果应当包括规划文本和较高精度的规划图，并在网络和其他本地媒体公布。鼓励当地居民对规划执行进行监督，对违反规划的开发建设行为进行举报。当地人民代表大会及其常务委员会定期听取空间规划执行情况报告，对当地政府违反规划行为进行问责。

五、完善资源总量管理和全面节约制度

（十七）完善最严格的耕地保护制度和土地节约集约利用制度

完善基本农田保护制度，划定永久基本农田红线，按照面积不减少、质量不下降、用途不改变的要求，将基本农田落地到户、上图入库，实行严格保护，除法律规定的国家重点建设项目选址确实无法避让外，其他任何建设不得占用。加强耕地质量等级评定与监测，强化耕地质量保护与提升建设。完善耕地占补平衡制度，对新增建设用地占用耕地规模实行总量控制，严格实行耕地占一补一、先补后占、占优补优。实施建设用地总量控制和减量化管理，建立节约集约用地激励和约束机制，调整结构，盘活存量，合理安排土地利用年度计划。

（十八）完善最严格的水资源管理制度

按照节水优先、空间均衡、系统治理、两手发力的方针，健全用水总量控制制度，保障水安全。加快制定主要江河流域水量分配方案，加强省级统筹，完善省市县三级取用水总量控制指标体系。建立健全节约集约用水机制，促进水资源使用结构调整和优化配置。完善规划和建设项目水资源论证制度。主要运用价格和税收手段，逐步建立农业灌溉用水量控制和定额管理、高耗水工业企业计划用水和定额管理制度。在严重缺水地区建立用水定额准入门槛，严格控制高耗水项目建设。加强水产品产地保护和环境修复，控制水产养殖，构建水生动植物保护机制。完善水功能区监督管理，建立促进非常规水源利用制度。

（十九）建立能源消费总量管理和节约制度

坚持节约优先，强化能耗强度控制，健全节能目标责任制和奖励制。进一步完善能源统计制度。健全重点用能单位节能管理制度，探索实行节能自愿承诺机制。完善节能标准体系，及时更新用能产品能效、高耗能行业能耗限额、建筑物能效等标准。合理确定全国能源消费总量目标，并分解落实到省级行政区和重点用能单位。健全节能低碳产品和技术装备推广机制，定期发布技术目录。强化节能评估审查和节能监察。加强对可再生能源发展的扶持，逐步取消对化石能源的普遍性补贴。逐步建立全国碳排放总量控制制度和分解落实机制，建立增加森林、草原、湿地、海洋碳汇的有效机制，加强应对气候变化国际合作。

(二十) 建立天然林保护制度

将所有天然林纳入保护范围。建立国家用材林储备制度。逐步推进国有林区政企分开,完善以购买服务为主的国有林场公益林管护机制。完善集体林权制度,稳定承包权,拓展经营权能,健全林权抵押贷款和流转制度。

(二十一) 建立草原保护制度

稳定和完善草原承包经营制度,实现草原承包地块、面积、合同、证书"四到户",规范草原经营权流转。实行基本草原保护制度,确保基本草原面积不减少、质量不下降、用途不改变。健全草原生态保护补奖机制,实施禁牧休牧、划区轮牧和草畜平衡等制度。加强对草原征用使用审核审批的监管,严格控制草原非牧使用。

(二十二) 建立湿地保护制度

将所有湿地纳入保护范围,禁止擅自征用占用国际重要湿地、国家重要湿地和湿地自然保护区。确定各类湿地功能,规范保护利用行为,建立湿地生态修复机制。

(二十三) 建立沙化土地封禁保护制度

将暂不具备治理条件的连片沙化土地划为沙化土地封禁保护区。建立严格保护制度,加强封禁和管护基础设施建设,加强沙化土地治理,增加植被,合理发展沙产业,完善以购买服务为主的管护机制,探索开发与治理结合新机制。

(二十四) 健全海洋资源开发保护制度

实施海洋主体功能区制度,确定近海海域海岛主体功能,引导、控制和规范各类用海用岛行为。实行围填海总量控制制度,对围填海面积实行约束性指标管理。建立自然岸线保有率控制制度。完善海洋渔业资源总量管理制度,严格执行休渔禁渔制度,推行近海捕捞限额管理,控制近海和滩涂养殖规模。健全海洋督察制度。

(二十五) 健全矿产资源开发利用管理制度

建立矿产资源开发利用水平调查评估制度,加强矿产资源查明登记和有偿计时占用登记管理。建立矿产资源集约开发机制,提高矿区企业集中度,鼓励规模化开发。完善重要矿产资源开采回采率、选矿回收率、综合利用率等国家标准。

健全鼓励提高矿产资源利用水平的经济政策。建立矿山企业高效和综合利用信息公示制度,建立矿业权人"黑名单"制度。完善重要矿产资源回收利用的产业化扶持机制。完善矿山地质环境保护和土地复垦制度。

(二十六）完善资源循环利用制度

建立健全资源产出率统计体系。实行生产者责任延伸制度,推动生产者落实废弃产品回收处理等责任。建立种养业废弃物资源化利用制度,实现种养业有机结合、循环发展。加快建立垃圾强制分类制度。制定再生资源回收目录,对复合包装物、电池、农膜等低值废弃物实行强制回收。加快制定资源分类回收利用标准。建立资源再生产品和原料推广使用制度,相关原材料消耗企业要使用一定比例的资源再生产品。完善限制一次性用品使用制度。落实并完善资源综合利用和促进循环经济发展的税收政策。制定循环经济技术目录,实行政府优先采购、贷款贴息等政策。

六、健全资源有偿使用和生态补偿制度

(二十七）加快自然资源及其产品价格改革

按照成本、收益相统一的原则,充分考虑社会可承受能力,建立自然资源开发使用成本评估机制,将资源所有者权益和生态环境损害等纳入自然资源及其产品价格形成机制。加强对自然垄断环节的价格监管,建立定价成本监审制度和价格调整机制,完善价格决策程序和信息公开制度。推进农业水价综合改革,全面实行非居民用水超计划、超定额累进加价制度,全面推行城镇居民用水阶梯价格制度。

(二十八）完善土地有偿使用制度

扩大国有土地有偿使用范围,扩大招拍挂出让比例,减少非公益性用地划拨,国有土地出让收支纳入预算管理。改革完善工业用地供应方式,探索实行弹性出让年限以及长期租赁、先租后让、租让结合供应。完善地价形成机制和评估制度,健全土地等级价体系,理顺与土地相关的出让金、租金和税费关系。建立有效调节工业用地和居住用地合理比价机制,提高工业用地出让地价水平,降低工业用地比例。探索通过土地承包经营、出租等方式,健全国有农用地有偿使用制度。

(二十九) 完善矿产资源有偿使用制度

完善矿业权出让制度，建立符合市场经济要求和矿业规律的探矿权采矿权出让方式，原则上实行市场化出让，国有矿产资源出让收支纳入预算管理。理清有偿取得、占用和开采中所有者、投资者、使用者的产权关系，研究建立矿产资源国家权益金制度。调整探矿权采矿权使用费标准、矿产资源最低勘查投入标准。推进实现全国统一的矿业权交易平台建设，加大矿业权出让转让信息公开力度。

(三十) 完善海域海岛有偿使用制度

建立海域、无居民海岛使用金征收标准调整机制。建立健全海域、无居民海岛使用权招拍挂出让制度。

(三十一) 加快资源环境税费改革

理顺自然资源及其产品税费关系，明确各自功能，合理确定税收调控范围。加快推进资源税从价计征改革，逐步将资源税扩展到占用各种自然生态空间，在华北部分地区开展地下水征收资源税改革试点。加快推进环境保护税立法。

(三十二) 完善生态补偿机制

探索建立多元化补偿机制，逐步增加对重点生态功能区转移支付，完善生态保护成效与资金分配挂钩的激励约束机制。制定横向生态补偿机制办法，以地方补偿为主，中央财政给予支持。鼓励各地区开展生态补偿试点，继续推进新安江水环境补偿试点，推动在京津冀水源涵养区、广西广东九洲江、福建广东汀江—韩江等开展跨地区生态补偿试点，在长江流域水环境敏感地区探索开展流域生态补偿试点。

(三十三) 完善生态保护修复资金使用机制

按照山水林田湖系统治理的要求，完善相关资金使用管理办法，整合现有政策和渠道，在深入推进国土江河综合整治的同时，更多用于青藏高原生态屏障、黄土高原—川滇生态屏障、东北森林带、北方防沙带、南方丘陵山地带等国家生态安全屏障的保护修复。

(三十四) 建立耕地草原河湖休养生息制度

编制耕地、草原、河湖休养生息规划，调整严重污染和地下水严重超采地区的耕地用途，逐步将 25 度以上不适宜耕种且有损生态的陡坡地退出基本农田。

建立巩固退耕还林还草、退牧还草成果长效机制。开展退田还湖还湿试点，推进长株潭地区土壤重金属污染修复试点、华北地区地下水超采综合治理试点。

七、建立健全环境治理体系

（三十五）完善污染物排放许可制

尽快在全国范围建立统一公平、覆盖所有固定污染源的企业排放许可制，依法核发排污许可证，排污者必须持证排污，禁止无证排污或不按许可证规定排污。

（三十六）建立污染防治区域联动机制

完善京津冀、长三角、珠三角等重点区域大气污染防治联防联控协作机制，其他地方要结合地理特征、污染程度、城市空间分布以及污染物输送规律，建立区域协作机制。在部分地区开展环境保护管理体制创新试点，统一规划、统一标准、统一环评、统一监测、统一执法。开展按流域设置环境监管和行政执法机构试点，构建各流域内相关省级涉水部门参加、多形式的流域水环境保护协作机制和风险预警防控体系。建立陆海统筹的污染防治机制和重点海域污染物排海总量控制制度。完善突发环境事件应急机制，提高与环境风险程度、污染物种类等相匹配的突发环境事件应急处置能力。

（三十七）建立农村环境治理体制机制

建立以绿色生态为导向的农业补贴制度，加快制定和完善相关技术标准和规范，加快推进化肥、农药、农膜减量化以及畜禽养殖废弃物资源化和无害化，鼓励生产使用可降解农膜。完善农作物秸秆综合利用制度。健全化肥农药包装物、农膜回收贮运加工网络。采取财政和村集体补贴、住户付费、社会资本参与的投入运营机制，加强农村污水和垃圾处理等环保设施建设。采取政府购买服务等多种扶持措施，培育发展各种形式的农业面源污染治理、农村污水垃圾处理市场主体。强化县乡两级政府的环境保护职责，加强环境监管能力建设。财政支农资金的使用要统筹考虑增强农业综合生产能力和防治农村污染。

（三十八）健全环境信息公开制度

全面推进大气和水等环境信息公开、排污单位环境信息公开、监管部门环境信息公开，健全建设项目环境影响评价信息公开机制。健全环境新闻发言人制度。引导人民群众树立环保意识，完善公众参与制度，保障人民群众依法有序行使环境监督权。建立环境保护网络举报平台和举报制度，健全举报、听证、舆论监督等制度。

（三十九）严格实行生态环境损害赔偿制度

强化生产者环境保护法律责任，大幅度提高违法成本。健全环境损害赔偿方面的法律制度、评估方法和实施机制，对违反环保法律法规的，依法严惩重罚；对造成生态环境损害的，以损害程度等因素依法确定赔偿额度；对造成严重后果的，依法追究刑事责任。

（四十）完善环境保护管理制度

建立和完善严格监管所有污染物排放的环境保护管理制度，将分散在各部门的环境保护职责调整到一个部门，逐步实行城乡环境保护工作由一个部门进行统一监管和行政执法的体制。有序整合不同领域、不同部门、不同层次的监管力量，建立权威统一的环境执法体制，充实执法队伍，赋予环境执法强制执行的必要条件和手段。完善行政执法和环境司法的衔接机制。

八、健全环境治理和生态保护市场体系

（四十一）培育环境治理和生态保护市场主体

采取鼓励发展节能环保产业的体制机制和政策措施。废止妨碍形成全国统一市场和公平竞争的规定和做法，鼓励各类投资进入环保市场。能由政府和社会资本合作开展的环境治理和生态保护事务，都可以吸引社会资本参与建设和运营。通过政府购买服务等方式，加大对环境污染第三方治理的支持力度。加快推进污水垃圾处理设施运营管理单位向独立核算、自主经营的企业转变。组建或改组设立国有资本投资运营公司，推动国有资本加大对环境治理和生态保护等方面的投入。支持生态环境保护领域国有企业实行混合所有制改革。

（四十二）推行用能权和碳排放权交易制度

结合重点用能单位节能行动和新建项目能评审查，开展项目节能量交易，并

逐步改为基于能源消费总量管理下的用能权交易。建立用能权交易系统、测量与核准体系。推广合同能源管理。深化碳排放权交易试点，逐步建立全国碳排放权交易市场，研究制定全国碳排放权交易总量设定与配额分配方案。完善碳交易注册登记系统，建立碳排放权交易市场监管体系。

（四十三）推行排污权交易制度

在企业排污总量控制制度基础上，尽快完善初始排污权核定，扩大涵盖的污染物覆盖面。在现行以行政区为单元层层分解机制基础上，根据行业先进排污水平，逐步强化以企业为单元进行总量控制、通过排污权交易获得减排收益的机制。在重点流域和大气污染重点区域，合理推进跨行政区排污权交易。扩大排污权有偿使用和交易试点，将更多条件成熟地区纳入试点。加强排污权交易平台建设。制定排污权核定、使用费收取使用和交易价格等规定。

（四十四）推行水权交易制度

结合水生态补偿机制的建立健全，合理界定和分配水权，探索地区间、流域间、流域上下游、行业间、用水户间等水权交易方式。研究制定水权交易管理办法，明确可交易水权的范围和类型、交易主体和期限、交易价格形成机制、交易平台运作规则等。开展水权交易平台建设。

（四十五）建立绿色金融体系

推广绿色信贷，研究采取财政贴息等方式加大扶持力度，鼓励各类金融机构加大绿色信贷的发放力度，明确贷款人的尽职免责要求和环境保护法律责任。加强资本市场相关制度建设，研究设立绿色股票指数和发展相关投资产品，研究银行和企业发行绿色债券，鼓励对绿色信贷资产实行证券化。支持设立各类绿色发展基金，实行市场化运作。建立上市公司环保信息强制性披露机制。完善对节能低碳、生态环保项目的各类担保机制，加大风险补偿力度。在环境高风险领域建立环境污染强制责任保险制度。建立绿色评级体系以及公益性的环境成本核算和影响评估体系。积极推动绿色金融领域各类国际合作。

（四十六）建立统一的绿色产品体系

将目前分头设立的环保、节能、节水、循环、低碳、再生、有机等产品统一整合为绿色产品，建立统一的绿色产品标准、认证、标识等体系。完善对绿色产品研发生产、运输配送、购买使用的财税金融支持和政府采购等政策。

自然资源资产负债表的编制与应用

九、完善生态文明绩效评价考核和责任追究制度

（四十七）建立生态文明目标体系

研究制定可操作、可视化的绿色发展指标体系。制定生态文明建设目标评价考核办法，把资源消耗、环境损害、生态效益纳入经济社会发展评价体系。根据不同区域主体功能定位，实行差异化绩效评价考核。

（四十八）建立资源环境承载能力监测预警机制

研究制定资源环境承载能力监测预警指标体系和技术方法，建立资源环境监测预警数据库和信息技术平台，定期编制资源环境承载能力监测预警报告，对资源消耗和环境容量超过或接近承载能力的地区，实行预警提醒和限制性措施。

（四十九）探索编制自然资源资产负债表

制定自然资源资产负债表编制指南，构建水资源、土地资源、森林资源等的资产和负债核算方法，建立实物量核算账户，明确分类标准和统计规范，定期评估自然资源资产变化状况。在市县层面开展自然资源资产负债表编制试点，核算主要自然资源实物量账户并公布核算结果。

（五十）对领导干部实行自然资源资产离任审计

在编制自然资源资产负债表和合理考虑客观自然因素基础上，积极探索领导干部自然资源资产离任审计的目标、内容、方法和评价指标体系。以领导干部任期内辖区自然资源资产变化状况为基础，通过审计，客观评价领导干部履行自然资源资产管理责任情况，依法界定领导干部应当承担的责任，加强审计结果运用。在内蒙古呼伦贝尔市、浙江湖州市、湖南娄底市、贵州赤水市、陕西延安市开展自然资源资产负债表编制试点和领导干部自然资源资产离任审计试点。

（五十一）建立生态环境损害责任终身追究制

实行地方党委和政府领导成员生态文明建设一岗双责制。以自然资源资产离任审计结果和生态环境损害情况为依据，明确对地方党委和政府领导班子主要负责人、有关领导人员、部门负责人的追责情形和认定程序。区分情节轻重，对造

成生态环境损害的，予以诫勉、责令公开道歉、组织处理或党纪政纪处分，对构成犯罪的依法追究刑事责任。对领导干部离任后出现重大生态环境损害并认定其需要承担责任的，实行终身追责。建立国家环境保护督察制度。

十、生态文明体制改革的实施保障

（五十二）加强对生态文明体制改革的领导

各地区各部门要认真学习领会中央关于生态文明建设和体制改革的精神，深刻认识生态文明体制改革的重大意义，增强责任感、使命感、紧迫感，认真贯彻党中央、国务院决策部署，确保本方案确定的各项改革任务加快落实。各有关部门要按照本方案要求抓紧制定单项改革方案，明确责任主体和时间进度，密切协调配合，形成改革合力。

（五十三）积极开展试点试验

充分发挥中央和地方两个积极性，鼓励各地区按照本方案的改革方向，从本地实际出发，以解决突出生态环境问题为重点，发挥主动性，积极探索和推动生态文明体制改革，其中需要法律授权的按法定程序办理。将各部门自行开展的综合性生态文明试点统一为国家试点试验，各部门要根据各自职责予以指导和推动。

（五十四）完善法律法规

制定完善自然资源资产产权、国土空间开发保护、国家公园、空间规划、海洋、应对气候变化、耕地质量保护、节水和地下水管理、草原保护、湿地保护、排污许可、生态环境损害赔偿等方面的法律法规，为生态文明体制改革提供法治保障。

（五十五）加强舆论引导

面向国内外，加大生态文明建设和体制改革宣传力度，统筹安排、正确解读生态文明各项制度的内涵和改革方向，培育普及生态文化，提高生态文明意识，倡导绿色生活方式，形成崇尚生态文明、推进生态文明建设和体制改革的良好氛围。

(五十六)加强督促落实

中央全面深化改革领导小组办公室、经济体制和生态文明体制改革专项小组要加强统筹协调,对本方案落实情况进行跟踪分析和督促检查,正确解读和及时解决实施中遇到的问题,重大问题要及时向党中央、国务院请示报告。

附录4

湖北省委办公厅 省政府办公厅关于在全省开展自然资源资产负债表编制及领导干部自然资源资产责任审计试点工作的通知

各市、州、县党委和人民政府,省军区党委,省委各部委,省级国家机关各委办厅局,各人民团体:

为全面贯彻落实《中共中央、国务院关于印发〈生态文明体制改革总体方案〉的通知》(中发〔2015〕25号)精神,加快我省生态文明体制改革和机制创新,省委、省政府决定,在全省开展自然资源资产负债表编制试点及领导干部自然资源资产离任审计试点工作。现就有关事项通知如下:

一、统一思想,切实提高认识

开展自然资源资产负债表编制试点及领导干部自然资源资产离任审计试点,是深入学习贯彻党的十八届五中全会和习近平总书记系列重要讲话精神,加强资源环境保护和推进生态文明建设的一项重大举措,重点要抓住领导干部这个"关键的少数",核心是落实领导干部生态环境保护的责任。编制自然资源资产负债表,对领导干部实行自然资源资产离任审计,是科学评判领导干部生态环境保护责任履行情况、对领导干部实行生态环境损害责任追究的重要基础和前置条件,抓住了让绿色发展这根"指挥棒"硬起来的关键。

各级各部门要从贯彻落实五大发展理念、秉持"三维纲要"、适应引领经济新常态、推进治理体系和治理能力现代化、回应重大民生关切、加快转变经济发展方式的高度,深刻认识这项重大改革的重大意义,切实抓好、抓紧、抓实。同

自然资源资产负债表的编制与应用

时,要正确处理好经济发展与生态保护的关系,紧扣发展"第一要务"不动摇,牢固树立尊重自然、敬畏自然、顺应自然、保护自然的意识,监测生态保护优先,用自然资源资产增值的"溢出效应"抓发展,坚决走经济发展与生态保护"双赢"的绿色发展之路。

二、明确任务,全面推进实施

(一)总体思路

遵循自然生态系统的整体性、系统性及其内在规律,着眼于维护自然生态系统的基本功能,按照由简到繁、由易到难、由表及里、由显到隐、由低到高的原则,从摸清我省自然资源资产底数等基础性工作做起,瞄准有限目标和土地、森林、水等重要自然资源资产的实物形态保护,扎实推进我省自然资源资产负债表编制和领导干部自然资源资产离任审计工作。

(二)工作目标

通过试点摸清各地自然资源资产家底,建立覆盖全省的自然资源监测体系,建立一套完善的统计和审计方案体系,并将审计结果纳入各地党政主要领导干部和领导班子年度考核和离任审计内容,促使各地牢固树立绿色发展理念,严格落实生态环境保护责任,实现环境保护和经济发展"双赢"。

(三)具体步骤

(1)在全省全面推开。从今年开始,先从基础性工作开始,在各市、县开展全面摸底,收集利用现有的基础数据,并在此基础上形成动态数据库,分析领导干部任职前后所在行政区域内土地、林木和水资源资产及生态环境质量状况变化情况,以其任职期间履行自然资源资产管理和生态环境保护责任情况为主线,开展主要领导干部自然资源资产离任审计。

(2)在部分地方深层次试点。在鄂州市、神农架林区、宜都市和武穴市四个地方进行试点,从深层次进行全面、系统、科学的大胆探索。通过试点,建立健全自然资源统计监测指标体系,编制土地、林木、水资源资产实物量账户,探索开展定性定量分析。研究自然资源资产负债表的编制办法,理清编制自然资源资产负债表所需的基础资料状况,推动建立健全科学规范的自然资源资产统计调查制度,为推进生态文明建设、有效保护和永续利用自然资源提供信息基础、监测预警和决策支持。要通过编制全要素的自然资源资产负债表,开展领导干部自然资源资产离任审计,在审计内容、审计评价、审计责任界定、审计结果运用等方面积极探索,为全省乃至全国提供可复制、可推广的经验。在试点成熟的基础上,向全省推广全要素的自然资源资产负债表和领导干部自然资源资产离任审计工作。

三、狠抓落实,确保取得实效

开展自然资源资产负债表编制和领导干部自然资源资产离任审计是一项跨部门、跨学科、跨领域的综合性工作,涉及面广、技术要求高、工作难度大。根据省委、省政府安排,省环保厅、省审计厅和省统计局分别编制相关工作方案,各地各部门要认真抓好落实。

(1) 加强领导,周密部署。各地各部门要加强对这项重大改革项目的组织领导,主要领导要亲自抓,分管领导要具体抓,一级抓一级,层层抓落实。要成立工作专班,具体负责项目的实施工作。改革部门要加强指导和督办,牵头单位要做好统筹和协调,责任单位要明确任务和责任。各地各部门要主动作为,周密部署,精心组织,统筹推进。要按照"部门牵头、地方负责、分工协作、确保质量"的原则,做好顶层设计,明确改革方向,细化工作方案。要建立月报告、季分析、年总结的沟通协调机制,及时解决项目推进中存在的问题,确保项目有效推进。

(2) 把握进度,有序推进。全省上下要按照本通知和相关工作方案的统筹安排,扎实推进我省自然资源资产负债表编制和领导干部自然资源资产离任审计工作。5月底前,以省级自然资源主管部门为单位完成各县(市、区)相关数据采集工作,经审核认定后提交省统计部门进行数据审核,9月底前完成审计报告。做好在部分地方深层次审计试点工作,7月底前,各试点地区完成自然资源资产负债表的编制,形成土地、林木和水自然资源资产账户,建立领导干部自然资源资产离任审计相关工作制度,9月底前完成审计试点报告,12月底完成审计试点工作总结和审计操作指南,形成全省乃至全国可复制、可推广的经验。

(3) 加强配合,保证质量。各地各部门要全面配合开展好此项工作,工作方案中明确要求提供数据的相关单位应夯实有关调查基础,改进调查方法,加强调查全国质量控制,确保自然资源资产负债表编制和领导干部自然资源资产离任审计所需基础数据真实可靠。各级统计部门应加强对相关部门报送数据的质量审核和评估，建立基础数据监测网络。各级国土、林业、水利、农业、环保、测绘、地质等相关部门要会同有关部门搭建数据信息平台，强化数据支撑，确保数据可追溯、可核查、可追责。

（4）加强督办，严格考核。各地各部门要建立领导挂点、分片指导、集中督察、任务清单、进度上报、台账管理、量化考核等工作制度，切实加强对此项工作的督办和考核评估，建立规范化的工作考核制度，并将此项工作纳入各单位的年度目标考核内容，加强督办检查和考核评估，考核结果作为各单位党政领导班子民主评议和政绩考核的重要内容，确保工作取得实效。

参考文献

[1] G. 黎实. GDDS 的宏观经济核算基础刍议 [J]. 统计与决策, 2003 (3): 7-9.

[2] 徐波. 环境经济学前言专题 [M]. 北京: 中国经济出版社, 2014.

[3] 姜彩楼, 李永浮. OECD 国家环境经济手段分析 [J]. 软科学, 2007 (2): 38-41.

[4] 盖志毅. 草原生态经济系统可持续发展研究 [M]. 北京: 中国林业出版社, 2007: 89-120.

[5] 林元旦. 区域经济非均衡发展理论及创新 [J]. 中国行政管理, 2004 (4): 35-38.

[6] 侯元兆. 中国森林资源核算研究 [M]. 北京: 中国林业出版社, 1995.

[7] 刘世荣等. 长江中上游植被水文功能研究 [J]. 自然资源学报, 2001 (5): 451-456.

[8] 陈仲新等. 中国生态系统效益的价值 [J]. 科学通报, 2000 (1): 17-22.

[9] 谢高地. 中国自然村地生态系统服务价值 [J]. 自然资源学报, 2001 (1): 47-53.

[10] 杨晓阳等. 关于我国森林生态效益补偿制度的思考: 以青海海西州森林生态效益补偿实施为例 [J]. 林业资源管理, 2007 (2): 29-33.

[11] 中国 21 世纪议程管理中心可持续发展战略研究组. 生态补偿: 国际经验与中国实践 [M]. 北京: 社会科学文献出版社, 2007.

[12] 许正中. 我国生态补偿的研究现状与走势 [J]. 环境保护与循环经济, 2009 (1): 7-9.

[13] 毛显强等. 生态补偿的理论探讨 [J]. 中国人口·资源与环境, 2002, 12 (4): 38-41.

［14］廖志刚等．论生态补偿与西部可持续发展［J］．内蒙古农业大学学报（社会科学版），2006，2（8）：13－15．

［15］赵同谦等．中国草地生态系统服务功能间接价值评价［J］．生态学报，2004，24（6）：1101－1110．

［16］闵庆文等．内蒙古典型草原生态系统服务功能价值评估的初步研究［J］．草地学报，2004，12（3）：165－169．

［17］闵庆文等．青海草地生态系统服务功能的价值评估［J］．资源科学，2004，26（3）：56－60．

［18］曹明德．论我国水资源有偿使用制度——我国水权和水权流转机制的理论探讨与实践评析［J］．中国法学，2004（1）：30－35．

［19］褚大建．从可持续发展到循环型经济［J］．世界环境，2000（3）：6－12．

［20］西田卫士．资源循环型社会——制度设计与政策展望［M］．东京：庆应艺墅大学出版会，2008．

［21］格雷德尔，艾伦比．产业生态学［M］．北京：清华大学出版社，2004．

［22］齐晔，蔡琴．可持续发展理论的三大进展［J］．中国人口·资源与环境，2010（4）：110－117．

［23］保罗·霍肯等．自然资本论［M］．上海：上海科学普及出版社，2000．

［24］陈迎．环境经济学与可持续发展研究综述［J］．世界经济，2000（3）：51－53．

［25］王金南等．环境经济学：中国的进展与展望［J］．中国地质大学学报（社会科学版），2006（3）：7－11．

［26］沈满洪．环境经济研究进展（第三卷）［M］．北京：中国环境科学出版社，2011．

［27］褚大建．C模式中国发展循环经济的战略选择［J］．中国人口·资源与环境，2005（6）：102－105．

［28］庄贵阳．环境经济学发展前沿报告［M］．济南：山东人民出版社，2006．

［29］史丹，胡文龙等．自然资源资产负债表编制探索［M］．北京：经济管理出版社，2015．

［30］洪银兴．可持续发展经济学［M］．北京：商务印书馆，2000．

［31］毕哲浩等．Frontier Environmental Issues［M］．上海：复旦大学出版

社，2005.

[32] 李金华．中国环境经济核算体系范式的设计与阐释［J］．中国社会科学，2009（2）：85-97.

[33] 高秋杰，田明华，吴红梅．贸易与环境问题的进展与述评［J］．世界贸易组织动态与研究，2011（18）：15-19.

[34] 於方等．中国环境经济核算研究报告2007-2008［M］．北京：中国环境科学出版社，2012.

[35] 曹东等．经济与环境中国2020［M］．北京：中国环境科学出版社，2005.

[36] 余永定等．西方经济学［M］．北京：经济科学出版社，2002.

[37] 李子奈．计量经济学［M］．北京：高等教育出版社，2000.

[38] 易刚等．关于中国经济增长与全要素生产率的理论思考［J］．经济研究，2003（8）：18-27.

[39] 劳伦斯·克莱因．经济理论与计量经济学［M］．中国：首都经贸大学出版社，2000.

[40] 国家环境保护总局规划与财务司，中国环境监测总站．中国环境统计年报［R］．北京：国家环保总局，2012.

[41] 国家统计局工业交通统计司，国家能源局．中国能源统计年鉴（2012）［M］．北京：中国统计出版社，2013.

[42] 国家环境保护总局规划与财务司．环境统计概论［M］．北京：中国环境科学出版社，2001.

[43] 袁广达．环境会计与管理路径研究［M］．北京：经济科学出版社，2010.

[44] 蔡春，陈晓媛．环境审计论［M］．北京：中国时代经济出版社，2006.

[45] 陈浩．环境会计信息披露风险控制研究［J］．金融经济，2007（8）：3-8.

[46] 陈浩．企业环境绩效与经济绩效关系的理论模型及实证文献述评［J］．经济纵横，2005（11）：45-49.

[47] 陈亮．环境成本内涵与计量方法探析［J］．现代经济探讨，2009（8）：23-26.

[48] 陈煦江，章新蓉．试论环境会计计量［J］．会计月刊，2002（10）：13-15.

[49] 陈毓圭等．企业社会责任与注册会计师实践［J］．审计研究，2009

(1): 9-14.

[50] 陈毓圭. 环境会计和报告的第一份国际指南 [J]. 会计研究, 1998 (8): 23-26.

[51] 陈正兴. 环境审计 [M]. 北京: 中国审计出版社, 2001.

[52] 程隆云. 企业环境成本核算若干问题的思考 [J]. 北京理工大学学报, 2005 (2): 45-48.

[53] 邓楠. 可持续发展: 经济与环境(下) [M]. 上海: 同济大学出版社, 2005.

[54] 高敏雪. 环境统计与环境经济核算 [M]. 北京: 中国环境科学出版社, 2000.

[55] 高振宁. 环境保护与生态信息共享 [M]. 北京: 中国环境科学出版社, 2005.

[56] 耿建新, 房巧玲. 环境会计研究视角的国际比较 [J]. 会计研究, 2004 (1): 12-16.

[57] 耿建新. 企业环境会计信息披露及其相关问题探讨 [J]. 审计研究, 2003 (3): 23-27.

[58] 李静江. 企业环境会计和环境报告书 [M]. 北京: 清华大学出版社, 2003.

[59] 李延勇. 环境管理社会责任与企业竞争优势 [J]. 山东社会科学学报, 2007 (8): 34-36.

[60] 李翼, 祝圣训. 国外环境会计发展概述 [J]. 现代会计, 2005 (6): 17-20.

[61] 李云生, 王东, 张晶. 海河流域"十一五"水污染防治规划研究报告 [M]. 北京: 中国环境科学出版社, 2008.

[62] 李云生, 王东, 张晶. 黄河中上游流域"十一五"水污染防治规划研究报告 [M]. 北京: 中国环境科学出版社, 2008.

[63] 厉以宁. 中国的环境与可持续发展 [M]. 北京: 经济科学出版社, 2004.

[64] 林万祥, 陈煦江. 环境会计计量框架与方法探索 [C]. 北京: 中国会计学会"会计新领域研讨会"论文集, 2006.

[65] 刘长翠. 企业环境审计研究 [M]. 北京: 中国人民大学出版社, 2005.

[66] 卢成龙. 环境会计信息披露时博弈论分析 [J]. 四川理工学院学报(社会科学版), 2005 (3): 21-24.

[67] 罗正英. 我国环境会计展望 [J]. 会计月刊, 2006 (8): 8-10.

[68] 马中. 资源与环境经济学概论 [M]. 北京: 高等教育出版社, 2002.

[69] 潘岳. 构建我国环境会计经济政策体系 [EB/OL]. 中国审计学会网, http://117962. beijing. 8671. net/.

[70] 徐家林, 孟凡利. 环境会计 [M]. 上海: 上海财经大学出版社, 2005.

[71] 徐家林, 王昌锐. 资源会计学的基本理论问题研究 [M]. 北京: 立信会计出版社, 2008.

[72] 许家林. 现代会计理论与会计教育研究 [M]. 北京: 经济科学出版社, 2009.

[73] 张英. 构建我国环境会计体系的研究 [M]. 北京: 经济科学出版社, 2006.

[74] 牛文元. "绿色 GDP" 与中国环境会计制度 [J]. 中国发展, 2002 (1): 32-35.

[75] 高敏雪. 宏观环境核算及其与企业环境会计的关系 [M]. 北京: 中国财政经济出版社, 2002.

[76] 刘爱东, 王慧. 试论我国环境会计理论框架的构建 [J]. 上海会计, 2003 (1): 15-17.

[77] 崔彧. 我国建立环境会计的紧迫性与步骤 [J]. 广西会计, 1997 (3): 4-8.

[78] 叶文虎. 环境管理学 [M]. 北京: 高等教育出版社, 2000.

[79] 葛家澍, 林志军. 快点西方会计的基本假设 [M]. 济南: 山东财政学院学报, 1990.

[80] 侯文哲. 关于我国环境会计基本前提的探讨 [J]. 商业研究, 2003 (1): 22-24.

[81] 孟凡利. 环境会计: 亟待开发的现代会计新领域 [J]. 会计研究, 1997 (1): 5-9.

[82] 李琳, 孙铮. 试论排污许可证在环境会计中的披露 [J]. 财会通讯, 2004 (1): 15-17.

[83] 王伟等. 资源经济学 [M]. 北京: 中国农业出版社, 2007.

[84] 国家林业局调查规划设计院. 全国森林资源统计 (1999~2003) [M]. 北京: 中国林业出版社, 2005.

[85] 吴传钧, 郭焕成. 中国土地利用 [M]. 北京: 科学出版社, 1994.

[86] 厉以宁. 环境经济学 [M]. 北京: 中国计划出版社, 1995.

[87] 曲格平. 中国的环境问题与对策 [M]. 北京：中国环境科学出版社，1992.

[88] 王金南. 资源经济学 [M]. 北京：清华大学出版社，1994.

[89] 王跃堂，赵子夜. 环境成本管理：事前规划法及其对我国的启示 [J]. 会计研究，2002 (1)：41-44.

[90] 肖序，万美霞. 我国环境审计存在的问题及对策研究 [J]. 市场周刊，2003 (2)：38-42.

[91] 肖序，曾晓玲. 论环境会计的基本分类 [J]. 财会月刊，2003 (5)：27-30.

[92] 杨劲伟. 绿色会计与我国的现实抉择 [J]. 上海会计，1998 (10)：21-25.

[93] 杨印宝. 试论建立我国环境会计的必要性 [J]. 财会研究，1996 (6)：17-21.

[94] 杨宗昌，钟子亮. 关于生态会计的构思 [J]. 四川会计，2002 (7)：28-33.

[95] 朱丹. 论绿色会计的理论结构体系 [J]. 财会通讯，2000 (10)：15-18.

[96] 朱小平等. 试探环境会计中废弃物的核算 [J]. 财会月刊，1998 (7)：8-11.

[97] 朱学义. 我国环境会计初探 [J]. 会计研究，1999 (4)：17-19.

[98] 张帆，李东. 环境与自然资源经济学 [M]. 上海：上海人民出版社，2007.

[99] 潘家华. 持续发展途径的经济学分析 [M]. 北京：北京大学出版社，1997.

[100] 王玉庆. 环境经济学 [M]. 北京：中国环境科学出版社，2002.

[101] 曹瑞钰. 环境经济学与循环经济学 [M]. 北京：化学工业出版社，2008.

[102] 高敏雪等. 综合环境经济核算与计量分析 [M]. 北京：经济科学出版社，2012.

[103] 谢振华. 关于循环经济理论的几点思考 [J]. 环境保护，2004 (1)：1-4.

[104] 高敏雪等. 综合环境经济核算——基本理论与中国应用 [M]. 北京：经济科学出版社，2007.

[105] 联合国，欧洲委员会，国际货币基金组织，经济合作与发展组织，世

界银行. 综合环境经济核算 SEEA－2003［M］. 北京：国家统计局国民经济核算司内部印行，2004.

［106］高敏雪等. 国民经济核算原理与中国实践［M］. 北京：中国人民大学出版社，2006.

［107］许春宪，刘启运. 中国投入产出分析应用论文精粹［M］. 北京：中国统计出版社，2004.

［108］王玉梅. 可持续发展评价［M］. 北京：中国标准出版社，2008.

［109］高吉喜. 可持续发展理论探索——生态承载力理论、方法与应用［M］. 北京：中国环境科学出版社，2001.

［110］滕藤. 中国可持续发展研究（下）［M］. 北京：经济管理出版社，2000.

［111］史建玲. 走向可持续发展的深圳［M］. 北京：中国社会科学出版社，2002.

［112］可持续发展之路. 北京大学中国可持续发展研究中心［M］. 北京：北京大学出版社，1998.

［113］钱俊生. 可持续发展的理论与实践［M］. 北京：中国环境科学出版社，2002.

［114］谭亚荣. 环境污染核算体系研究［M］. 北京：中国社会科学出版社，2013.

［115］过孝民等. 生态环境损失计量的问题与前景［J］. 环境经济杂志，2004（8）：9－11.

［116］夏光，赵毅红. 中国环境污染损失的经济计量与研究［J］. 管理世界，1998（6）：17－19.

［117］联合国. 国民经济核算体系［M］. 北京：中国统计出版社，1995.

［118］高敏雪. SEEA 对 SNA 的继承与扬弃［J］. 统计研究，2006（9）：10－13.

［119］罗素清. 环境会计研究［M］. 上海：上海三联书店，2014.

［120］叶文虎. 可持续发展的新进展（第二卷）［M］. 北京：科学出版社，2009.

［121］李春瑜. 编制自然资源资产负债表的几点思考［N］. 中国财经报，2014－07－03.

［122］陈红蕊，黄伟果. 编制自然资源资产负债表的意义及探索［J］. 环境与可持续发展，2014（1）：46－48.

［123］王金南. 解读《中共中央关于全面深化改革若干重大问题的决定》

[N]. 中国环境报, 2013-11-25.

[124] 杨双惠. 编制自然资源资产负债表理论初探 [N]. 经济信息时报, 2014-08-29.

[125] 封志明等. 从自然资源核算到自然资源资产负债表编制 [J]. 中国科学院院刊, 2014, 29 (4): 449-456.

[126] 张航燕. 对编制自然资源资产负债表的思考——基于会计核算的角度 [J]. 中国经济导刊, 2014 (21): 54-56.

[127] 甘泓等. 对水资源资产负债表的初步认识 [J]. 中国水利, 2014 (14): 1-7.

[128] 王泽霞, 江乾坤. 自然资源资产负债表编制的国际经验与区域策略研究 [J]. 商业会计, 2014 (17): 6-10.

[129] 张友棠, 刘帅, 卢楠. 自然资源资产负债表创建研究 [J]. 财会通讯, 2014 (4): 6-9.

[130] 胡文龙. 自然资源资产负债表基本理论问题探析 [J]. 中国经贸导刊, 2014 (4): 62-64.

[131] 王淑娥, 程文琪. 自然资源资产负债表探讨 [J]. 现代工业经济和信息化, 2014 (5): 15-17.

[132] 高金清. 基于自然资源价值理论的绿色GDP核算简化方法研究 [J]. 天津财经大学学报, 2013.

[133] 谭晓兰. 基于"资源诅咒"理论的云南经济增长研究 [J]. 云南财经大学学报, 2014.

[134] 傅晓艺. 中国省际资源环境绩效评估及影响因素研究 [J]. 厦门大学学报, 2014.

[135] 李倩芝. 河北省资源环境经济核算体系框架研究 [J]. 石家庄经济学院学报, 2013.

[136] Beams, Floyd A., Paul E. Fertig. Pollution Control Through Social Cost Conversion [J]. Journal of Accounting, 1971, 132 (5): 37-42.

[137] Hmabira W. L. Natural Resources Accounting: A Tool for Water Resources Management in Botswana [J]. Physics and Chemistry of the Earth, Parts A/B/C, 2007, 32 (15): 1310-1314.

[138] UN, EU, FAO, et al. System of Environmental-Economic Accounting 2012: Central Framework [R]. New Yok: United Nations, 2014.

[139] Bartelmus P. SEEA-2003: Accounting for Sustainable Development? [J]. Ecological Economics, 2007, 61 (4): 613-616.

[140] Lavelle M. Superfund Studies Begin to Fill Hole in Data – Dry Field [J]. Business Watch, 1992 (1): 46 – 51.

[141] Segerson K., and Tietenberg T. The Structure of Penalties in Environmental Enforcement: An Economic Analysis [J]. J. Environ. Econ. Manag., 1992 (23): 179 – 200.

[142] Gray R. H., Bebbington J., Walters D. and Thomson I. The Greening of Enterprise: An Exploration of the (Non) Role of Environmental Accounting and Environmental Accountants in Organizational Change [J]. Critical Perspectives on Accounting, 1995, 6 (3): 211 – 239.

[143] Gray R. H., Owen D. L. and Maunders K. T. Corporate Social Reporting: Emerging Trends in Accountability and the Social Contract [J]. Accounting, Auditing and Accountability Journal, 1988 (1): 2 – 100.

[144] Newell G., Kreuze J. and Newell S. Accounting for Hazardous Waste [J]. Management Accounting, 1990 (5): 58 – 61.

[145] Rebenstein D. B. Bridging Gap between Green Accounting and Black Ink. [J]. Accounting, Organizations and Society, 1992 (4): 501 – 508.

[146] Enropean, Commission (EC). Commission Recommendation of 30 May 2001 on the Recognition [R]. Swiss: Measurement and Disclosure of Environmental Issues in the Annual Accounts and Annual Reports of Companies (Official Journal of the European Communities), 2001.

[147] Coggins J. S. and Smith V. H. Some Welfare Effects of Emission Allowance Trading in a Twice – Regulated Industry [J]. Journal of Environmental Economics and Mangaement, 1993 (25): 275 – 297.

[148] Stavins R. N. What Can We Learn from the Grand Policy Experiment? Lessons from SO_2 Allowance Trading [J]. Journal of Economic Perspectives, 1998, 12 (3): 69 – 88.

[149] Grossman G. M. Pollution and Growth: What Do We Know? [M]. UK: Cambridge University Press, 1995.

[150] Kuznets S. Economic Growth and Income Inequality [J]. American Economic Review, 1955 (45): 1 – 28.

[151] Pezzey J. C. V. Sustainability Constraints Versus "Optimality" Versus Intertemportal Concern, and Axioms versus Data [J]. Land Economics, 1997 (73): 448 – 466.

[152] United, Nations, Statistics, Division. Satellite Analysis and Accounts

[EB/OL]. http://unstats.un.org.

[153] Engelbert, Stockhammer. The Index of Sustainable Economic Welfare as an Alternative to GDP in Measuring Economic Welfare [J]. Ecological Economics, 1997 (4): 56 – 68.

[154] Anne J. Rich. Are Corporate Codes of Conduct Effective [J]. Management Accounting, 1990 (9): 34 – 35.

[155] Carol Ann Tilt. The Influence of External Pressure Groups on Corporate Social Disclosure: Some Empirical Evidence [J]. Accounting, Auditing & Accountability Journal, 1994, 7 (4): 47 – 72.

[156] CICA. Reporting on Environmental Performance: Summary Report [R]. 1994.

[157] Kate, Bewwley. The Green Team [J]. CA Magazine, 1993 (9): 44 – 46.

[158] Marton Freedman. European Unification, Accounting Harmonization, and Social Disclosures [J]. The International Journal of Accounting, 1992 (27): 112 – 122.

[159] Raymond, Y. C. Leung. Environmental Auditing [J]. The Hong Kong Accountant, 1994 (1): 43 – 65.

[160] UN, Environmental, Program. Company Environmental Reporting: A Measurement of the Progress of Business & Industry toward Sustainable Development [R]. Whitaker: Technical Report, 1994.

[161] Howard, Oduml, and Eugene P. Odmu. The energetic basis for valuation of ecosystem services [J]. Ecosystems, 2000 (3): 21 – 23.

[162] Villa F., Wilson M. and de Groot R. S. et al. Designing and Integrated Knowledge Base to Support Ecosystem Services Valuation [J]. Ecological Economics, 2002 (41): 445 – 456.

[163] Gao T. and Yang Z. Y. Reference of International Eco – compensation Policy for China [J]. International Outlook, 2006 (10): 71 – 76.

[164] Herzog F., Dreier S. and Hofer G., et al. Effect of Ecological Compensation a Reason Floristic and Breeding Bird Diversity in Swiss Agricultural Landscapes [J]. Agriculture Ecosystems and Environment, 2005 (108): 189 – 204.

[165] Sierra R., and Russman E. On the Efficiency of Environmental Service Payments: A Forest Conservation Assessment in the Osa Peninsula Costa Rica [J]. Ecological Economics, 2006 (59): 131 – 141.

[166] Hume D. A Treatise of Human Nature [M]. Oxford: Clarendon Press, 2000.

[167] Su Yan, Lai Qingkui. Practice and Experience of Community Participation in Ecological Compensation in Other Countries [J]. Foresty and Society Journal, 2005, 13 (4): 40 - 44.

[168] Stephen L. and Gillett. Entropy and its Misuse, I. Energy, Free and Other Wise [J]. Ecological Economics, 2006 (56): 58 - 70.

[169] Wichelns D. The Role of Virtual Water in Efforts to Achieve Food Securities and Other National Goals, with an Example from Egypt [J]. Agriculture Water Management, 2001 (49): 131 - 151.

[170] L. Venkatachalam. Environmental Economics and Ecological Economics: Where They Can Converge [J]. Ecological, 2006 (5): 121 - 129.

致　谢

　　落笔至此，本书的写作已基本接近尾声。顿笔回思，我不禁要由衷地感谢我的指导教师——刘戒骄教授。在他的悉心教导与言传身教下，博士三年期间，我的理论功底和政策研究水平更加精进。古人云，三十而立。2016年，我正好三十周岁。回望三十年来，我和身边的朋友们都各自走上了适合自己的职业生涯，虽然工作繁忙，但是研读求学仍是我毕生的兴趣与追求，寒窗十载，笔耕不辍。在社科院学习的三年虽短暂但也充实，在这大师云集的地方，更砥砺了我诚朴做人的品质与励学笃行的作风。

　　在我选择将自然资源资产负债表作为我的研究方向的时候，许多学术前辈都认为选题难度太大，建议我换一个难度低一点的研究领域，但是我总觉得作为一名供职于国家宏观经济部门的研究人员，有必要选择一个对政府决策具有参考价值的题目。如果能为相关政策的制定提供一定的参考依据，既是我应尽的职责，也是我最大的荣耀。自然资源资产负债表编制工作作为当前党中央、国务院关于加快推进生态文明建设的一项重要决策部署，研究这一题目的理论意义和实践意义都很鲜明。因此，我决定将这个题目做下去而且尽力做好。

　　选题的背景先说到这里，下面我要表达一下对我这本书的写作以及对我的人生给予帮助与支持的人的感谢。在此，我要郑重感谢生我养我的父亲母亲，一个边远地区出来的孩子，能读到博士，离开父母的悉心教导与言传身教是不可能办到的。我父母如今已经年届五旬，从小学到博士，我的每一步成长都包含着他们的殷切期望与无私付出。驻笔顿首，遥拜双亲送上我的一份心意与感恩！感谢我的妻子——孙雯女士，认识她是我一生最大的荣幸，她对我饱含深情的嘱托与无微不至的关心，我永生难忘。前不久，她的爷爷不幸去世，我为失去了一位历经艰辛世事却又充满智慧的长者而哀悼，也希望我的妻子尽快从悲痛中走出来，化悲痛为力量。我也要感谢领导与同事在工作中给予我的莫大关怀与支持，让我在方向与目标明确、充满工作激情、踏实奋进而又充满活力的一个集体之中不断提升自己，负重前行。

感谢我的母校——北京大学，是我人生的起点，在北大的学习经历给了我彻底的精神洗礼，从此我开始接触经济学、了解经济学、热爱经济学、专研经济学。感谢我的硕士生导师王蓉和宋映泉教授！两位老师是我学术研究的启蒙老师，是财政科学领域的权威，两位老师严谨治学的精神和高贵人格让我终身受益！

在这里，我向一直关心、爱好、支持我的领导、同事、老师们、同学们、朋友们表示深深的感谢！深深地祝福你们！